诚信为本

坚持准则

操守为重

不做假账

——与学习会计的同学共勉

坚持准则
诚信为本

不做假账
操守为重

——与学习会计的同学共勉

“十二五”职业教育国家规划教材
经全国职业教育教材审定委员会审定
高等职业教育财务会计类专业“教学做”一体化系列教材

XIAOQIYE CAIWU KUAIJI TONGBU LIANXI YU SHIXUN

小企业财务会计同步练习与实训

张瑞芳 左桂云 主编

高等教育出版社·北京

内容简介

本书是“十二五”职业教育国家规划教材，也是与“十二五”职业教育国家规划教材《小企业财务会计》配套的学习和实训教材。

全书共分为八个部分，每一部分的基本结构为：内容小结—同步练习—实务操作。“内容小结”下设重点与难点、业务核算T形账户图示；“同步练习”包括单项选择题、多项选择题、判断题和综合练习；“实务操作”包括【实训目的】、【实训要求】和【实训资料】。主教材《小企业财务会计》中安排了部分“学中做”实例，本书则是为学生定制的“做中学”项目，以求“学中做”与“做中学”融为一体，让学生在学习中有职业真实感，在实务操作中实现感悟升华，在理实交融中提高综合职业素质。

本书可作为高等职业院校会计专业和财经类其他专业的教材，也可作为在职财会人员业务学习、岗位培训用书。

本书配套开发参考答案等相关教学资源，具体获取方式请见书后“郑重声明”页的资源服务提示。

图书在版编目（CIP）数据

小企业财务会计同步练习与实训 / 张瑞芳，左桂云主编. -- 北京 : 高等教育出版社，2015.6 (2017.8重印)
ISBN 978-7-04-042279-5

Ⅰ. ①小… Ⅱ. ①张… ②左… Ⅲ. ①中小企业-财务会计-高等职业教育-教学参考资料 Ⅳ. ①F276.3

中国版本图书馆CIP数据核字(2015)第039479号

策划编辑 武君红　责任编辑 武君红　封面设计 王 琰　版式设计 余 杨
责任校对 刘娟娟　责任印制 刘思涵

出版发行 高等教育出版社
社　址 北京市西城区德外大街4号
邮政编码 100120
印　刷 山东百润本色印刷有限公司
开　本 787mm×1092mm 1/16
印　张 14
字　数 290千字
插　页 1
购书热线 010-58581118
咨询电话 400-810-0598
网　址 http://www.hep.edu.cn
http://www.hep.com.cn
网上订购 http://www.landraco.com
http://www.landraco.com.cn
版　次 2015年6月第1版
印　次 2017年8月第3次印刷
定　价 24.80元

物 料 号 42279-00

出版说明

教材是教学过程的重要载体，加强教材建设是深化职业教育教学改革的有效途径，推进人才培养模式改革的重要条件，也是推动中高职协调发展的基础性工程，对促进现代职业教育体系建设，切实提高职业教育人才培养质量具有十分重要的作用。

为了认真贯彻《教育部关于“十二五”职业教育教材建设的若干意见》(教职成〔2012〕9号)，2012年12月，教育部职业教育与成人教育司启动了“十二五”职业教育国家规划教材（高等职业教育部分）的选题立项工作。作为全国最大的职业教育教材出版基地，我社按照“统筹规划，优化结构，锤炼精品，鼓励创新”的原则，完成了立项选题的论证遴选与申报工作。在教育部职业教育与成人教育司随后组织的选题评审中，由我社申报的1 338种选题被确定为“十二五”职业教育国家规划教材立项选题。现在，这批选题相继完成了编写工作，并由全国职业教育教材审定委员会审定通过后，陆续出版。

这批规划教材中，部分为修订版，其前身多为普通高等教育“十一五”国家级规划教材（高职高专）或普通高等教育“十五”国家级规划教材（高职高专），在高等职业教育教学改革进程中不断吐故纳新，在长期的教学实践中接受检验并修改完善，是“锤炼精品”的基础与传承创新的硕果；部分为新编教材，反映了近年来高职院校教学内容与课程体系改革的成果，并对接新的职业标准和新的产业需求，反映新知识、新技术、新工艺和新方法，具有鲜明的时代特色和职教特色。无论是修订版，还是新编版，我社都将发挥自身在数字化教学资源建设方面的优势，为规划教材开发配备数字化教学资源，实现教材的一体化服务。

这批规划教材立项之时，也是国家职业教育专业教学资源库建设项目及国家精品资源共享课建设项目深入开展之际，而专业、课程、教材之间的紧密联系，无疑为融通教改项目、整合优质资源、打造精品力作奠定了基础。我社作为国家专业教学资源库平台建设和资源运营机构及国家精品开放课程项目组织实施单位，将建设成果以系列教材的形式成功申报立项，并在审定通过后陆续推出。这两个系列的规划教材，具有作者队伍强大、教改基础深厚、示范效应显著、配套资源丰富、纸质教材与在线资源一体化设计的鲜明特点，将是职业教育信息化条件下，扩展教学手段和范围，推动教学方式方法变革的重要媒介与典型代表。

教学改革无止境，精品教材永追求。我社将在今后一到两年内，集中优势力量，全力以赴，出版好、推广好这批规划教材，力促优质教材进校园、精品资源进课堂，从而更好地服务于高等职业教育教学改革，更好地服务于现代职教体系建设，更好地服务于青年成才。

高等教育出版社
二〇一四年七月

高等职业教育财务会计类专业“教学做”一体化系列教材编写委员会

（以姓氏笔画为序）

丁增稳　马会起　王忠孝　左桂云　伊　娜

严金波　何万能　张远录　张桂春　张瑞芳

李　勇　陈　娟　陈　强　陈兴述　周海彬

郑楼英　柳　志　高丽萍　高翠莲　臧红文

戴桂荣

前言

据有关资料统计，我国小企业数量占 97.11%（引自《小企业会计准则释义》（2011），财政部会计司编写组）。另据编者单位组织的一项区域性职业教育调查资料，高职院校会计专业 98% 以上的毕业生就业于小企业。为了增强高职会计专业教育的职业适用性和针对性，实现“专业与产业对接，课程内容与职业标准对接”，迫切需要有一套与《小企业会计准则》接轨的、面向小企业的财务会计教材。

本书是与《小企业财务会计》配套的学习和实训教材。基本结构为：内容小结—同步练习—实务操作。“内容小结”下设重点与难点、业务核算 T 形账户图示；“同步练习”包括单项选择题、多项选择题、判断题和综合练习；“实务操作”包括【实训目的】、【实训要求】和【实训资料】。主教材《小企业财务会计》中安排了部分“学中做”实例，本书则是为学生定制的“做中学”项目，以求“学中做”与“做中学”融为一体，让学生在学习中有职业真实感，在实务操作中实现感悟升华，在理实交融中提高综合职业素质。

本书与主教材《小企业财务会计》一脉相承，力求体现以下特色：

体现“三新”——标准新、内容新、结构新。本书以《小企业会计准则》为基本依据，融入了当前小企业财务会计工作实务中的最新内容，结构简练，布局新颖。

突出“三性”—— 职业性、实践性、开放性。遵循“职业教育必须回归职业”的理念，力避空洞理论，着力凸显教材的有用性和实用性，以职业能力培养为主线，从内容到形式、从编写到应用全面体现开放性。

落实“三合”——理实结合、学做结合、课证结合。经过多年的教学改革实践，“三合”理念得到认同。但认识到不等于做到，这是一个艰苦、长期的优化和完善过程。本书亦在此方面努力探索，以求有所突破。

实现“三向”——需求导向、行动导向、能力导向。“三向”是高职教育区别于学科体系教育的基本指向。本书基于小企业财务会计工作的实际要求，在“如何做”上用功，在“如何干”上着力，期望取得实际成效。

本书由从事会计教育 30 余年的成都职业技术学院张瑞芳教授、四川省高校教学名师左桂云教授担任主编，主要参编人员有成都职业技术学院罗琼芳（副教授、会计师）、郑丹华（副教授）、冉晓枫（副教授、会计师）、徐朝霞（副教授、注册会计师）、熊敏（副教授、高级经济师）、张玥（副教授、注册税务师）、肖婕（讲师）、谭红梅（副教授）、文翔（讲师），石药集团原料药事业部张晓燕（财务经理、会计师）。本书编写过程中得到了四川省有突出贡献的职业教育专家、成都职业技术学院副院长凌红研究员的指导，同时学习借鉴了同行专家的相关教材，在此一并致谢。

由于编者水平有限，书中难免出现错误，欢迎各位专家和教材使用者批评指正！

编　者

二〇一五年五月

目 录

第一部分

筹资业务核算
同步练习与实训

拥有一定数量的资金是小企业生产经营活动的必要条件。小企业设立以及后期扩大经营活动或投资活动都需要资金。筹资活动是小企业生产经营活动的起点。本部分学习并实务操作小企业接受其所有者直接投入资本（资金）以及借入资金等筹资业务的会计核算内容。

内容小结

一、重点与难点

本部分的主要内容包括：① 不同出资方式下实收资本及其增减业务的核算；② 资本公积——资本溢价的核算；③ 资本公积及盈余公积转增注册资本的核算；④ 短期借款的核算；⑤ 长期借款的核算。

学习重点：接受货币资金、实物资产、无形资产的核算；实收资本增减变动的核算；短期及长期借款取得、计息、支付利息及归还本金的核算。

学习难点：投入资本的计量；接受实物资产、无形资产投资的会计处理及实务操作；实收资本增减变动的会计处理及实务操作；短期及长期借款计息、支付利息及归还本金的会计处理及实务操作。

二、业务核算T形账户图示

项目一　投入资本的核算

1. 投入货币资金（原始及追加投入）

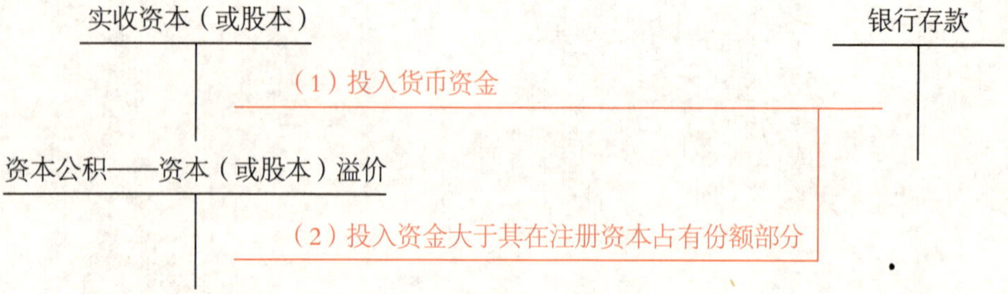

2. 投入实物资产（原始及追加投入）

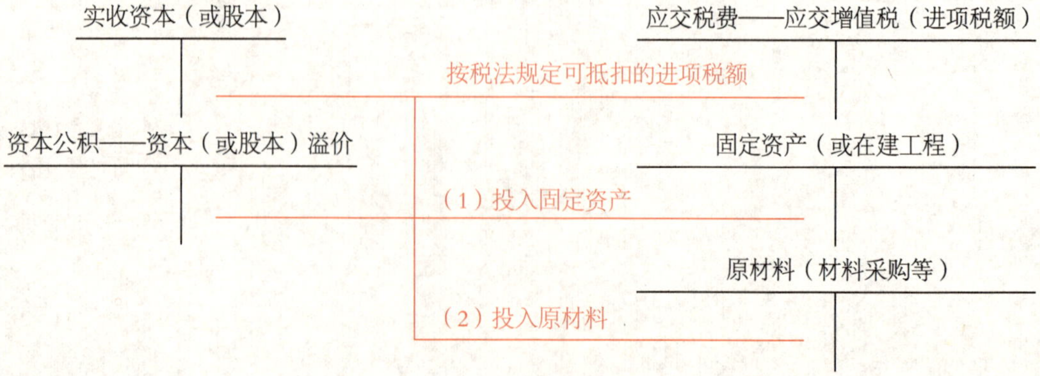

3. 投入无形资产（原始及追加投入）

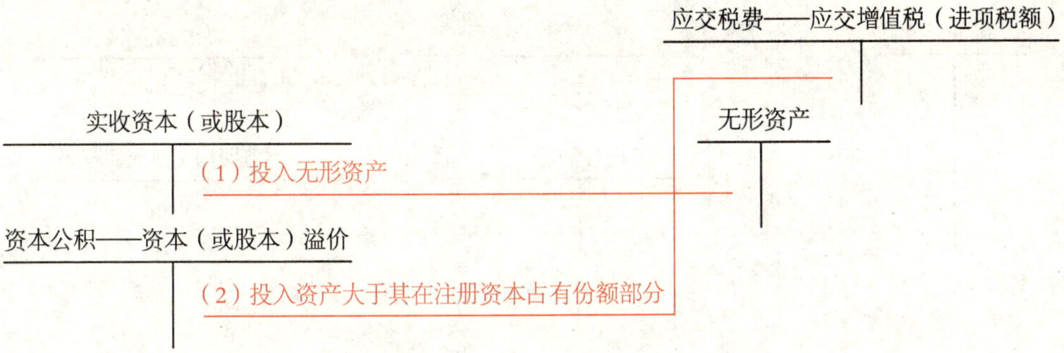

4. 公积金转增资本

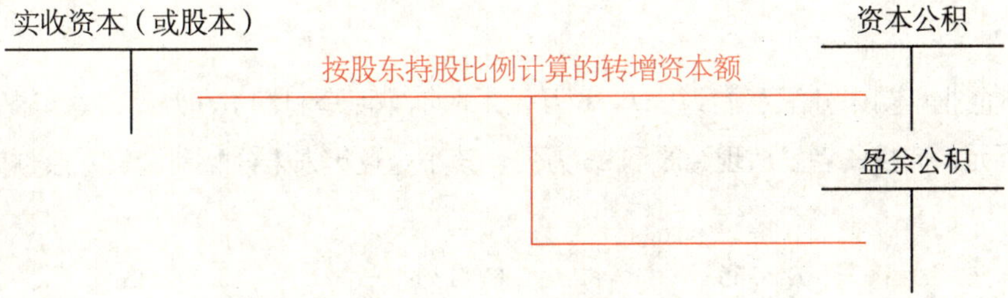

5. 资本减少

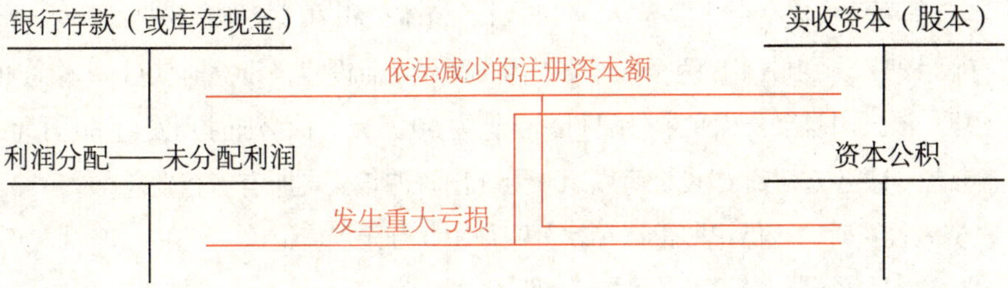

项目二　借款业务的核算

1. 短期借款业务核算

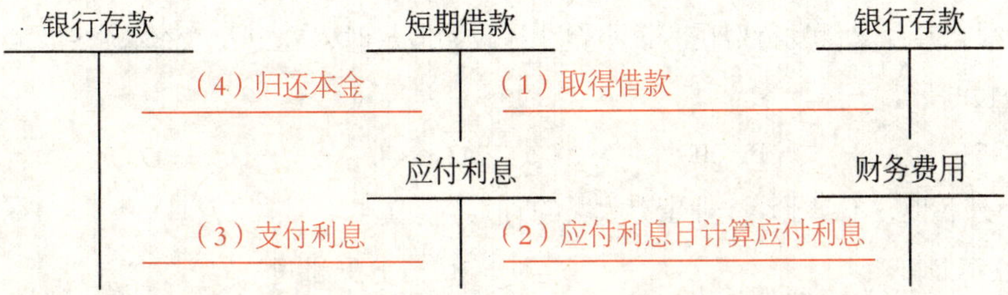

2. 长期借款业务核算

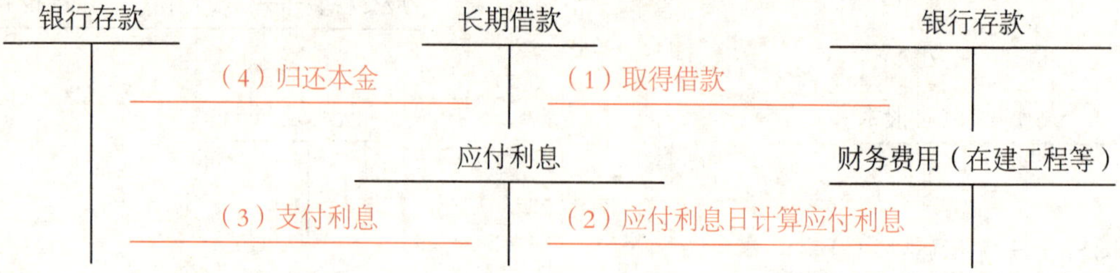

同步练习

一、单项选择题

1. 某小企业年初未分配利润为贷方 36 万元，本年实现净利润 160 万元，本年提取法定盈余公积 16 万元，向投资者发放现金股利 25 万元。该小企业年末未分配利润贷方余额为（　　）万元。

A. 119　　B. 155　　C. 135　　D. 83

2. 关于小企业所有者权益，下列说法中错误的是（　　）。

A. 未分配利润可以弥补亏损　　B. 盈余公积可以按照规定转增资本金

C. 资本公积可以弥补小企业亏损　　D. 资本公积可以按照规定转增资本金

3. 某有限责任公司由 A、B 两个股东各出资 50 万元而设立，设立时实收资本为 100 万元。经过三年运营，该公司盈余公积和未分配利润合计为 50 万元。拟增加注册资金 50 万元，这时 C 投资者有意参加，经各方协商 C 投资者以 100 万元出资占该公司所有者权益总额的 1/3。该公司在接受 C 投资者投资时，应借记"银行存款"账户 100 万元，贷记（　　）。

A."实收资本"账户 60 万元，"资本公积"账户 40 万元

B."实收资本"账户 75 万元，"资本公积"账户 25 万元

C."实收资本"账户 100 万元

D."实收资本"账户 50 万元，"资本公积"账户 50 万元

4. 某小企业委托券商代理发行股票 50 万股，每股面值 1 元，每股发行价格 6 元，按发行价格的 2% 向券商支付发行费用。该小企业在收到股款时，应记入"资本公积"账户的金额为（　　）万元。

A. 245　　B. 300　　C. 244　　D. 5

5. 下列各项，不属于小企业留存收益的有（　　）。

A. 资本溢价　　B. 未分配利润

C. 任意盈余公积　　D. 法定盈余公积

6. 下列各项，影响所有者权益总额发生增减变动的是（　　）。

A. 支付已宣告的现金股利　　B. 盈余公积补亏

C. 实际发放股票股利　　D. 宣告派发现金股利

7. 某小企业年初所有者权益总额 160 万元，当年以其中的资本公积转增资本 50 万元。当年实现净利润 300 万元，提取盈余公积 30 万元，向投资者分配利润 50 万元。该小企业年末所有者权益总额为（　　）万元。

A. 360　　B. 410　　C. 440　　D. 460

8. 股份有限公司采用溢价发行股票方式筹集资本，其“股本”账户所登记的金额是（　　）。

A. 股票面值总额

B. 实际收到的款项

C. 实际收到款项加上应付券商的费用

D. 实际收到款项减去应付券商的费用

9. 2014 年 12 月 31 日某小企业所有者权益情况如下：实收资本 180 万元，资本公积 20 万元，盈余公积 88 万元，未分配利润 32 万元。则该小企业 2015 年 1 月 1 日留存收益为（　　）万元。

A. 32　　B. 88　　C. 120　　D. 300

10. 下列项目中，能引起负债和所有者权益同时发生变动的是（　　）。

A. 摊销无形资产价值　　B. 实际发放股票股利

C. 宣告派发现金股利　　D. 计提管理用设备折旧

11. 甲小企业收到乙公司作价投入的原材料一批，该批原材料双方确认的价值为 600 000 元，经税务部门认定应缴的增值税为 102 000 元，乙公司已向甲小企业开具增值税专用发票，甲小企业未支付增值税税款。甲小企业应记入“实收资本”账户的金额为（　　）元。

A. 600 000　　B. 702 000　　C. 602 000　　D. 686 000

12. 有限责任公司在增资扩股时，如果新投资者介入，新介入的投资者缴纳的出资额大于按约定比例计算的其在注册资本中所占份额的部分，作为（　　）处理。

A. 盈余公积　　B. 资本公积　　C. 未分配利润　　D. 实收资本

13. 小企业的短期借款利息应当按照原借款本金和借款合同利率在（　　）计提，计入财务费用。

A. 应付利息日　　B. 每季度末　　C. 每月月末　　D. 资产负债日

14. 小企业在应付利息日，按合同利率计提短期借款利息费用的会计处理为（　　）。

A. 借记“短期借款”账户，贷记“应付利息”账户

B. 借记“财务费用”账户，贷记“短期借款”账户

C. 借记“财务费用”账户，贷记“应付利息”账户

D. 借记“应付利息”账户，贷记“财务费用”账户

15. 某小企业于2015年1月1日向银行借款100 000元，期限6个月，年利率6%。按银行规定每季季末收取短期借款利息，2015年3月末计息时，小企业对短期借款利息应当作（　　）会计处理。

A. 借：财务费用　500
　　贷：银行存款　500

B. 借：财务费用　1 500
　　贷：应付利息　1 500

C. 借：财务费用　1 000
　　应付利息　500
　　贷：银行存款　1 500

D. 借：财务费用　500
　　应付利息　1 000
　　贷：银行存款　1 500

16. 短期借款手续费应计入（　　）。

A. 财务费用　B. 在建工程　C. 管理费用　D. 生产成本

17. 长期借款是指小企业向银行或其他金融机构等借入的期限在（　　）的各种借款。

A. 3个月以上　B. 短于1年　C. 1年期　D. 1年以上

二、多项选择题

1. 小企业实收资本或股本增加的途径有（　　）。

A. 接受投资者货币投资　B. 经批准用盈余公积转增
C. 接受投资者实物投资　D. 经批准用资本公积转增

2. 小企业发生亏损时，下列各项，（　　）是弥补亏损的渠道。

A. 用以后5年税前利润弥补　B. 用5年后的税后利润弥补
C. 以盈余公积弥补　D. 以资本公积弥补

3. 下列各项，不增加小企业资本公积的是（　　）。

A. 股本溢价　B. 接受捐赠的固定资产
C. 划转无法支付的应付账款　D. 盘盈的固定资产

4. 甲小公司在筹建期间委托银河证券公司代理发行普通股50万股，每股面值1元，按每股2元的价格发行。公司与银河证券公司约定，银河证券公司按发行收入的4%收取手续费，从发行收入中扣除。在上述情况下，甲小公司收到股款的会计分录涉及的账户有（　　）。

A. 银行存款　B. 资本公积　C. 股本　D. 盈余公积

5. 小企业吸收投资者出资时，下列会计账户的余额不会发生变化的有（　　）。

A. 实收资本　B. 利润分配　C. 盈余公积　D. 资本公积

6. 小公司接受固定资产投资时，可能涉及的会计账户有（　　）。

A. 固定资产　B. 在建工程　C. 应交税费　D. 实收资本

7. 下列项目中，可能同时引起资产和所有者权益发生增减变化的项目有（　　）。

A. 接受捐赠　B. 减少实收资本

C. 投资者投入资本　D. 用盈余公积弥补亏损

8. 小企业资本增加的途径有（　　）。

A. 原有投资者投入　B. 盈余公积转增

C. 资本公积转增　D. 新投资人投入

9. 下列对长期借款利息费用的会计处理，不正确的有（　　）。

A. 短期借款利息计入财务费用

B. 长期借款利息可能计入在建工程或财务费用

C. 日常生产经营活动的借款利息计入相关资产成本

D. 符合资本化条件的借款利息计入相关资产成本

10. 长期借款所发生的利息支出，可能借记的账户有（　　）。

A. 在建工程　B. 销售费用　C. 研发支出　D. 财务费用

11. 长期借款用于（　　），借款费用可以资本化。

A. 固定资产建设

B. 无形资产研发

C. 大型产品制造（生产周期 12 个月以上）

D. 固定资产竣工后发生的利息

12. 小企业长期借款费用包括（　　）。

A. 借款手续费或佣金　B. 借款本金

C. 外币借款而发生的汇兑差额　D. 利息费用

三、判断题

1. 小企业接受捐赠增加资本公积，相应地对外捐赠应减少资本公积。（　　）

2. 小企业接受外币投资的，应当按照收到外币出资当日即期汇率折算为人民币。（　　）

3. 资本公积经批准后可用于派发现金股利。（　　）

4. 小企业增发新股，股本或实收资本金额增加，但是所有者权益总额不发生变化。（　　）

5. 小企业用未分配利润向投资者分配现金股利，不会引起留存收益总额的变动。（　　）

6. 某小企业年初有未弥补亏损 20 万元，当年实现净利润 10 万元。按有关规定，该年不得提取法定盈余公积。（　　）

7. 收入能够导致小企业所有者权益增加，但导致所有者权益增加的不一定是收入。（　　）

8. 小企业不能用资本公积分配现金股利。（　　）

9. 支付已宣告的现金股利时所有者权益减少。（　　）

10. 短期借款是指小企业向银行或其他金融机构等借入的期限在1年以内（含1年）的各种借款。（　　）

11. 小企业利用短期借款通常不是为了解决流动资金周转问题。（　　）

12. 小企业短、长期借款的债权人包括银行、其他金融机构，如小额贷款公司。（　　）

13. 小企业向第三方（如个人）借入的款项并负担利息费用的也作为短期借款。（　　）

14. 小企业取得的短期借款应当按照实际发生额计量入账，即小企业发生的短期借款不考虑时间价值因素和市价因素，只需按照实际发生额入账。（　　）

15. 小企业的短期借款，在其存续期内不允许按照市价或其他公允价值进行调整。（　　）

16. 小企业的短期借款利息应当按照原借款本金和借款合同利率在应付利息日计提，计入财务费用。（　　）

17. 短期借款利息费用的计提时点为资产负债表日，如月末、季末或年末。（　　）

18. 短期借款利息费用需要考虑借款费用资本化的问题。（　　）

19. 小企业的长期借款主要有基本建设借款和技术改革借款等。（　　）

20. 长期借款按照付息方式与本金的偿还方式，可分为分期付息到期还本借款、到期一次还本付息借款和分期偿还本息借款。（　　）

21. 小企业取得的长期借款应当按照公允价值计量入账，小企业发生的长期借款要考虑时间价值因素和市价因素。（　　）

22. 小企业的长期借款入账后，在其存续期应按照市价或其他公允价值进行调整。（　　）

23. 小企业的长期借款利息应当按照原借款本金和借款合同利率在资产负债表日计提利息费用，计入资产成本或财务费用。（　　）

24. 小企业在借款过程中发生的手续费或佣金等辅助费用、因外币借款而发生的汇兑差额等，在资本化期间发生的应计入相关资产的成本，在资本化期间后发生的计入当期损益，即财务费用。（　　）

25. “长期借款”账户的月末余额，反映企业尚未支付的各种长期借款的本金。（　　）

四、综合练习

1. A、B、C、D四位投资者投资设立前进机械公司，注册资金人民币100万元，四位股东各占25%股份。A投资者投入货币资金人民币25万元；B投资者投入原材料（钢材）一批，确认价值为22万元，增值税税率17%，已开具增值税专用发票；C投资者投入人民币15万元、生产用不需要安装设备1台，评估价10万元，增值税税率17%，已开具增值税专用发票；D投资者投入专利权，评估确认价值为 25.5 万元，已开具普通发票。投入的货币资金已存入银行账户，原材料已办妥入库手续，设备及专利权已办妥交接手续。

要求：编制接受投资的有关会计分录。

2. 2014 年 7 月 1 日，利益得有限责任公司，从中国工商银行成西支行借款 20 万元、期限为 6 个月、年利率 6%、每季季末结算利息，出纳办妥了借款结算手续，款已存入一般存款账户。

要求：（1）编制取得借款的会计分录；

（2）编制每季季末计提及支付利息的会计分录；

（3）编制偿还本金的会计分录。

3. 2014 年 1 月 1 日，南方有限责任公司从中国建设银行借款 60 万元，专门用于公司厂房建造，厂房建设期为一年。借款期限为 3 年、年利率 9%，每年年末支付利息，到期一次归还本金，款已存入一般存款账户。

要求：（1）编制取得借款的会计分录；

（2）编制每年年末计提及支付利息的会计分录；

（3）编制到期偿还本金的会计分录。

实务操作

【实训目的】

通过本实训，学生能够办理接受投资业务和银行借款业务，能够对筹资业务进行规范的实务操作。

【实训要求】

1. 设置“实收资本”、“资本公积”、“短期借款”和“应付利息”明细账；

2. 审核原始凭证，依据审核无误的原始凭证编制记账凭证；

3. 根据记账凭证登记相关明细分类账。

【实训资料】

成都光正有限责任公司（简称“光正公司”）是从事 P1、P2 产品生产的小型制造企业。经营地和注册地为成都市高新西区利华路 22 号，电话 028-88886666。公司由大地有限责任公司（简称“大地公司”）、新华有限责任公司（简称“新华公司”）和方兴有限责任公司（简称“方兴公司”）共同投资组建。公司注册资本 100 万元，大地公司占 40% 股份，其余 2 家各占 30% 股份。企业纳税人识别号：510302758188888，开户行及账号：中国工商银行利华路支行 4402905009090811111，行号：102651001999。公司属于一般纳税人，增值税税率为 17%。所得税税率为 25%。法定代表人：方进财；财务主管及审核：张丽；记账会计：杨册；制单会计：高为；成本会计：孙文；出纳会计：高新。

三家股东出资额一次全部缴清。2014 年 1 月 1 日大地公司投入货币资金 40 万元；新华公司投入 MD 材料评估价为 26 万元；方兴公司投入专利技术评估价 31 万元。光正公司已与股东签订了投资协议，公司出具了出资证明，并办妥了注册手续。

【业务 1-1】2014 年 1 月 1 日，光正公司收到大地公司投入现金 400 000 元，款已存入开户银行。（相关凭证见表 1-1～表 1-3）

表 1-1

收 款 收 据

2014 年 01 月 01 日

No：20140101

今 收 到	大地有限责任公司
交 来	出资额
金额（大写）	人民币肆拾万元整
¥400 000.00	□ 现金　☑支票　□其他　收款单位（盖章）

成都光正有限责任公司 财务专用章

第二联 记账联

复核：张 丽　会计：杨 册　开票：杨 册　收款：高 新

表 1-2

中国银行 转账支票（川）　地名 DB 02　02822467

出票日期（大写）贰零壹肆 年 零壹 月 零壹 日　付款行名称：中国银行海阳路分理处

收款人：成都光正有限责任公司　出票人账号：121210038889

人民币（大写）	亿	千	百	十	万	千	百	十	元	角	分
肆拾万元整			¥	4	0	0	0	0	0	0	0

本支票付款期限十天

用途 投资款

上列款项请从

我账户内支付

出票人签章　大地有限责任公司 财务专用章　利高印胜

复核　记账

表 1-3

ICBC 中国工商银行　　进账单（收账通知）　3

2014年01月01日

收款单位	全称	成都光正有限责任公司	付款单位 全称	大地有限责任公司
	账号	4402905009090811111	账号	121210038889
	开户行	工商银行利华路支行	开户行	中国银行海阳路分理处
金额	人民币（大写）	肆拾万元整	千百十万千百十元角分	¥ 4 0 0 0 0 0 0 0
票据种类	转账支票	票据张数 1		
票据号码				
复核　　记账			工商银行利华路支行 2014.01.01 转讫 2014年01月01日 （收款人开户银行盖章）	

【业务 1-2】2014 年 1 月 1 日，光正公司收到新华公司投入 MD 材料评估价为 260 000 元，增值税税额为 44 200 元，材料已验收入库（注册资本额为 30 万元）。（相关凭证见表 1-4~表 1-6）

表 1-4

MD材料评估明细表（资产评估报告中部分）

2014年01月01日　　　　单位：元

名称	规格	计量单位	数量	单价	评估价	备注
MD		kg	26 000	10.00	260 000.00	不含税价
合计					260 000.00	

评估单位：（四川立华资产评估事务所）　中国注册资产评估师：李玉印新　中国注册资产评估师：张立印华

表 1-5

四川增值税专用发票

发票联

No. 230594444

开票日期：2014年01月01日

购买方	名称：成都光正有限责任公司 纳税人识别号：510302758188888 地址、电话：成都市高新西区利华路22号028-88886666 开户行及账号：工商银行利华路支行4402905009090811111				密码区	（略）	
货物或应税劳务、服务名称	规格型号	单位	数量	单价	金额	税率	税额
MD材料		kg	26 000	10.00	260 000.00	17%	44 200.00
合计					¥260 000.00		¥44 200.00
价税合计（大写）	叁拾万零肆仟贰佰元整				（小写）	¥304 200.00	
销售方	名称：新华有限责任公司 纳税人识别号：510302758188777 地址、电话：成都市青华区西安路121号，028-12345432 开户行及账号：中国银行西安路分理处121210038999				备注	新华有限责任公司 510302758188777 发票专用章	

第三联 发票联 购买方记账凭证

收款人：方　园　　复核：　　开票人：杨　立　　销售方：（公章）

（抵扣联略，下同）

表 1-6

收料单

供应单位：新华有限责任公司　　第二联　财务联　　No：0211

发票号：230594444　　2014年01月01日　　收料库：一号库

编号	名称	规格	单位	数量		实际成本					
				应收	实收	买价		运杂费	其他	合计	单位成本
						单价	金额				
01	MD材料		kg	26 000	26 000	10.00	260 000.00			260 000.00	10.00
	合计						260 000.00			260 000.00	10.00

仓库主管：张伍一　　仓库保管：屈占有　　经办人：沈　红　　质检人：恒　生

【业务 1-3】2014 年 1 月 1 日，光正公司收到方兴公司专利技术评估价 31 万元（注册资本额为 30 万元）。（相关凭证见表 1-7～表 1-9）

表 1-7

专利技术评估明细表（资产评估报告中部分）

2014年01月01日　　　　单位：元

名称	规格	计量单位	数量	原价	累计摊销	评估价	备注
专利技术		项	1	320 000.00	10 000.00	310 000.00	
合计				320 000.00	10 000.00	310 000.00	

评估单位：（四川立华资产评估事务所）　　中国注册资产评估师：（李玉印新）　　中国注册资产评估师：（张立印华）

表 1-8

四川增值税普通发票

（发票联）

No. 00264811

开票日期：2014年01月01日

购买方	名　　称：成都光正有限责任公司 纳税人识别号：510302758188888 地 址 、电 话：成都市高新西区利华路22号028-88886666 开户行及账号：工商银行利华路支行4402905009090811111	密码区	（略）

货物或应税劳务、服务名称	规格型号	单位	数量	单价	金额	税率	税额
专利权			1	292 452.83	292 452.83	6%	17 547.17
合计					¥292 452.83		¥17 547.17
价税合计（大写）	叁拾壹万元整				（小写）	¥310 000.00	

销售方	名　　称：方兴有限责任公司 纳税人识别号：510302758177777 地 址 、电 话：成都市新都街15号029-87690111 开户行及账号：工商银行新都支行4402905009090800000	备注	（方兴有限责任公司 510302758177777 发票专用章）

收款人：方　园　　复核：　　开票人：杨　立　　销售方：（公章）

第二联　发票联　购买方记账凭证

表 1-9

无形资产交接（验收单）

2014 年 01 月 01 日

资产编号	名称	专利号	技术资料	单位	数量	发明人	资产来源
10	专利权	No11111	说明书	项	1		投资
价值（元）	原价	累计摊销	税费			合计	预计年限
	310 000.00					310 000.00	10
备注	方兴公司以投入专利作为出资额						
验收意见	合格交机加工车间用		验收人签章	李为			
部门主管	向南		经办人签章	江珊			

【业务 1-4】2014 年 1 月 1 日，光正公司向中国工商银行利华路支行贷款 50 万元、期限为 1 年、年利率 6%，每季季末结算利息，出纳办妥了结算手续，款已存入一般存款账户。(相关凭证见表 1-10)

表 1-10

中国工商银行借款借据（收款通知）

借款单位：成都光正有限责任公司　　日期 2014 年 01 月 01 日

贷款种类	流动资金周转借款	贷款账号	121219038811	存款账号	126625574666
借款金额	人民币（大写） 伍拾万元整			万千百十万千百十元角分	¥500000000
借款用途	补充流动资金不足				
借款期限	2014 年 01 月 01 日——2014 年 12 月 13 日		还款时间 2014 年 12 月 31 日		

上列借款已批准发放，转入你单位存款账户

此致

成都光正有限责任公司（成都光正有限责任公司财务专用章）（财方印进）

2014 年 01 月 01 日

单位分录：

（借）

（贷）

主管　会计　复核　记账

年　月　日

（工商银行利华路支行 2014.01.01 转讫）

【业务 1-5】2014 年 1 月 31 日，光正公司计提利息。（相关凭证见表 1-11）

表 1-11

借款利息费用计算表

2014 年 01 月 31 日　　　　单位：元

贷款银行	贷款种类	借款本金	年利率	月利率	月利息额
工商银行利华路支行	流动资金借款	500 000.00	6%	0.5%	2 500.00
合　计		500 000.00	6%	0.5%	2 500.00

会计主管：张　丽　　　　复核：高　文　　　　制表：杨　册

【业务 1-6】2014 年 3 月 31 日，光正公司支付借款利息。（相关凭证见表 1-12）

表 1-12

中国工商银行贷款计息清单（付款通知）

日期 2014 年 03 月 31 日

户　名		成都光正有限责任公司		账　号	126625574666		
计息起止日		2014年01月01日至2014年03月31日					
贷款种类	贷款账号	121219038811	计息日贷款余额	计息积数	年利率	计息利息金额	左列贷款业已从你银行账户扣付，逾期按日加计罚息0.21‰
	专项借款	流动资金借款	500 000.00		6%	7 500.00	
利息金额：(人民币大写)		柒仟伍佰元整			十 万 千 百 十 元 角 分	¥ 7 5 0 0 0 0	

工商银行利华路支行 2014.03.31 转讫

复核：　　　　记账：

【业务 1-7】2014 年 12 月 31 日，光正公司归还借款本金。（相关凭证见表 1-13）

表 1-13

中国工商银行还款凭证（回单）

2014 年 12 月 31 日

付款人	全称	成都光正有限责任公司	收款人	全称	成都光正有限责任公司
	基本账号	126625574666		放贷账户号	121219038811
	开户行	中国工商银行利华路支行		开户行	中国工商银行利华路支行
计划还款日期		2014 年 12 月 31 日	还款次数		第　次还款
借款金额		人民币(大写) 伍拾万元整			千百十万千百十元角分 ¥ 5 0 0 0 0 0 0 0
还款内容		归还短期借款500 000.00元			
借款单位		成都光正有限责任公司 财务专用章　财方印进 2014 年 12 月 31 日	上述借款已从你账户内转还 此致		工商银行利华路支行 2014.12.31 转讫 2014 年 12 月 31 日

第二部分

长期资产核算
同步练习与实训

筹集资本是小企业经济活动的起点，运营资本则是小企业的基本活动。运营资本的重要内容之一是购置或建造必要的长期资产，以作为小企业生产经营活动的劳动手段，如购建房屋、建筑物、各种设备、器具工具等通常被称作固定资产的长期资产。此外，有些小企业还会购买或研发并形成无形资产。本部分主要介绍小企业固定资产和无形资产的核算内容。

内容小结

一、重点与难点

本部分的主要内容包括：① 取得固定资产的核算；② 使用固定资产的核算；③ 处置固定资产的核算；④ 取得无形资产的核算；⑤ 使用与处置无形资产的核算。

学习重点：固定资产成本的构成；外购固定资产需要安装和不需要安装的核算；自营方式建造固定资产的核算；固定资产计提折旧方法的选择及核算；固定资产日常修理及大修理的核算；固定资产改良扩建的核算；固定资产出售、报废等处置的核算；外购无形资产成本的确定及核算；自行研发无形资产的核算；无形资产价值摊销的核算；无形资产处置的核算。

学习难点：外购固定资产需要安装业务的会计处理及实务操作；自营方式建造固定资产的会计处理及实务操作；分期付款及融资租入固定资产会计处理及实务操作；固定资产计提折旧方法的选择及计算；固定资产处置的会计处理及实务操作；自行研发无形资产的会计处理及实务操作；无形资产摊销期的确定及摊销的会计处理及实务操作。

二、业务核算T形账户图示

项目一　固定资产的核算

1. 外购固定资产

（1）购入不需要安装的固定资产。

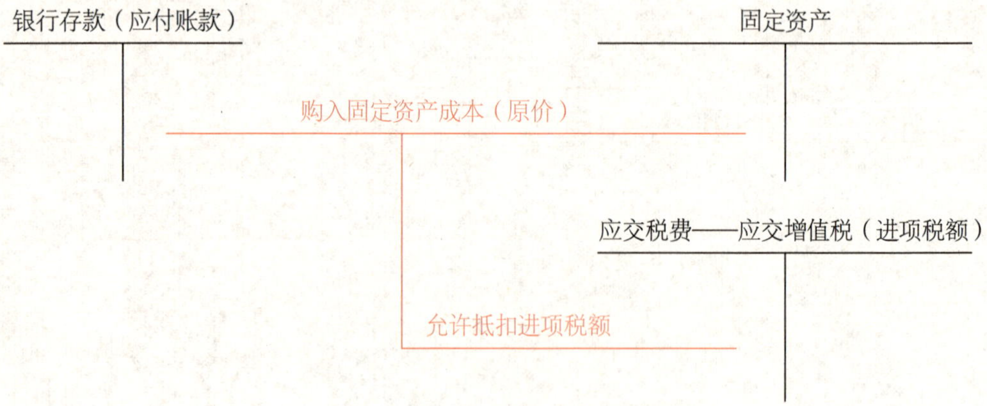

（2）购入需要安装的固定资产。

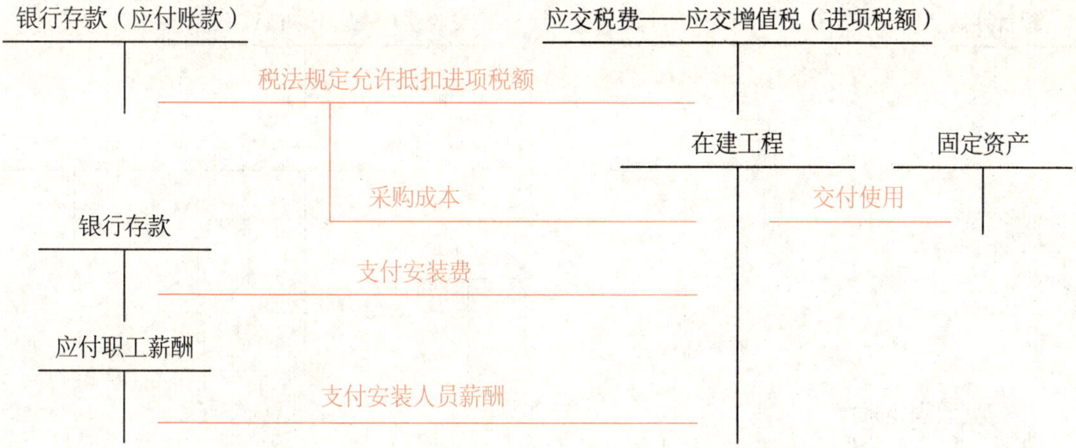

2. 自行建造固定资产

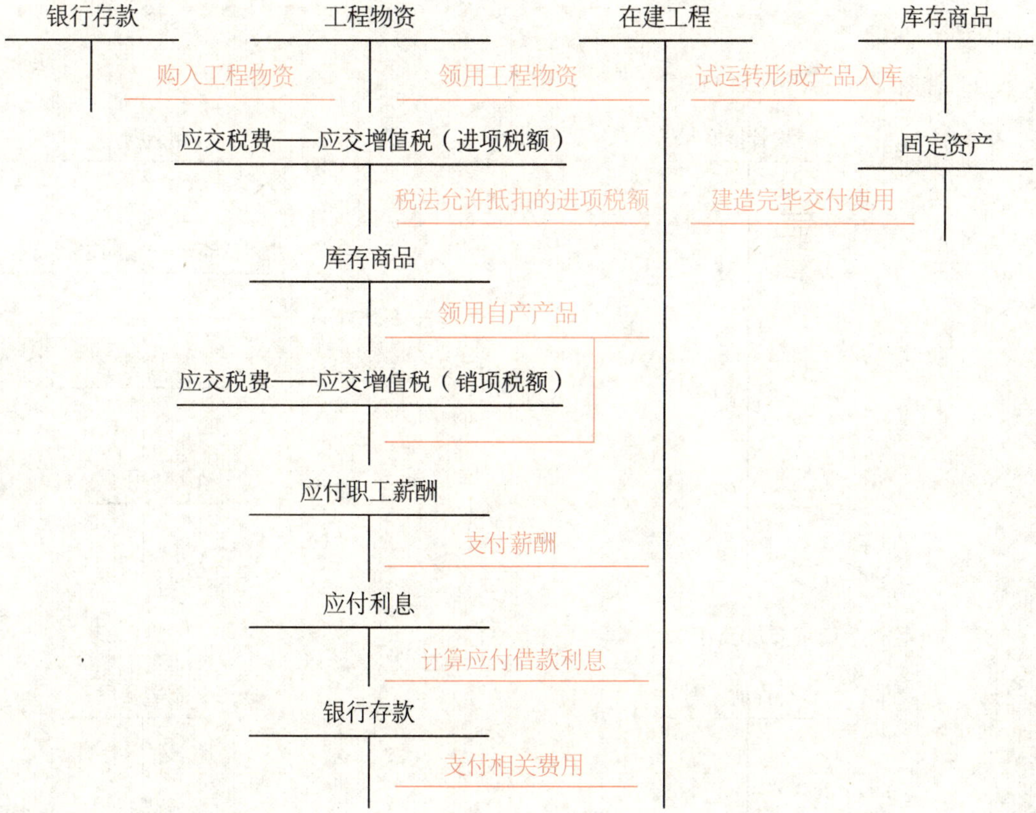

3. 出包方式建造固定资产

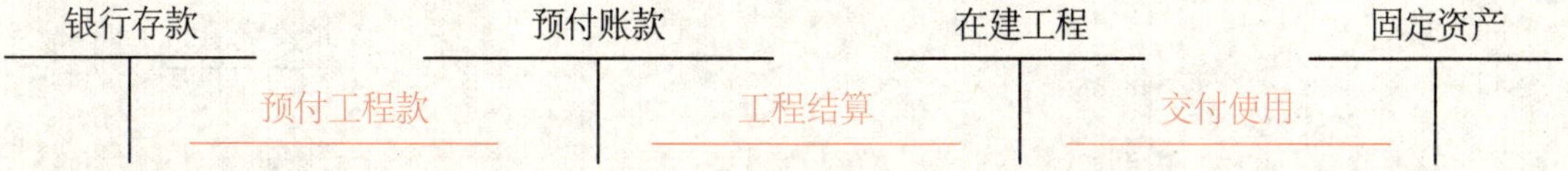

4. 融资租入固定资产

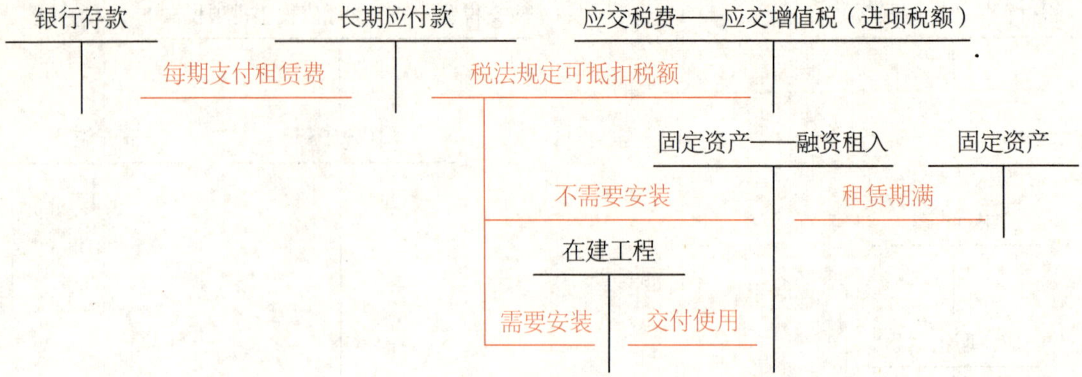

5. 盘盈固定资产

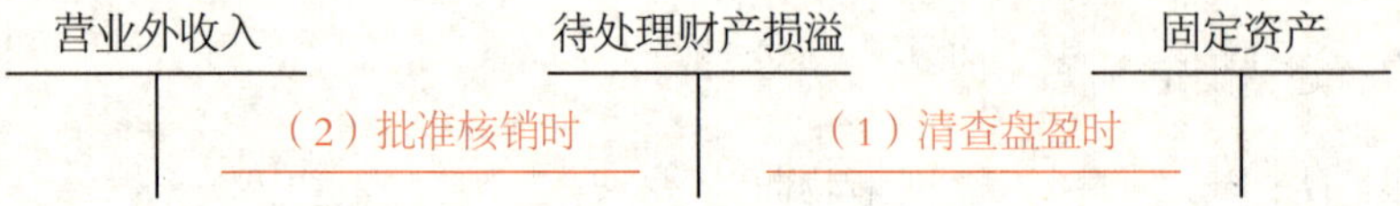

6. 计提固定资产折旧

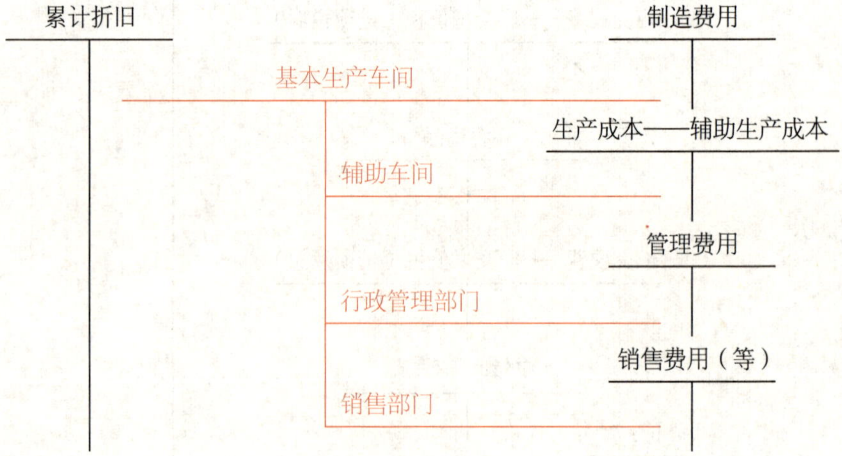

7. 固定资产日常修理支出

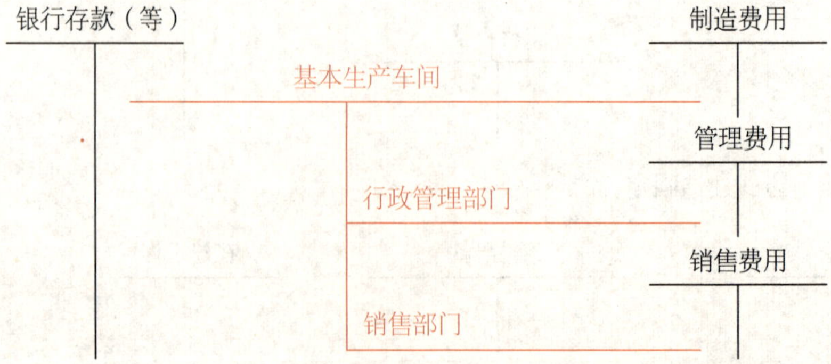

8. 固定资产大修理支出

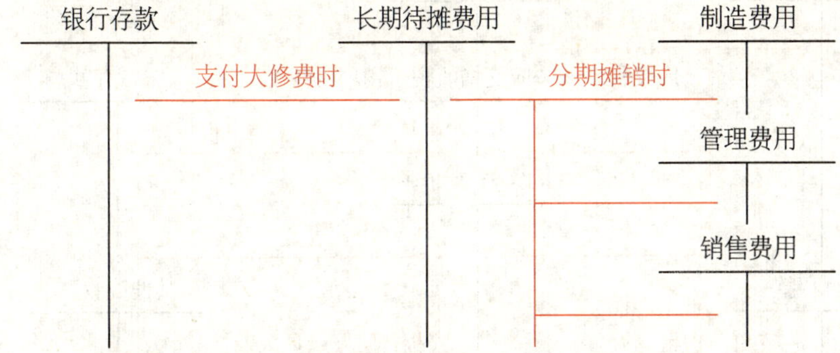

9. 固定资产改扩建

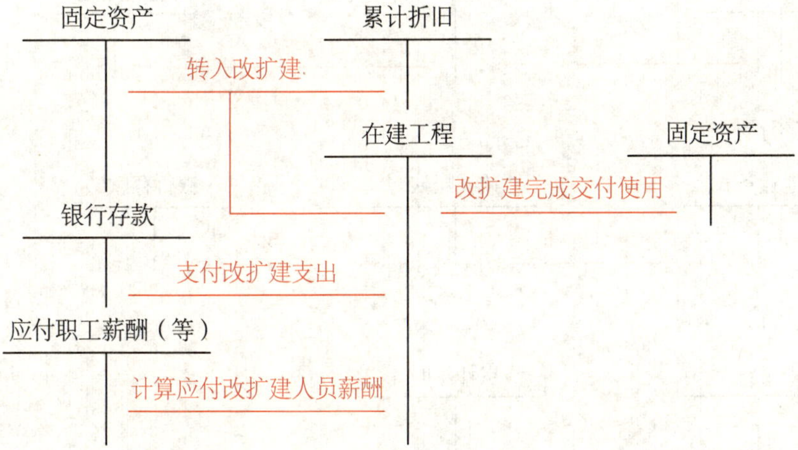

10. 已提足折旧的固定资产改良支出

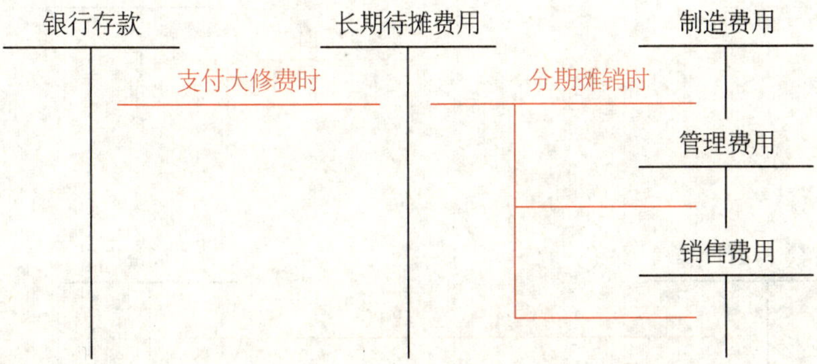

11. 处置固定资产

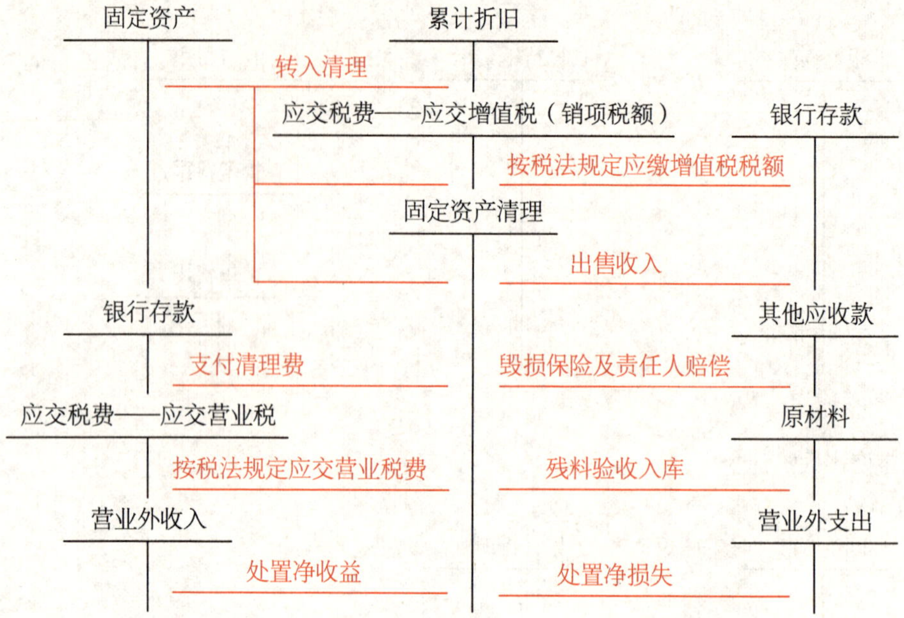

12. 出租固定资产

13. 盘亏固定资产

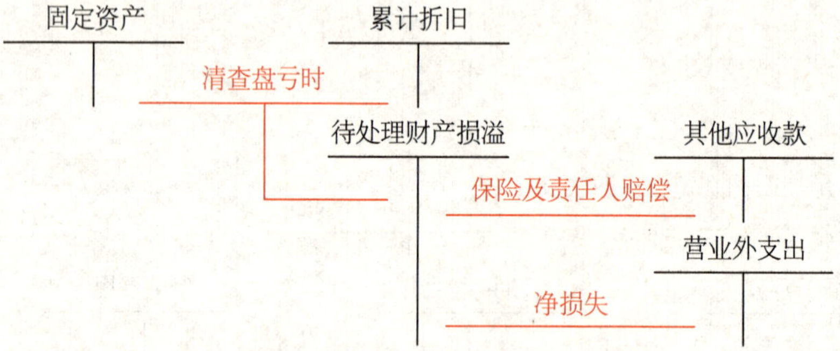

项目二　无形资产的核算

1. 外购无形资产

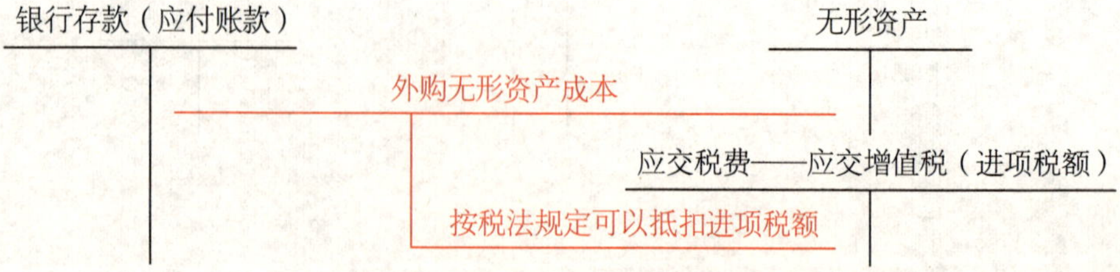

2. 自行研发无形资产

（1）研究阶段。

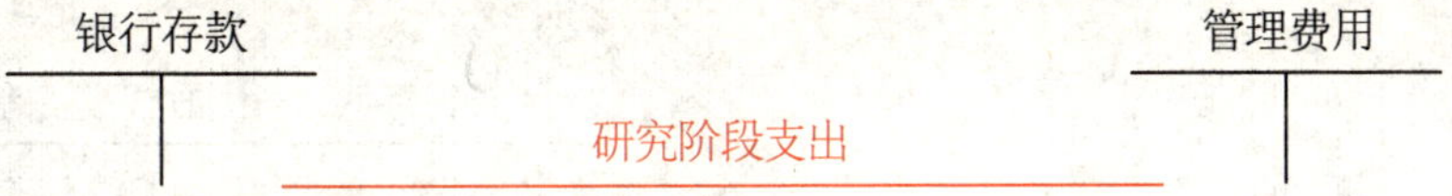

（2）开发阶段。

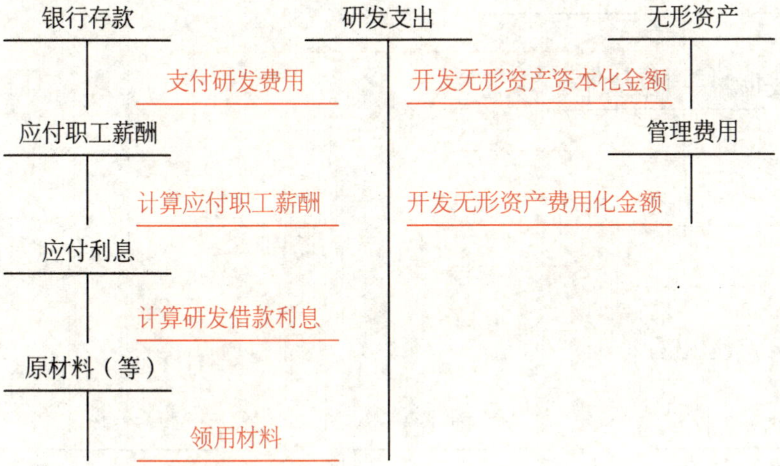

3. 无形资产价值摊销

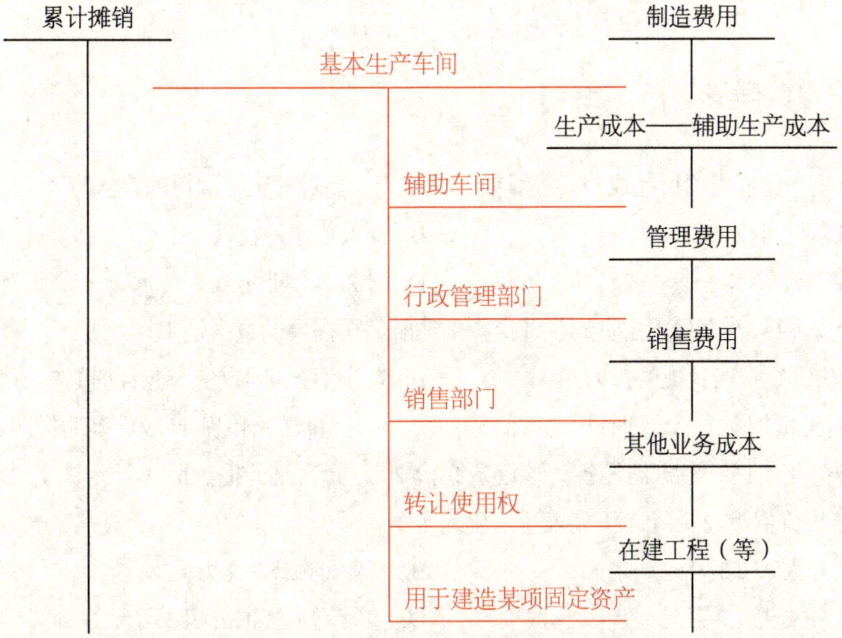

4. 无形资产处置

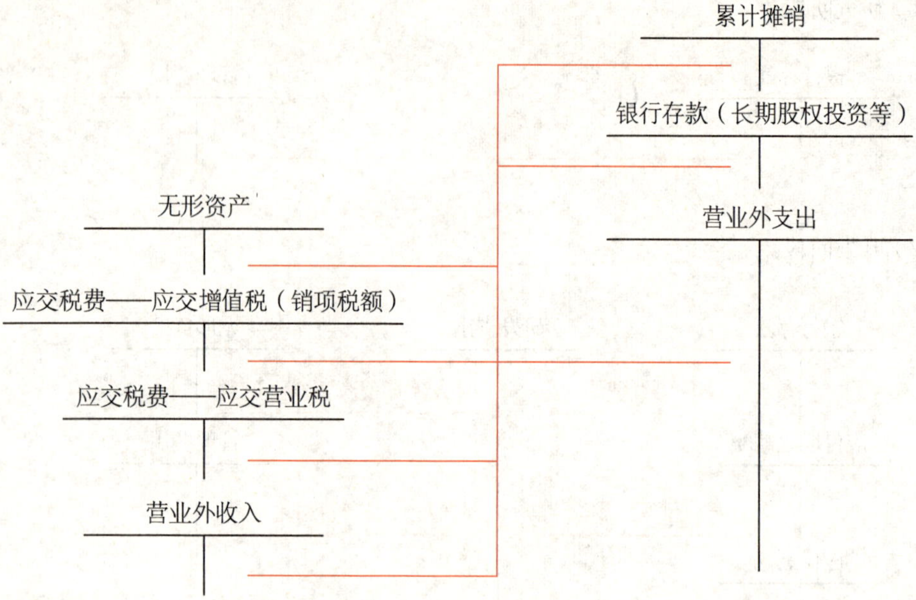

5. 转让无形资产使用权

同步练习

一、单项选择题

1. 小企业在建工程项目完成竣工决算前，试生产产品对外出售取得的收入应（　　）。

A. 冲减营业外支出　　B. 计入营业外收入

C. 冲减工程成本　　D. 计入其他业务收入

2. 小企业计算 10 月份固定资产应计提折旧额时，不需要的数据是（　　）。

A. 9 月份固定资产计提的折旧额　　B. 9 月份增加固定资产应计提的折旧额

C. 10 月份增加固定资产应计提的折旧额　　D. 9 月份减少固定资产应计提的折旧额

3. 某小企业出售一台机器设备，该设备原价 20 万元，已计提折旧 4 万元，支付清理费用 0.5 万元，出售价款 18.2 万元，下列表述正确的是（　　）。

A. 营业外收入 2.5 万元　　B. 营业外收入 1.7 万元

C. 营业外支出 1.7 万元　　D. 直接增加资本公积 3 万元

4. 以下说法错误的是（　　）。

A. 经营性租赁租入的固定资产不计提折旧

B. 已提足折旧仍然继续使用的固定资产不计提折旧

C. 房屋、建筑物未投入使用，要计提折旧

D. 当月减少的固定资产，当月仍计提折旧，下月起不提折旧

5. 在建工程的工程人员的工资应该计入（　　）。

A. 在建工程　　B. 生产成本　　C. 管理费用　　D. 制造费用

6. 某小企业外购一台需要安装的机器设备，以下选项中，不构成其成本的是（　　）。

A. 买价　　B. 运输费

C. 按照税法规定可以抵扣的增值税　　D. 安装费

7. 某小企业对生产车间的厂房计提折旧，应计入（　　）。

A. 制造费用　　B. 生产成本　　C. 管理费用　　D. 固定资产

8. 某小企业对车间的一台生产设备进行修理，发生修理费用 2 000 元，以银行存款支付，应记入“（　　）”账户。

A. 制造费用　　B. 固定资产　　C. 生产成本　　D. 长期待摊费用

9. 某小企业外购不需要安装的机器设备的成本不包括（　　）。

A. 购买价款　　B. 相关税费

C. 保险费　　D. 可以抵扣的增值税进项税额

10. 小企业以自营方式建造固定资产，建造期间发生的工程成本应通过（　　）账户核算。

A. 工程物资　　B. 在建工程　　C. 固定资产　　D. 长期待摊费用

11. 小企业工程项目采用出包方式建造，（　　）账户是核算该项目成本的账户。

A. 应付账款　　B. 长期应付款　　C. 在建工程　　D. 长期待摊费用

12. 固定资产盘盈，按照同类固定资产市场价格扣除按新旧程度估计的折旧后的余额，审批后记入（　　）账户的贷方。

A. 营业外收入　　B. 营业外支出　　C. 管理费用　　D. 以前年度损益调整

13. 某小企业购入不需安装的设备，设备价款 10 000 元，增值税进项税额 1 700 元，设备运杂费 200 元，包装费 300 元，该设备的入账价值为（　　）元。

A. 11 700　　B. 10 000　　C. 12 200　　D. 10 500

14. 小企业不可以采用下列方法计提折旧（　　）。

A. 直线法　　B. 双倍余额递减法　　C. 年数总和法　　D. 先进先出法

15. 固定资产盘亏，经批准处理后，不可能记入的账户是（　　）。

A. 原材料　　B. 营业外支出　　C. 其他应收款　　D. 营业外收入

16. 某小企业出售一项 3 年前取得的专利权，该专利权取得时的成本为 10 万元，按 10 年摊销，累计摊销额为 3 万元，出售时取得收入 9 万元。不考虑城市维护建设税和教育费附加，则

出售该项专利权时影响当期的损益为（　　）万元。

A. 1.55　　B. 2　　C. 1.5　　D. 1

17. A公司为甲、乙两个股东共同投资设立的有限责任公司。经营一年后，甲、乙股东之外的另一个投资者丙公司要求加入A公司。经协商，甲、乙同意丙以一项非专利技术投入，三方确认该非专利技术的价值是8万元。该项非专利技术在丙公司的账面余额为10万元，市价为8万元，那么该项非专利技术在A公司的入账价值为（　　）万元。

A. 8　　B. 12　　C. 0　　D. 15

18. 某小企业投资者投资转入专利权，应按评估的价值，借记“无形资产”账户，按其在注册资本中所占的份额，贷记“实收资本”账户，按其差额记入下列账户的是（　　）。

A. 资本公积——资本（或股本）溢价　　B. 营业外收入

C. 资本公积——股权投资准备　　D. 最低租赁付款额

19. 小企业在研究阶段发生的无形资产支出应记入（　　）账户。

A. 无形资产　　B. 管理费用　　C. 研发支出　　D. 累计摊销

20. 小企业购入土地使用权，应通过（　　）账户核算。

A. 固定资产　　B. 在建工程　　C. 无形资产　　D. 长期待摊费用

21. 无形资产的期末借方余额，反映小企业无形资产的（　　）。

A. 成本（原价）　　B. 摊余价值　　C. 账面价值　　D. 可收回金额

22. 下列属于小企业无形资产的是（　　）。

A. 经营租入的非专利技术　　B. 商誉

C. 经营租入的专利权　　D. 购买的专利权

23. 小企业无形资产中，一般来说使用寿命不易确定的是（　　）。

A. 非专利技术　　B. 商标权　　C. 专利权　　D. 著作权

24. 对于小企业处置无形资产实现的收益，正确的会计处理是（　　）。

A. 计入其他业务收入　　B. 冲减管理费用

C. 计入营业外收入　　D. 计入投资收益

25. 小企业销售部门使用的无形资产的摊销额，应计入（　　）。

A. 其他业务成本　　B. 销售费用　　C. 生产成本　　D. 管理费用

26. 小企业行政管理部门使用的无形资产的摊销额，应计入（　　）。

A. 其他业务成本　　B. 长期待摊费用　　C. 销售费用　　D. 管理费用

27. 小企业生产使用的无形资产的摊销额，应计入（　　）。

A. 其他业务成本　　B. 长期待摊费用　　C. 销售费用　　D. 生产成本

28. 小企业出售无形资产发生的净损失，应记入（　　）账户。

A. 营业外支出　　B. 其他业务成本　　C. 销售费用　　D. 管理费用

29. 某小企业于2014年7月1日，以50 000元的价格购入一项摊销期限为5年的专利权。

2015 年 1 月 1 日，甲企业将其转让，转让收入 66 500 元，则转让该项专利权取得的净收入为（　　）元。

A. 16 500　　B. 21 500　　C. 26 500　　D. 28 500

30. 某小企业自行开发并按法律程序申请取得了一项专利权，在研发过程中共发生材料费 13 万元，支付科研人员工资等费用 5 万元，其中符合无形资产准则规定的开发支出资本化条件为 6 万元，依法申请专利时支付注册费 4 万元，聘请律师费 1 万元，则该项专利权的入账价值为（　　）万元。

A. 23　　B. 18　　C. 5　　D. 11

31. 某小企业 2013 年 1 月 1 日以 80 000 元购入一项专利权，预计使用年限为 8 年。2015 年 1 月 1 日，则该企业将该专利权以 70 000 元对外售出。出售该专利权实现营业外收入为（　　）元。

A. 2 500　　B. 6 000　　C. 6 500　　D. 10 000

二、多项选择题

1. 甲小企业 2015 年购入生产用设备并投入使用，价款 30 万元，增值税进项税额 5.1 万元。甲企业以银行存款支付 20 万元，余款以商业承兑汇票承付。对于该项经济业务的会计处理，正确的有（　　）。

A. 借记“固定资产”账户 35.1 万元　　B. 借记“固定资产”账户 30 万元

C. 贷记“应付票据”账户 15.1 万元　　D. 贷记“银行存款”账户 20 万元

2. 下列各项中，属于固定资产加速折旧的是（　　）。

A. 直线法　　B. 工作量法　　C. 双倍余额递减法　　D. 年数总和法

3. 某小企业对固定资产进行清查，盘亏一台生产车间机器设备，账面原值 20 000 元，已经计提折旧 10 000 元，本经济业务涉及的会计账户有（　　）。

A. 固定资产　　B. 累计折旧　　C. 固定资产清理　　D. 生产成本

4. 某小企业对固定资产进行清查，发现盘盈一台机器设备，涉及的会计账户有（　　）。

A. 待处理财产损溢　　B. 固定资产

C. 以前年度损益调整　　D. 营业外收入

5. 某小企业自行建造固定资产的成本，由建造该项资产在竣工决算前发生的支出（含相关的借款费用）构成，包括（　　）。

A. 工程物资成本

B. 人工成本

C. 缴纳除税法允许抵扣增值税以外的相关税费

D. 应予以资本化的借款利息

6. 以下哪些情况，小企业不计提固定资产折旧（　　）。

A. 提前报废的固定资产

B. 以融资租赁方式租入的固定资产

C. 以经营租赁方式租入的固定资产

D. 已提足折旧仍继续使用的固定资产

7. 固定资产的日常修理费，可以记入（ ）账户。

A. 制造费用 B. 管理费用 C. 在建工程 D. 固定资产

8. 固定资产盘亏的账务处理中，可能出现的会计账户是（ ）。

A. 待处理财产损溢 B. 累计折旧 C. 其他应收款 D. 营业外支出

9. 小企业的长期待摊费用包括（ ）。

A. 已提足折旧的固定资产的改建支出 B. 融资租入固定资产的改建支出

C. 固定资产的大修理支出 D. 固定资产的日常修理支出

10. 某小企业出售一台生产用机器设备，设备原值 100 000 元，累计已提折旧 50 000 元，支付清理费用 2 000 元，出售取得价款 60 000 元，小企业支付清理费用可能涉及的账户及记账方向为（ ）。

A. 借：固定资产 B. 借：固定资产清理

C. 贷：银行存款 D. 贷：应交税费

11. 小企业无形资产的特征包括（ ）。

A. 不具有实物形态 B. 可辨认

C. 属于非货币性长期资产 D. 不可辨认

12. 下列有关小企业无形资产摊销的会计处理中，正确的有（ ）。

A. 某项无形资产，如果用于生产产品，则其摊销额应计入该产品的成本

B. 某项无形资产，如果用于日常行政管理，则其摊销额应计入管理费用

C. 某项无形资产，如果用于营销活动，则其摊销额应计入销售费用

D. 某项无形资产，如果用于开发某项新技术，则其摊销额应计入该新技术的开发支出

13. 下列可以确认为小企业无形资产的有（ ）。

A. 计算机公司购入的为客户开发的软件

B. 高级专业技术人才

C. 企业购入的土地使用权

D. 有偿取得一项为期 15 年的高速公路收费权

14. 小企业外购无形资产的成本，包括（ ）。

A. 购买价款

B. 进口关税

C. 除税法规定不能抵扣的增值税额以外的其他相关税费

D. 直接归属于使该项资产达到预定用途所发生的其他支出

15. 投资者投入无形资产的成本，应当按照（　　）确定入账价值。

A. 投资合同约定的价值　　B. 评估价值

C. 投资方无形资产的账面价值　　D. 协议约定的价值

16. 小企业外购的无形资产，其会计处理可能涉及的账户为（　　）。

A. 无形资产　　B. 累计摊销　　C. 银行存款　　D. 应交税费

17. 小企业的无形资产包括（　　）。

A. 专利权　　B. 非专利技术　　C. 土地使用权　　D. 商标权

18. 小企业无形资产摊销期的确定，下列说法正确的是（　　）。

A. 有法律规定或合同约定使用年限的，按照规定或约定的使用年限分期摊销

B. 既有法律规定又有合同规定的，通常按照孰短的原则确定摊销期

C. 只有法律规定的，则按照法律规定的期限作为摊销期

D. 只有合同约定的，则按照合同约定的期限作为摊销期

19. 某小企业对使用寿命有限的无形资产进行摊销时，其摊销额应根据不同情况分别计入（　　）。

A. 管理费用　　B. 生产成本　　C. 销售费用　　D. 在建工程

三、判断题

1. 已提足折旧的固定资产，无论是否继续使用，均不再提取折旧；提前报废的固定资产，应补提折旧。（　　）

2. 小企业会计准则下，固定资产不计提减值，企业会计准则下，要计提减值。（　　）

3. “累计折旧”属于资产类账户，因此，各期计提的折旧记入该账户的借方，转销数记入其贷方。（　　）

4. 长期应付款是指小企业长期借款以外的其他各种长期应付款项。它包括应付融资租入固定资产的租赁费、以分期付款方式购入固定资产发生的应付款项等。（　　）

5. 某小企业购入一台机器设备，该设备的入账成本包括买价、运输费、装卸费、保险费和增值税。（　　）

6. 小企业为构建固定资产在竣工结算前发生的借款费用，应当计入固定资产成本。（　　）

7. 小企业的固定资产由于技术进步等原因，需要加速折旧的，可以采用双倍余额递减法和年数总和法。（　　）

8. 小企业对于已提足折旧的固定资产的改建支出，按照固定资产预计尚可使用年限分期摊销。（　　）

9. 小企业自行建造固定资产包括自营建造和出包建造两种。（　　）

10. 小企业自营建造固定资产在办理竣工决算后发生的借款利息费用仍然应当计入该固定

资产的成本，即借记“固定资产”账户，贷记“应付利息”等账户。（ ）

11. 小企业购入的土地使用权，应确认为无形资产。（ ）

12. 小企业会计准则规定，小企业不计提资产减值准备，所以无须考虑固定资产的减值准备。（ ）

13. 小企业的固定资产提足折旧后，若不再使用，则不再计提折旧；若仍继续使用，则需继续计提折旧。（ ）

14. 为了简化核算，当月增加的固定资产，当月开始计提折旧；当月减少的固定资产，从下月起不再计提折旧。（ ）

15. 根据小企业会计准则的规定，固定资产在使用过程中进行改建的，固定资产的改建支出，应当在发生时根据固定资产的受益对象计入当期损益。（ ）

16. 盘盈固定资产，应该按照同类或者类似固定资产的市场价格扣除按新旧程度估计折旧后的余额记入“待处理财产损溢——待处理固定资产损溢”的贷方，经审批后记入“管理费用”的贷方。（ ）

17. 小企业自主研发形成的无形资产在开发阶段符合相关条件的情况下，可构成无形资产价值，其初始成本包括以前期间已经费用化的支出。（ ）

18. 小企业自创商誉、品牌、报刊名等过程中发生的支出不能作为企业的无形资产予以确认。（ ）

19. 小企业无形资产作为一种能为企业带来经济利益的资产，应在一定期限内摊销完毕，其摊销金额计入管理费用，同时冲减无形资产的账面价值。（ ）

20. 在我国小企业研究与开发费用应在成功申请专利以后，将其转入无形资产的价值。（ ）

21. 小型工业企业为建造生产车间而购入的土地使用权在生产车间正式动工建造之前应作为工程物资核算。（ ）

22. 小企业的无形资产应按照直线法进行摊销。（ ）

23. 小企业无形资产的摊销应计入管理费用。（ ）

24. 小企业无形资产摊销时，应该冲减无形资产的成本。（ ）

25. 小企业“无形资产”账户的期末借方余额，反映企业无形资产的账面价值。（ ）

26. 小企业无法区分研究阶段支出和开发阶段支出，应当将其所发生的研发支出全部资本化，计入无形资产成本。（ ）

27. 小企业出售无形资产的净收入，应作为营业外收入。（ ）

28. 小企业由于出售无形资产属于企业的日常活动，因此出售无形资产所取得的收入应通过“其他业务收入”账户核算。（ ）

29. 小企业土地使用权均作为企业的无形资产进行核算。（ ）

30. 某小企业自行开发非专利技术时发生的研究费与开发费，一般计入无形资产价值。（ ）

31. 某小企业出售无形资产时，所得价款通过“其他业务收入”账户核算，结转的摊余价

值通过“其他业务支出”账户核算。（　　）

32. 某小企业无形资产成本在取得的当月开始摊销，处置无形资产的当月不再摊销。（　　）

33. 某小企业选择无形资产摊销方法时，应当采用直线法摊销。（　　）

34. 某小企业某项无形资产包含的经济利益通过所生产的产品或其他资产实现的，其摊销金额应计入相关资产的成本。（　　）

35. 无形资产摊销期自可使用时开始至停止使用或出售时止，摊销期按“算头不算尾”方法确定，即包括可使用期，但不包括停止使用或出售当月。（　　）

四、综合练习

1. 某小企业购入一台需要安装的机器设备，取得的增值税专用发票上注明买价 100 000 元，增值税 17 000 元，购入过程中发生运费 500 元，安装费 1 000 元，款项用转账支票支付；该设备安装完成，达到预定可使用状态，交付相关部门使用。

要求：编制相关会计分录。

2. 某小企业于 2015 年 1 月 1 日，准备自行建造一座仓库。有关资料如下：

（1）1 月 3 日，购入工程物资一批，价款为 30 000 元，支付的增值税税额为 5 100 元，款项以银行存款支付。

（2）2 月 5 日，领用生产用原材料一批，账面价值为 10 000 元，购进该批原材料时支付的增值税进项税额为 1 700 元。

（3）工程建设期间，工程先后使用工程物资 28 800 元。

（4）工程建设期间，发生工程人员薪酬 65 800 元。

（5）5 月 21 日，试生产过程中取得不含税收入 10 000 元。

（6）6 月 30 日，对工程物资进行清查，发现工程物资减少 500 元，经调查属于保管人员过失，根据企业管理规定，保管人员赔偿 300 元，其余工程物资转为企业原材料，该材料计划成本为 55 000 元。

（7）6 月 30 日，工程竣工决算并交付使用。

要求：编制相应会计分录。

3. 某小企业一项固定资产原价为 50 000 元，预计使用 5 年，预计净残值为 1 000 元。该企业采用双倍余额递减法计提折旧，从第 4 年开始改用平均年限法计提折旧。

要求：请分别计算每年的折旧额。

4. 2015 年 2 月份，某小企业的固定资产计提折旧情况如下：

生产车间厂房计提折旧 20 000 元，机器设备计提折旧 40 000 元；

管理部门房屋建筑物计提折旧 120 000 元，运输工具计提折旧 42 000 元；

销售部门房屋建筑物计提折旧 140 000 元，运输工具计提折旧 59 000 元。

此外，本月车间新购置一台原价 156 000 元的设备，预计使用年限为 10 年，预计净残值 2 000 元，按平均年限法计提折旧。

要求：编制该企业 2015 年 2 月计提折旧的会计分录。

5. 某小企业 2015 年 2 月 10 日对生产车间的一台生产机器进行日常维修，维修过程中发生人工费 7 000 元；对财务部门一台复印机进行日常维修，发生的人工费为 900 元；委托企业外部工程人员对生产车间一台生产机器进行改造，该设备原值为 200 000 元，累计计提折旧 200 000 元，改造共发生费用 20 000 元，以银行存款支付。

要求：编制相关会计分录。

6. 2004 年年底，某小企业购入一台不需安装就可以投入使用的生产设备，取得的增值税专用发票上注明的价款为 100 000 元，增值税税额为 17 000 元，以银行存款支付。该固定资产使用寿命为 9 年，采用直线法计提折旧，预计净残值为 1 000 元。2014 年 12 月 31 日，该固定资产仍然运转良好，并且用其生产的产品市场销路很好，该企业决定从 2015 年 1 月 1 日开始对该机器设备进行改造，改造期间发生职工薪酬 20 000 元，发生其他相关支出 10 000 元，该改造工程于 2015 年 3 月 31 日完工。预计改造后的该设备还可以继续使用 3 年，预计 3 年后的净残值 10 000 元，企业采用直线法对改良设备计提折旧。

要求：编制相关会计分录。

7. 某小企业出售一台机器设备，该机器设备原价 30 000 元，累计已提折旧 20 000 元，支付清理费用 1 000 元，出售取得价款 15 000 元，支付相关税费 750 元。

要求：编制相关会计分录。

8. 某小企业于 2015 年 2 月 1 日从星星有限责任公司购入一项专利权，实际支付的价款为 80 000 元。

要求：编制相关会计分录。

9. 某小企业 2015 年自行研究、开发一项技术，截至 6 月 30 日，发生研发支出合计 20 000 元，经测试该项研发活动完成了研究阶段，从 7 月 1 日起开始进入开发阶段，发生研发支出 60 000 元，假定全部符合无形资产准则规定的开发支出资本化的条件。12 月 20 日申请获得该项权利发生注册费 4 000 元，律师费 3 000 元，以银行存款支付。

要求：编制相关会计分录。

10. 某小企业 2015 年 1 月 31 日摊销自用的专利权，原始价值 60 000 元，摊销期 5 年。

要求：编制相关会计分录。

11. 某小企业 2015 年 6 月 30 日将一项专利技术出售转让给胜利机械有限责任公司，该专利技术成本为 65 000 元，已计摊销 23 000 元，实际取得的转让价款为 55 000 元，款项已存入银行。

要求：编制相关会计分录。

实务操作

【实训目的】

通过本实训，学生能够办理固定资产和无形资产业务，能够对长期资产业务进行规范的实务操作。

【实训要求】

1. 设置在建工程、应交税费、工程物资、固定资产、无形资产和研发支出等明细账；
2. 审核原始凭证，依据审核无误的原始凭证编制记账凭证；
3. 根据记账凭证登记相关明细分类账。

【实训资料】

成都光正有限责任公司（简称“光正公司”）是从事P1、P2产品生产的小型制造企业。属于一般纳税人，增值税税率为17%。所得税税率为25%。公司基本信息见第一部分筹资业务核算同步练习与实训的实务操作部分。

【业务2-1】2015年3月1日，购入一条需要安装的生产线，取得的增值税专用发票上注明价款为500 000元，增值税税额为85 000元；发生运输费5 000元，款项均以银行存款支付，没有发生其他税费。（相关凭证见表2-1~表2-4）

表2-1

四川增值税专用发票

发票联

No. 23456789

开票日期：2015年03月01日

购买方	名　　称：成都光正有限责任公司 纳税人识别号：510302758188888 地址、电话：成都市高新西区利华路22号 028-88886666 开户行及账号：工行利华路支行 440290500909081111				密码区		
货物或应税劳务、服务名称	规格型号	单位	数量	单价	金额	税率	税额
P1产品生产线		条	1	500 000.00	500 000.00	17%	85 000.00
合计					¥500 000.00		¥85 000.00
价税合计（大写）	⊗伍拾捌万伍仟元整				（小写）	¥585 000.00	
销售方	名　　称：长江机械制造厂 纳税人识别号：5103028956455555 地址、电话：内江市锦江区双进路33号 0832-55556666 开户行及账号：工行双进路支行 440290500404328888				备注	长江机械制造厂 5103028956455555 发票专用章	

收款人：张　丽　　复核：刘　红　　开票人：赵　丹　　销售方：（公章）

第三联　发票联　购买方记账凭证

表 2-2

中国工商银行（川）
转账支票存根
BG/02 02104466
附加信息
出票日期 2015年03月01日
收款人：长江机械制造厂
金 额：¥ 585 000.00
用 途：付货款
单位主管 张丽 会计 杨册

中国工商银行 转账支票（川） BG/02 021014466
出票日期（大写）贰零壹伍 年 零叁 月 零壹 日 付款行名称：工行利华路支行
收款人：长江机械制造厂 出票人账号：44029050090908111 11

本支票付款期限十天

人民币（大写）	伍拾捌万伍仟元整	亿	千	百	十	万	千	百	十	元	角	分
				¥	5	8	5	0	0	0	0	0

用途 货款
上列款项请从
我账户内支付
出票人签章 成都光正有限责任公司 财务专用章 财方印进 复核 记账

表 2-3

3100114760 货物运输业增值税专用发票
全国统一发票监制章 四川 国家税务总局监制
发票联
No. 87654321
开票日期：2015年03月01日

承运人及纳税人识别号	成都市天地运输公司 510302758189999	密码区	
实际受票方及纳税人识别号	成都光正有限责任公司 510302758188888		
收货人及纳税人识别号	成都光正有限责任公司 510302758188888	发货人及纳税人识别号	长江机械制造厂 5103028956455555
起运地、经由、到达地	内江市—成都市		
费用项目及金额	费用项目 运费；金额 5 000.00	运输货物信息	

合计金额	¥5 000.00	税率	11%	税额	¥550.00	机器编号	510389201268
价税合计（大写）	⊗伍仟伍佰伍拾元整		（小写）¥ 5 550.00				
车种车号	箱式货车 川A32012	车船吨位	10吨	备注	成都市天地运输公司 510302758189999 发票专用章		
主管税务机关及代码	内江市高新区国家税务局 151227769						

收款人：高 度 复核人：李万纲 开票人：张建荣 承运人：（章）

第三联 发票联 受票方记账凭证

表 2-4

ICBC 中国工商银行

资金汇划补充凭证

网银打印代理网点号：1999　　收报日期：2015 年 03 月 02 日　　资金汇划流水号：021141234

业务类型：网上银行付款指令　　业务编号：HQP 497496666

付款人账号：4402905009090811111　　收款人账号：51001837108051506666

付款人户名：成都光正有限责任公司　　收款人户名：成都市天地运输公司

付款人所在地：成都市高新西区利华路22号　　收款人所在地：成都华西路66号

付款人开户行：工商银行利华路支行　　收款人开户银行：工商银行华西路支行

大写金额：伍仟伍佰伍拾元整

小写金额：¥5 550.00

业务处理状态：联机已记账　　付款方式：加急

用途：支付运输费　　提交人：SDCH0002.c.4401　　授权人：8 100.00

备注：

柜员号：440201866

（工商银行四川省分行营业部 电子回单专用章 520102750166666）

打印次数：1　（打印回单，注意重复）　　打印时间：2015-03-02 10:30

【业务 2-2】（1）2015 年 3 月 1 日，成都光正有限责任公司从方太和机械有限责任公司购入钻床 2 台，价款 40 000 元，增值税税额 6 800 元，需要安装，款未付；（2）3 月 2 日，该钻床由方太和机械有限责任公司开始安装，本月 15 日安装完毕交付使用，安装费 3 000 元，增值税税额 510 元，开出转账支票一张，支付钻床及安装费。（相关凭证见表 2-5～表 2-10）

表 2-5

四川增值税专用发票

发票联

No. 63457890

开票日期：2015年03月01日

购买方	名　　称：成都光正有限责任公司 纳税人识别号：510302758188888 地址、电话：高新西区利华路22号 028-88886666 开户行及账号：工商银行利华路支行 4402905009090811111				密码区	（略）		
货物或应税劳务、服务名称	规格型号	单位	数量	单价	金额	税率	税额	
钻床		台	2	20 000.00	40 000.00	17%	6 800.00	
合计					¥40 000.00		¥6 800.00	
价税合计（大写）	⊗肆万陆仟捌佰元整				（小写）¥46 800.00			
销售方	名　　称：方太和机械有限责任公司 纳税人识别号：510302758177465 地址、电话：成都市西化路122号 028-88268122 开户行及账号：中国工商银行西化支行 4402905008080812228				备注	（方太和机械有限责任公司 510302758177465 发票专用章）		

第三联　发票联　购买方记账凭证

收款人：张方红　　复核：李　向　　开票人：屈占林　　销售方：（公章）

表 2-6

应付款项证明单　　1

2015 年 03 月 01 日　　编号：20150301

付款人名称	成都光正有限责任公司	收款人名称	方太和机械有限责任公司
单证名称	发票	单证编号	63457890
单证日期	2015年03月01日	单证内容	增值税专用发票
单证未退回原因： 增值税专用发票已入账		我单位应付款项： 人民币（小写）¥46 800.00 人民币（大写）肆万陆仟捌佰元整	

表 2-7

固定资产验收单

购货单位：方太和机械有限责任公司　　第二联　财务联　　NO：201500301

发票号：63457890　　2015 年 03 月 01 日　　使用部门：机工车间

编号	名称	规格型号	计量单位	数量	设备价款	运费	其他	合计	备注
机-02	钻床		台	2	40 000.00			40 000.00	购入
合计					40 000.00			40 000.00	

部门主管：张　东　　验收人：王立生　　经办人：赵东明　　质检人：恒　生

表 2-8

四川增值税专用发票

发　票　联

No. 63457899

开票日期：2015年03月15日

购买方	名　称：成都光正有限责任公司 纳税人识别号：510302758188888 地址、电话：高新西区利华路22号 028-88886666 开户行及账号：工商银行利华路支行 440290500909081111	密码区	（略）

货物或应税劳务、服务名称	规格型号	单位	数量	单价	金额	税率	税额
钻床安装费		台	2	1 500.00	3 000.00	17%	510.00
合计					¥3 000.00		¥510.00
价税合计（大写）	⊗ 叁仟伍佰壹拾元整				（小写）	¥3 510.00	

销售方	名　称：方太和机械有限责任公司 纳税人识别号：510302758177465 地址、电话：成都市西化路122号　电话 028-88268122 开户行及账号：中国工商银行西化支行 440290500808081222 8	备注	方太和机械有限责任公司 510302758177456 发票专用章

收款人：张方红　　复核：李　向　　开票人：屈占林　　销售方：(公章)

第三联　发票联　购售方记账凭证

表 2-9

中国工商银行（川）
转账支票存根
BG 02 02845588
附加信息

出票日期 2015年03月15日
收款人：方太和机械有限责任公司
金　额：¥50 310.00
用　途：购钻床
单位主管 张丽　会计 杨册

中国工商银行　转账支票（川）　BG 02 02845588
出票日期（大写）贰零壹伍年零叁月壹拾伍日　付款行名称：中国工商银行利华路支行
收款人：方太和机械有限责任公司　出票人账号：4402905009090811111
本支票付款期限十天
人民币（大写）伍万零叁佰壹拾元整　¥50310 00
用途 购钻床
上列款项请从
我账户内支付
出票人签章　成都光正有限责任公司 财务专用章　方进 财印
复核　记账

表 2-10

固定资产交接单

固定资产类别：设备及工具　　编号：20151204

资产编号	名称	规格	型号	计量单位	数量	建造单位	建造编号	资产来源	技术资料
机-02	钻床	S-12		台	2	方太和公司		购入	说明书
总价（原值）	土建工程费	设备费	安装费	运杂费	包装费	其他	原值合计	预计使用年限	尚可使用年限
		40 000.00	3 000.00				43 000.00	5	
建造日期			验收日期	2015年03月15日		开始使用日期		2015年03月15日	
净残值率	5%	年折旧额	5 106.24	年折旧率	11.87%	月折旧率	0.10%	月折旧额	425.52

接收单位：机加工车间　接收单位主管：张　东　交付单位：方太和公司　验收人：王立生　质检人：恒　生

【业务 2-3】2015 年 03 月 20 日，成都光正有限责任公司与荣华新生有限责任公司达成协议，将 1 台不需用的机床出售给该公司，该机床原价 50 000 元，已计提折旧 6 167 元。出售不含税价款 40 000 元。（1）3 月 21 日，公司领导决定将机床转入清理；（2）3 月 22 日，清理完毕，通过网上银行支付清理费 2 500 元；（3）3 月 22 日，将设备交付荣华新生有限责任公司，开具增值税专用发票，价款 40 000 元，增值税税额为 6 800 元，款已存入银行；（4）结转清理损益。（相关凭证见表 2-11～表 2-16）

表 2-11

固定资产清理单　　1

2015年03月21日

资产编号	名称	单位	数量	预计使用年限	已使用年限	原价	已提折旧额	清理原因
机-01	机床	台	1	60个月	4个月	50 000.00	6 167.00	不需用
支付清理费用		变价收回			清查净收益（"-"损失）			
处理意见	固定资产使用部门		固定资产管理部门		技术鉴定部门	财务部门	公司领导	
	机加工车间 签章：机工车间		签章：办公室		签章：恒　生	签章：张　丽	签章：方进财	

成都光正有限责任公司

表 2-12

四川省国家税务局通用机打发票

发　票　联

全国统一发票监制章 四川省国家税务局监制

发票代码：134768902222
发票号码：23476688

开票日期：2015 年03 月22 日　　行业分类：工业

付款单位名称：成都光正有限责任公司　　付款单位识别号：510302758188888

货物及劳务名称	规格	单位	单价	数量	金额
设备拆除费		台	2 500.00	1	2 500.00

现金付讫

合计人民币（大写）贰仟伍佰元整　　合计：¥ 2 500.00

收款单位名称（盖章）荣华新生有限责任公司　　收款单位开户银行及账号：工商银行南进路支行 440290500808086677

荣华新生有限责任公司 510302758476888 发票专用章

收款单位识别号：510302758476888　　开票人：李红　　备注

（本发票开具合计金额超过佰万元无效）

第三联：发票联 购货方记账凭证

表 2-13

ICBC 中国工商银行

资金汇划补充凭证

网银打印代理网点号：1999　收报日期：2015 年 03 月 21 日　资金汇划流水号：021141200

业务类型：网上银行付款指令　业务编号：HQP 677496616

付款人账号：4402905009090811111　收款人账号：4402905008080866777

付款人户名：成都光正有限责任公司　收款人户名：荣华新生有限责任公司

付款人所在地：成都市高新西区利华路22号　收款人所在地：成都南进路28号

付款人开户行：工商银行利华路支行　收款人开户银行：工商银行南进路支行

大写金额：贰仟伍佰元整

小写金额：¥2 500.00

业务处理状态：联机已记账　付款方式：加急

用途：支付设备清理费　提交人：SDCH0002.c.4499　授权人：

备注：

柜员号：440201866

（印章：工商银行四川省分行营业部 电子回单专用章）

打印次数：1　（打印回单，注意重复）　打印时间：2015-03-22 10:30

表 2-14

四川增值税专用发票

此联不作报销、扣税凭证使用

No. 2247991

开票日期：2015年03月22日

购买方	名称：荣华新生有限责任公司 纳税人识别号：510302758476888 地址、电话：成都市南进路28号　电话 028-88268167 开户行及账号：工商银行南进路支行 4402905008080866777					密码区	（略）	
货物或应税劳务、服务名称	规格型号	单位	数量	单价	金额	税率	税额	
机床		台	1	40 000.00	40 000.00	17%	6 800.00	
合计					¥40 000.00		¥6 800.00	
价税合计（大写）	⊗肆万陆仟捌佰元整				（小写）	¥46 800.00		
销售方	名称：成都光正有限责任公司 纳税人识别号：510302758188888 地址、电话：高新西区利华路22号　电话 028-88886666 开户行及账号：工商银行利华路支行 4402905009090811111					备注	（印章：成都光正有限责任公司 510302758188888 发票专用章）	

第一联　记账联　销售方记账凭证

收款人：高　新　　复核：张　丽　　开票人：杨　册　　销售方：(公章)

表 2-15

ICBC 中国工商银行 进账单（收账通知） 3

2015 年 03 月 22 日

收款单位	全称	成都光正有限责任公司	付款单位	全称	荣华新生有限责任公司
	账号	440290500909081111		账号	440290500808086777
	开户银行	工商银行利华路支行		开户银行	中国工商银行南进路支行
金额	人民币（大写）	肆万陆仟捌佰元整		千百十万千百十元角分	¥4680000
票据种类	转账支票	票据张数	1		
票据号码					
单位主管 会计 复核 记账				工商银行利华路支行 2015.03.22 转讫 2015 年 03 月 22 日 （收款人开户银行盖章）	

表 2-16

固定资产清理单 5

2015年03月21日

资产编号	名称	单位	数量	预计使用年限	已使用年限	原价	已提折旧额	清理原因
机-01	机床	台	1	60个月	4个月	50 000.00	6 167.00	不需用
支付清理费用		2 500.00	变价收回		40 000.00	清查净收益（“-”损失）		-6 333.00
处理意见	固定资产使用部门		固定资产管理部门		技术鉴定部门	财务部门		公司领导
	成都光正有限责任公司 机加工车间 签章：机工车间		成都光正有限责任公司 签章：办公室		签章：恒　生	签章：张　丽		签章：方进财

【业务 2-4】2015 年 3 月 23 日，成都光正有限责任公司从星辉机械有限责任公司购入一项专利权，评估价值 50 000 元，款项已支付。（相关凭证见表 2-17~表 2-19）

表 2-17

四川增值税普通发票

发 票 联

No. 00264513

开票日期：2015年03月23日

购买方	名　　称：成都光正有限责任公司 纳税人识别号：510302758188888 地 址 、电 话：成都市高新西区利华路22号028-88886666 开户行及账号：工商银行利华路支行4402905009090811111	密码区	（略）

货物或应税劳务、服务名称	规格型号	单位	数量	单价	金额	税率	税额
专利权			1	47 169.81	47 169.81	6%	2 830.19
合计					¥ 47 169.81		¥ 2 830.19
价税合计（大写）	伍万元整				（小写） ¥50 000.00		

销售方	名　　称：星辉机械有限责任公司 纳税人识别号：510302758189810 地 址 、电 话：成都市锦锈路16号029-87690333 开户行及账号：农行高新支行900101040013120	备注	星辉机械有限责任公司 510302758189810 发票专用章

收款人：方 园　　复核：　　开票人：杨 立　　销售方：(公章)

第二联 发票联 购买方记账凭证

表 2-18

中国工商银行
转账支票存根（川）

BG/02 02845676

附加信息

出票日期 2015年03月23日

收款人：星辉机械有限责任公司

金　额：¥50 000.00

用　途：付专利权款

单位主管 张丽　会计 杨册

中国工商银行　转账支票（川）　BG/02 02845676

出票日期（大写）贰零壹伍年零叁月贰拾叁日　付款行名称：工商银行利华路支行

收款人：星辉机械有限责任公司　出票人账号：4402905009090811111

本支票付款期限十天

人民币（大写）	亿	千	百	十	万	千	百	十	元	角	分
伍万元整				¥	5	0	0	0	0	0	0

用途 付专利权款

上列款项请从

我账户内支付

出票人签章　成都光正有限责任公司 财务专用章　方进印财

复核　　记账

表 2-19

无形资产交接（验收）单

2015年03月23日

资产编号	名称	专利号	技术资料	单位	数量	发明人	资产来源
02	专利权	No11112	说明书	项	1		外购
原价	50 000.00		累计摊销		预计年限	10	
验收意见	合格交机工车间用						
技术员签章		恒生		验收人签章		吴江	
部门主管签章		张家港		经办人签章		李响应	

【业务 2-5】2015 年 3 月 25 日，成都光正有限责任公司将公司一项专利技术转让给利都机械有限责任公司，原始价值 120 000 元，已计提摊销 40 000 元，转让价 100 000 元，按 5% 缴纳营业税。（相关凭证见表 2-20、表 2-21）

表 2-20

四川增值税普通发票

（印章：全国统一发票监制章 四川 国家税务总局监制）

No. 2247991

开票日期：2015年03月25日

购买方	名称：利都机械有限责任公司 纳税人识别号：510302792179014 地址、电话：成都市胜利路11号 电话 028-88261010 开户行及账号：工商银行南进路支行 440290500808086677					密码区	（略）	
货物或应税劳务、服务名称	规格型号	单位	数量	单价	金额	税率	税额	
专利技术			1	94 339.62	94 339.62	6%	5 660.38	
合计					¥94 339.62		¥5 660.38	
价税合计（大写）	⊗壹拾万元整				（小写） ¥100 000.00			
销售方	名称：成都光正有限责任公司 纳税人识别号：510302758188888 地址、电话：高新西区利华路22号 电话 028-88886666 开户行及账号：工商银行利华路支行 440290500909081111					备注	（印章：成都光正有限责任公司 510302758188888 发票专用章）	

第一联 记账联 销售方记账凭证

收款人：高新　复核：张丽　开票人：杨册　销售方：（公章）

表 2-21

ICBC 中国工商银行　　进 账 单（收账通知）　3

2015年03月25日

收款单位	全　称	成都光正有限责任公司	付款单位	全　称	利都机械有限责任公司
	账　号	440290500909081111		账　号	440290500090708l088
	开户银行	工商银行利华路支行		开户银行	中国银行胜利分理处
金额	人民币（大写）	拾万元整			千百十万千百十元角分 ¥1 0 0 0 0 0 0 0
票据种类	转账支票	票据张数	1		
票据号码					
复核	记账				2015年03月25日（收款人开户银行盖章）

工商银行利华路支行 2015.03.25 转讫

【业务 2-6】2015 年 3 月 31 日，成都光正有限责任公司记账会计编制固定资产折旧计提表，计提本月份固定资产折旧。（相关凭证见表 2-22）

表 2-22

固定资产折旧计提表

2015 年 03 月 31 日　　单位：元

使用部门	固定资产项目	上月折旧额	上月增加固定资产		上月减少固定资产		本月折旧额
			原值	折旧	原值	折旧	
锻造车间	机器设备	2 900	20 000	100			3 000
	建筑物	3 000					3 000
	小计	5 900					6 000
机加车间	机器设备	2 500					2 500
	建筑物	1 500					1 500
	小计	4 000					4 000
装配车间	机器设备	2 500					2 500
	建筑物	2 000					2 000
	小计	4 500					4 500
管理部门	运输设备	2 500	100 000	400			2 900
	建筑物	2 000					2 000
	小计	4 500					4 900
销售部门	运输设备	500					500
	建筑物	1 000					1 000
	小计	1 500					1 500
合　计		20 400	120 000	500			20 900

会计主管：张　丽　　制表人：杨　册　　复核人：高　为

【业务 2-7】2015 年 3 月 31 日摊销无形资产。（相关凭证见表 2-23）

表 2-23

无形资产摊销计算表

2015 年 03 月 31 日

类别	月摊销额	基本生产		辅助生产		管理费用		其他业务支出	
		原值	摊销额	原值	摊销额	原值	摊销额	原值	摊销额
专利权	800					48 000	800		
非专利技术	500	60 000	500						
合　计	1 300	60 000	500			48 000	800		

审核：张　丽　　　　制单：杨　册　　　　复核：高　为

第三部分

存货采购与付款核算同步练习与实训

存货是指小企业在日常生产经营过程中持有以备出售的产成品或商品、处在生产过程中的在产品以及将在生产过程或提供劳务过程中耗用的材料和物料等。存货采购与付款是小企业生产经营的三大基本环节（供应—生产—销售）之一。在存货购置过程中，小企业一方面要从供应单位购进各种原材料、周转材料和商品等，另一方面又要支付货款和采购过程中发生的运输费和装卸费等采购费用。本部分介绍原材料采购与付款业务的核算和其他存货采购与付款业务的核算。

内容小结

一、重点与难点

本部分的主要内容包括：① 原材料采购与付款的核算（按实际成本计价和按计划成本计价的核算）；② 周转材料采购与付款的核算；③ 委托加工物资的核算；④ 存货清查的核算。

学习重点：存货包括的内容及成本构成；不同结算方式下原材料及周转材料采用实际成本计价的核算；原材料及周转材料采用计划成本计价的核算；委托加工物资的核算；存货盘盈、盘亏及毁损的核算。

学习难点：材料采购与付款按计划成本计价的会计处理及实务操作；委托加工物资的会计处理及实务操作；存货清查的会计处理及实务操作；材料月末暂估入账的会计处理及实务操作。

二、业务核算T形账户图示

项目一　材料采购与付款的核算

1. 货款已经支付，同时材料验收入库

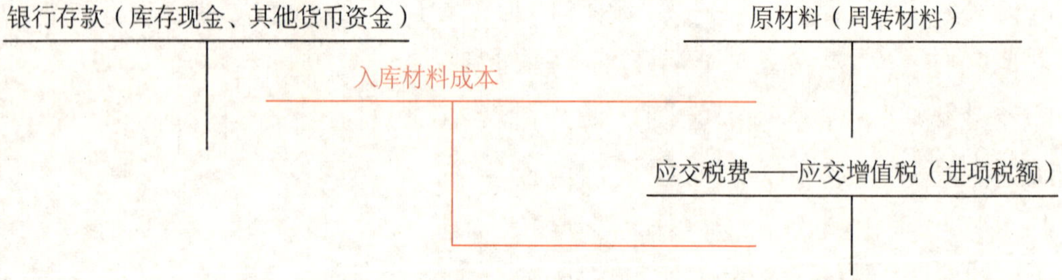

2. 货款已经支付，材料尚未验收入库

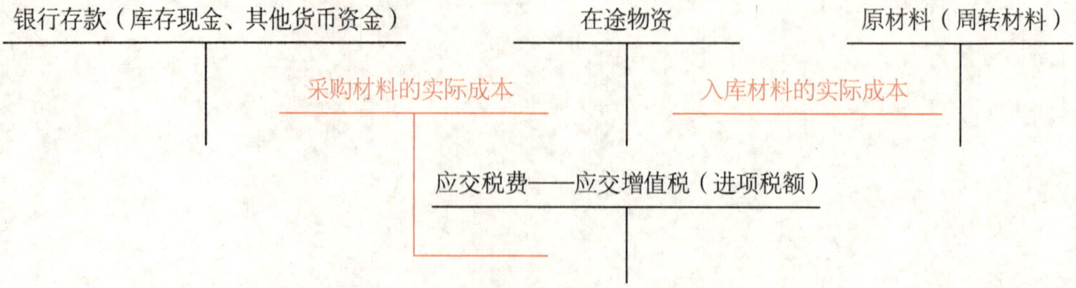

3. 材料验收入库，货款延期支付

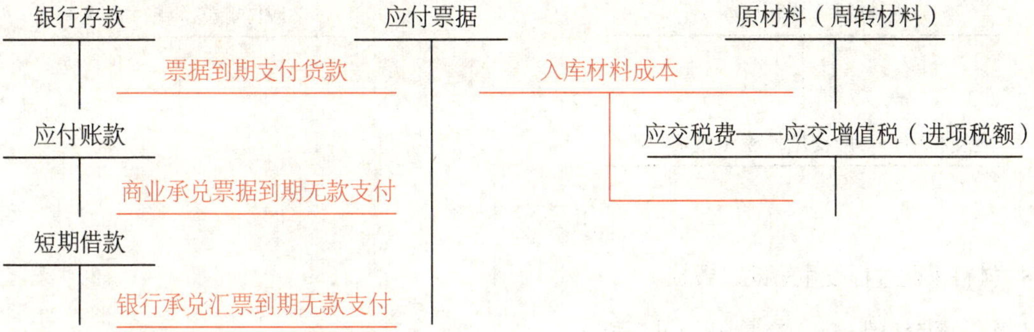

4. 材料已验收入库，货款尚未支付

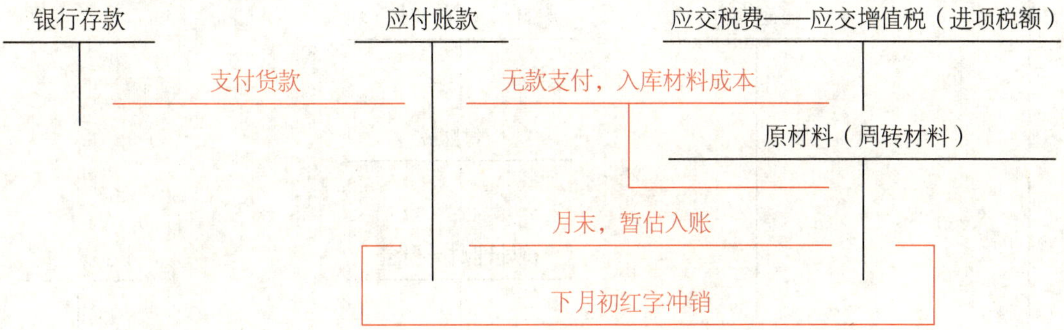

5. 预付货款采购材料

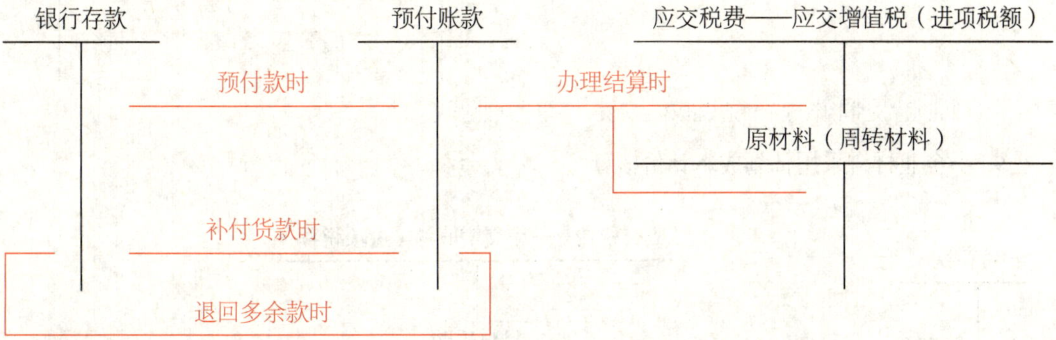

6. “现金折扣”购料

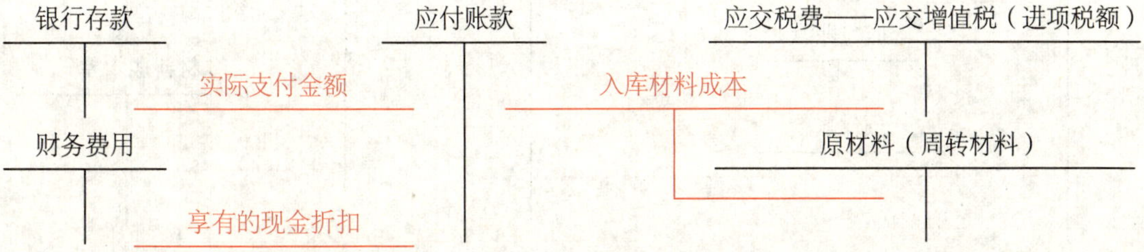

7. 购货退回或折让

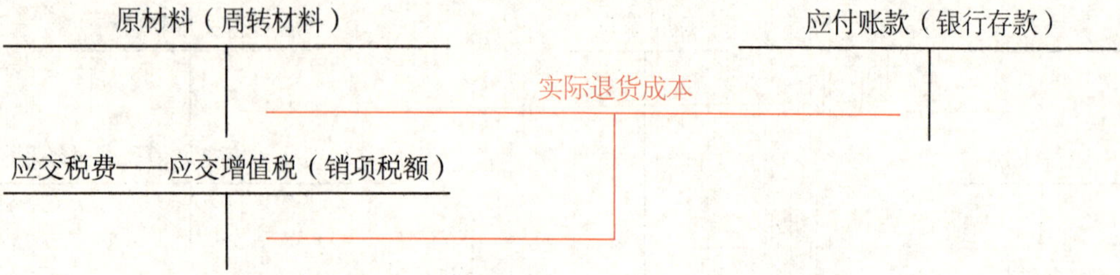

8. 材料采购过程发生短缺、毁损

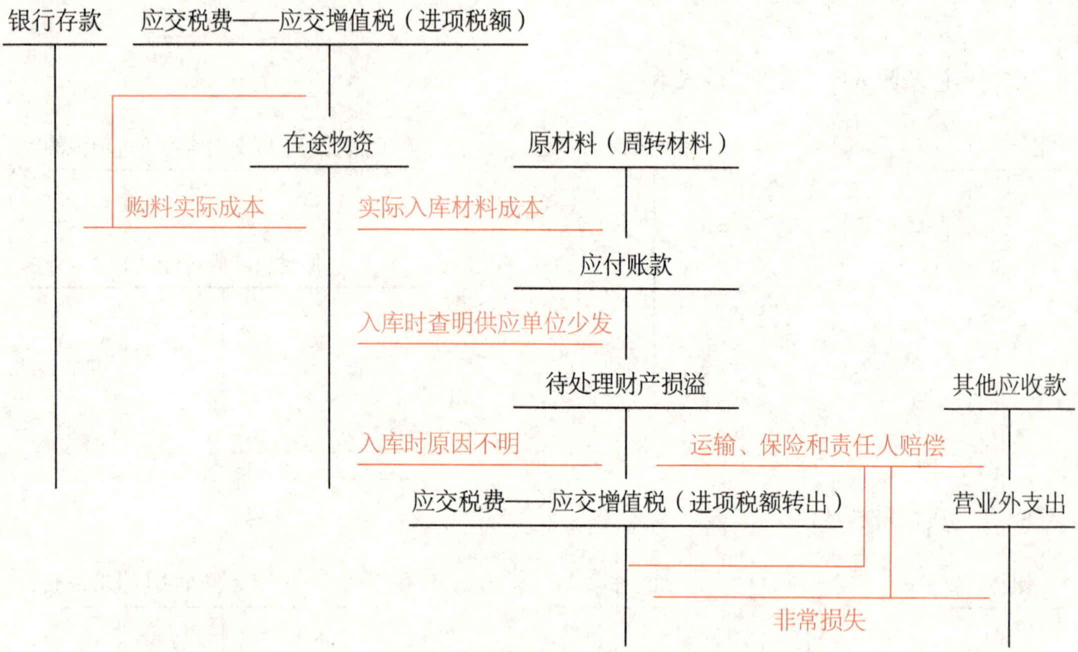

注：非常损失是指因管理不善造成被盗、丢失、霉烂变质的损失。

9. 小企业材料采用计划成本计价核算

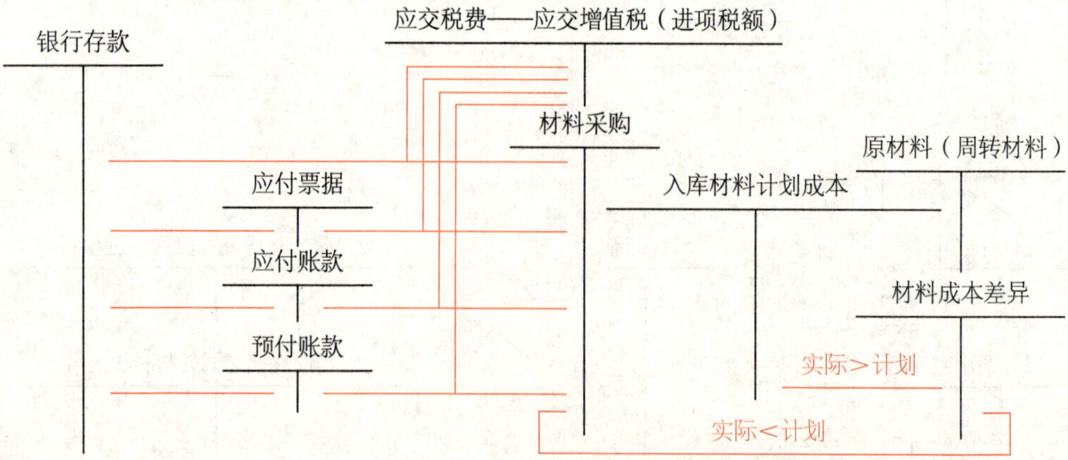

项目二　其他存货采购与付款的核算

1. 委托加工物资的核算

（1）发给外单位加工的物资，按实际成本。

（2）支付加工费用、运杂费等。

（3）收到加工完成验收入库的物资和剩余物资。

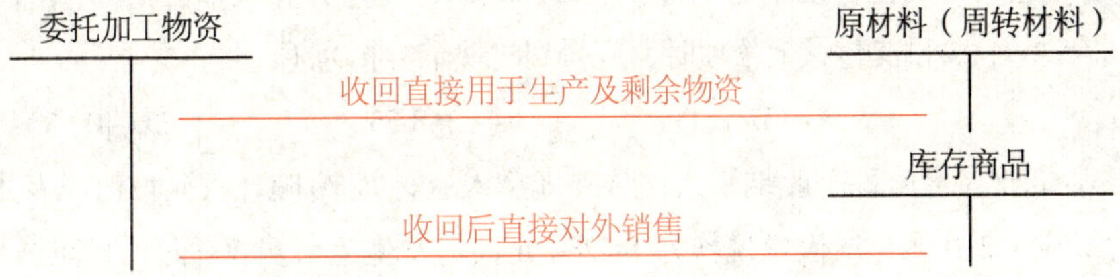

2. 存货盘盈、盘亏、毁损的核算

（1）存货盘盈。

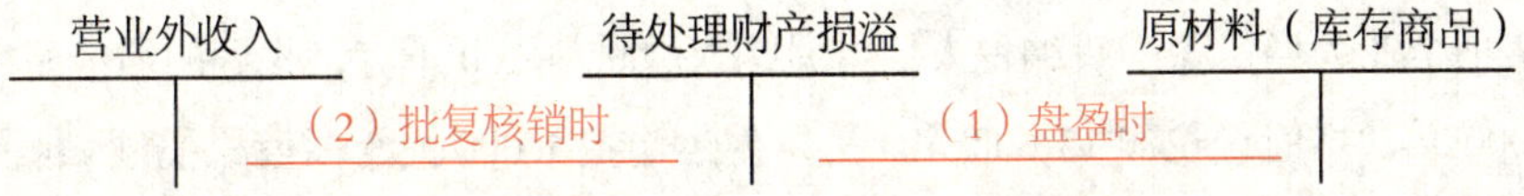

（2）存货盘亏、毁损。

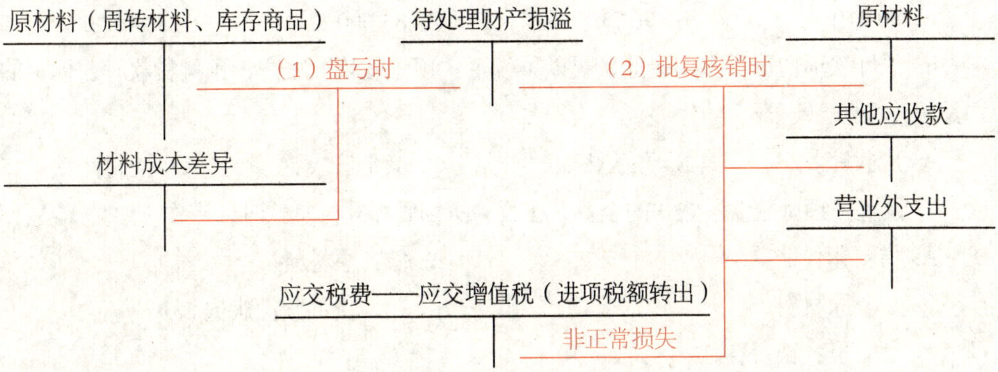

注：自然灾害造成的损失，不作进项税额转出处理。

同步练习

一、单项选择题

1. 下列各项支出中，一般纳税企业不应计入存货成本的是（　　）。

A. 购入存货时发生的增值税进项税额　　B. 入库前的挑选整理费

C. 购买存货而发生的运输费用　　D. 购买存货而支付的进口关税

2. 某小企业为增值税小规模纳税企业。该企业购入甲材料 600 千克，每千克含税单价为 50 元，发生运杂费 2 000 元，运输途中发生合理损耗 10 千克，入库前发生挑选整理费用 200 元。该批甲材料的入账价值为（　　）元。

A. 30 000　　B. 32 000　　C. 32 200　　D. 32 700

3. W 企业于 2015 年 3 月 8 日向 D 公司购买配件 350 件，每件不含税单价 100 元，若客户购买 200 件以上（含 200 件）配件可给予客户 10% 商业折扣，另规定现金折扣条件为：2/10、1/20、n/30。适用的增值税税率为 17%。假设购销双方约定计算现金折扣时考虑增值税，W 企业于 2015 年 3 月 25 日支付该笔款项时，应得到的现金折扣为（　　）元。

A. 0　　B. 737.1　　C. 368.55　　D. 409.5

4. 某小企业为增值税一般纳税人，从外地购入原材料 70 吨，收到增值税专用发票上注明的售价为每吨 1 200 元，增值税税款为 14 280 元，另发生运杂费 600 元，装卸费 100 元，途中保险费为 180 元。原材料运到后验收数量为 66 吨，短缺 4 吨为合理损耗，则该原材料的入账价值为（　　）元。

A. 84 240　　B. 84 840　　C. 84 940　　D. 84 880

5. 某小企业为增值税一般纳税人。本月购入原材料 200 千克，收到的增值税专用发票注明价款 80 000 元，增值税税额 13 600 元。另发生运输费 1 000 元，增值税税额 110 元，途中保险费用 2 000 元。原材料运抵企业后，验收入库为 198 千克，运输途中发生合理损耗 2 千克。该原材料入账价值为（　　）元。

A. 80 319　　B. 96 710　　C. 83 000　　D. 94 800

6. 预付款项情况不多的企业，可以不设置“预付账款”账户，预付货款时，借记的会计账户是（　　）。

A. 应收账款　　B. 预收账款　　C. 其他应收款　　D. 应付账款

7. 设置“预付账款”账户的企业，在收到货物后需补付货款时，应作（　　）会计分录。

A. 借：预付账款
　　原材料
　贷：银行存款

B. 借：原材料
　贷：预付账款

C. 借：原材料
　　贷：预付账款
　　　　银行存款

D. 借：预付账款
　　贷：银行存款

8. 某一般纳税企业委托外单位加工一批消费税应税消费品，材料成本 50 000 元，加工费 5 000 元（不含税），受托方增值税税率为 17%，受托方代扣代缴消费税 1 000 元，该批材料加工后委托方继续加工，那么该批材料加工完毕入库时的成本为（　　）元。

A. 63 500　　B. 55 000　　C. 58 500　　D. 56 000

9. 一般纳税人委托其他单位加工材料收回后直接对外销售的，其发生的下列支出中，不应计入委托加工材料成本的是（　　）。

A. 发出材料的实际成本　　B. 支付给受托方的加工费

C. 支付给受托方的增值税　　D. 受托方代收代缴的消费税

10. 小企业购入的材料，需在月末暂估入账，并于下月初红字冲回的是（　　）。

A. 月末购货发票账单未到，货款未付但已入库的材料

B. 月末购货发票账单已到，货款未付但已入库的材料

C. 月末购货发票账单已到，货款已付且已入库的材料

D. 月末购货发票账单已到，货款已付但未入库的材料

11. 材料收发采用计划成本计价核算，收入材料计划成本大于实际成本的差额，在结转差异时的会计处理为（　　）。

A. 借：材料采购
　　贷：材料成本差异

B. 借：材料成本差异
　　贷：材料采购

C. 借：生产成本
　　贷：材料成本差异

D. 借：材料成本差异
　　贷：生产成本

12. 下列不作为包装物核算的包装用品是（　　）。

A. 生产使用的包装物　　B. 出租给外单位的包装物

C. 出借给外单位的包装物　　D. 各种包装材料

13. 原材料已验收入库，月末尚未收到结算凭证，入库材料按暂估价入账时，应贷记“（　　）”账户。

A. 在途物资　　B. 应付账款　　C. 其他应付款　　D. 银行存款

14. 某小企业于 2014 年 6 月 2 日从甲公司购入一批材料并已验收入库。增值税专用发票上注明该批材料的价款为 15 000 元，增值税税额为 2 550 元。合同中规定的现金折扣条件为 2/10，1/20，n/30，假定计算现金折扣时不考虑增值税。该企业在 2014 年 6 月 11 日付清货款。企业购买产品时该应付账款的入账价值为（　　）元。

A. 14 700　　B. 15 000　　C. 17 250　　D. 17 550

15. 2015 年 1 月 1 日 A 公司开出一张面值为 50 000 元、期限为 3 个月的不带息商业承兑汇

票，由于该公司亏损，到期时，A 公司无力支付该汇票，应作的会计处理为（　　）。

A. 借：应付票据　　50 000
　　贷：短期借款　　50 000

B. 借：应付票据　　50 000
　　贷：长期借款　　50 000

C. 借：应付票据　　50 000
　　贷：应付账款　　50 000

D. 借：应付票据　　50 000
　　贷：银行存款　　50 000

16. 下列各项关于应付账款的表述中，不正确的是（　　）。

A. 应付账款一般按应付金额入账，而不按到期应付金额的现值入账

B. 如果购入的资产在形成一笔应付账款时是带有现金折扣的，应付账款应当按照扣除最大现金折扣后的余额反映

C. 预付账款不多的企业，也可以不设置“预付账款”账户，直接记入“应付账款”账户的借方即可

D. 开出并承兑的商业承兑汇票如果不能如期支付的，应在票据到期时，将“应付票据”账面价值转入“应付账款”账户

17. S 企业为增值税一般纳税人，原材料采用计划成本核算，A 材料计划成本每吨 20 元，本期购进 A 材料 6 000 吨，收到增值税专用发票上注明的价款总额为 102 000 元，增值税税额为 17 340 元。另发生运杂费 1 400 元，途中保险费 359 元，原材料运抵企业后验收入库原材料 5 995 吨，运输途中合理损耗 5 吨，购进 A 材料发生的成本差异（超支为正）为（　　）元。

A. 1 099　　B. 1 199　　C. −16 141　　D. −16 241

18. 甲公司为增值税一般纳税人，适用增值税税率为 17%。本月购进 A 原材料 100 吨，货款为 100 万元，增值税税额为 17 万元；发生的保险费为 5 万元，入库前的挑选整理费用为 3 万元；验收入库时发现数量短缺 10%，经查属于运输途中合理损耗，该批 A 原材料实际单位成本为每吨（　　）万元。

A. 1.2　　B. 1　　C. 1.25　　D. 1.39

19. 下列各项中，应不计入营业外支出的是（　　）。

A. 小企业被盗造成的存货灭失

B. 人为原因造成的存货毁坏

C. 自然灾害造成的原材料损失

D. 原材料运输途中发生的合理损耗

20. 某小企业因管理不善原因盘亏一批材料 16 000 元，该批材料的增值税进项税额为 2 720 元。收到各种赔款 1 500 元，残料入库 200 元。报经批准后，应记入“营业外支出”账户的金额为（　　）元。

A. 17 020　　B. 18 620　　C. 14 300　　D. 14 400

21. 小企业转销无法支付的应付账款时，应将该应付账款账面余额计入（　　）。

A. 资本公积　　B. 营业外收入

C. 其他业务收入　　　　　　　　　　D. 其他应付款

22. 下列有关应付票据处理的表述中，不正确的是（　　）。

A. 企业开出并承兑商业汇票时，应按票据的到期值贷记“应付票据”账户

B. 企业支付的银行承兑手续费，计入当期财务费用

C. 应付票据到期支付时，按账面余额结转

D. 企业到期无力支付的商业承兑汇票，应按账面余额转入“应付账款”账户

二、多项选择题

1. 下列各项，构成工业小企业外购存货入账价值的有（　　）。

A. 买价　　　　　　　　　　B. 运杂费

C. 运输途中的合理损耗　　　　　　　　　　D. 入库前的挑选整理费用

2.“材料成本差异”账户贷方登记（　　）。

A. 材料入库时形成的超支差异　　　　　　　　　　B. 材料入库时形成的节约差异

C. 发出材料应负担的超支差异　　　　　　　　　　D. 发出材料应负担的节约差异

3. 下列项目，属于包装物核算内容的有（　　）。

A. 各种包装材料

B. 用于储存和保管产品、材料不对外出售的包装物

C. 出租或出借的包装物

D. 随同产品出售而不单独计价的包装物

4. 下列各项中，包括在购入存货实际成本中的项目有（　　）。

A. 买价

B. 小规模纳税企业购入材料支付的增值税税额

C. 运输途中的各种损耗

D. 挑选整理过程中发生的数量损耗

5. 下列项目中，一般纳税企业应计入存货成本的有（　　）。

A. 购入存货支付的关税

B. 小企业采购过程中发生的保险费

C. 委托加工材料发生的增值税

D. 自制存货生产过程中发生的直接费用

6. 下列各项中属于小企业库存商品的是（　　）。

A. 发出展览的商品

B. 接受外来原材料加工制造的代制品

C. 为外单位加工修理的代修品

D. 已完成销售手续但购买单位在月末未提取的产品

7. 下列各项中，增值税一般纳税企业应计入收回委托加工物资成本的有（　　）。

A. 支付的加工费

B. 随同加工费支付的增值税

C. 支付的收回后继续加工的委托加工物资的消费税

D. 支付的收回后直接销售的委托加工物资的消费税

8. 下列物资中属于存货的有（　　）。

A. 原材料　　B. 工程物资

C. 产成品　　D. 包装物和低值易耗品

9. 材料按计划成本计价核算的情况下，“材料成本差异”账户期末（　　）。

A. 一定为借方余额　　B. 一定为贷方余额

C. 可能为借方余额　　D. 可能为贷方余额

10. 小企业原材料采用计划成本核算，应设置的账户有（　　）。

A. 原材料　　B. 在途物资

C. 材料采购　　D. 材料成本差异

11. 对一般纳税人而言，下列不应计入外购存货采购成本的是（　　）。

A. 购入存货应负担的增值税（取得专用发票）

B. 购入存货应负担的运费

C. 入库前的整理挑选费用

D. 采购人员的差旅费

12. 下列关于应付账款的处理中，正确的有（　　）。

A. 货物与发票账单同时到达，待货物验收入库后，按发票账单登记入账

B. 货物已到，但至月末时发票账单还未到达，应在月份终了时暂估入账

C. 应付账款一般按到期时应付金额的现值入账

D. 企业采购业务中形成的应付账款，在确认其入账价值时不需要考虑将要发生的现金折扣

13. 实际工作中，影响存货入账价值的主要因素有（　　）。

A. 自制存货发生的直接材料、直接人工和制造费用

B. 为特定客户设计产品所发生的、可直接确定的设计费用

C. 采购过程中发生的运杂费

D. 存货采购入库后的储存费用（非生产阶段所必需）

14. 小企业发生赊购商品业务，下列影响应付账款入账金额的有（　　）。

A. 销货方代垫运杂费

B. 增值税进项税额

C. 现金折扣

D. 商品价款

15. 下列关于小企业存货盘盈盘亏说法正确的是（　　）。

A. 存货盘盈时，经批准后，记入“营业外收入”账户

B. 存货盘亏时，经批准后，可能记入“管理费用”账户

C. 企业发生存货盘盈盘亏，会涉及“待处理财产损溢”账户

D. 企业发生存货盘盈盘亏，可能涉及“其他应收款”账户

16. 甲企业为增值税一般纳税人，委托外单位加工一批材料（属于应税消费品）。该批原材料加工收回后用于连续生产应税消费品。甲企业发生的下列各项支出中，会增加收回委托加工材料实际成本的有（　　）。

A. 支付的加工费

B. 支付的增值税

C. 负担的运杂费

D. 支付的消费税

17. 下列关于“预付账款”账户的表述中，正确的有（　　）。

A. 预付及补付的款项登记在该账户的借方

B. 该账户的借方余额，表示预付给供货单位的款项

C. 该账户贷方余额，表示应当补付的款项

D. 预付款项不多的企业，也可将预付款项记入“应付款项”账户的借方

18. 下列有关应付票据处理的表述中，正确的是（　　）。

A. 企业开出并承兑商业汇票时，应按其票面金额贷记“应付票据”账户

B. 不带息应付票据到期支付时，按票面金额结转

C. 企业支付的银行承兑手续费，计入当期财务费用

D. 企业到期无力支付的银行承兑汇票，应按账面金额转入“应付账款”账户

三、判断题

1. 已经支付货款，但尚未验收入库的在途材料、在途商品属于存货的范畴。（　　）

2. 工业小企业购入材料所发生的运杂费、保险费等均应计入存货成本。（　　）

3. 某酒类产品生产小企业为使生产的酒达到规定的产品质量标准，而必须发生的仓储费用，应计入当期损益。（　　）

4. 收回委托加工物资存货的成本包括发出材料的实际成本、支付的加工费、运杂费和增值税等。（　　）

5. 小企业购入材料运输途中发生的合理损耗应计入材料成本，使材料的单位成本减少。（　　）

6. 各种包装物如纸、绳、铁丝、铁皮等，应在“原材料”账户内核算。（　）

7. 存货范围的确认，应以小企业对存货是否具有法定所有权和是否存放在本企业为依据。（　）

8. 购入存货支付的进口关税，一般纳税人不应计入存货的成本中。（　）

9. 购入材料在运输途中发生的合理损耗不需单独进行账务处理。（　）

10. 入库原材料形成的超支差异在“材料成本差异”账户的贷方予以登记。（　）

11. 委托加工物资收回后，直接用于销售的，其实际成本应包括代扣代缴的消费税。（　）

12. 小企业购入材料发生的短缺，经确认系供应单位原因造成，应由其赔偿部分的价值，记入“应收账款”账户。（　）

13. 小企业会计核算中，预付账款不多的，也可以不设置“预付账款”账户。企业预付货款时，直接将其记入“应收账款”账户的借方。（　）

14. 商业承兑汇票到期企业无法支付时，应按票面本金数额转作应付账款。（　）

15. 小企业在购入商品时将现金折扣直接抵减应确认的应付账款。（　）

16. 属于非常损失造成的存货毁损，应按该存货的实际成本计入营业外支出。（　）

17. 存货清查中发生的存货短缺，除自然灾害导致的损失外应全部计入当期管理费用。（　）

18. 无论企业对存货采用实际成本法核算，还是采用计划成本法核算，在编制资产负债表时，资产负债表上的存货项目反映的都是存货的实际成本。（　）

四、综合练习

1. 新天地公司为制造业小企业，一般纳税人，增值税税率17%，材料采用实际成本计价核算，3月份发生下列经济业务：

（1）3月1日，银行转来梅山钢铁厂托收凭证，金额为11 064元，内附专用发票一张，开列圆钢4 000千克，每千克2.30元，合计货款9 200元，增值税税额1 564元；运杂费凭证一张，金额300元。经审核无误，当即支付，材料尚未到达。

（2）3月5日，仓库转来收料单，本月1日从梅山钢铁厂购入的圆钢4 000千克，已全部验收入库，结转其采购成本。

（3）3月8日，银行转来武汉钢铁厂托收凭证，金额为30 990元，内附专用发票一张，开列圆钢6 000千克，每千克2.25元，合计货款13 500元，扁钢5 000千克，每千克2.40元，合计货款12 000元，增值税税额4 335元；运杂费凭证一张，金额1 155元，经审核无误，当即支付，运杂费按钢材的重量比例分配。

（4）3月11日，仓库转来收料单，本月8日从武汉钢铁厂购入的6 000千克圆钢和5 000千克扁钢均已验收入库，结转其采购成本。

（5）3 月 12 日，向成都龙岩有限公司预付货款 20 000 元，采购圆钢。

（6）3 月 14 日，向上海燃料公司采购煤 30 吨，每吨 310 元，合同规定先预付货款 30%，10 天后交货时，再支付 70%。今签发转账支票 2 790 元预付 30 吨煤 30% 的货款。

（7）3 月 20 日，收到成都龙岩有限公司发来圆钢 20 吨，每千克 2 200 元，增值税 7 480 元，材料已验收入库，余款尚未支付。

（8）3 月 24 日，收到上海燃料公司开来的专用发票，购买煤 30 吨，每吨 310 元，合计货款 9 300 元，增值税税额 1 581 元。现扣除 30% 的预付货款后，其余款项签发转账支票予以清偿，煤尚未运到。

（9）3 月 25 日，以一张不带息的银行承兑汇票支付前欠成都龙岩有限公司的货款。

（10）3 月 26 日，仓库转来收料单，上海燃料公司发来的 30 吨煤已验收入库，结转其采购成本。

（11）3 月 27 日，企业上月开出并承兑给 A 公司的不带息商业承兑汇票到期，面值 58 000 元，无款支付。

要求：请编制相关会计分录。

2. A 小企业系增值税一般纳税人，5 月初有关总账及所属明细账的余额如下：原材料——甲材料 125 800 元，材料采购——甲材料 3 972 元，材料成本差异——原材料为贷方余额 9 203 元，材料的计划成本为每千克 4 元。

5 月份 A 小企业发生下列有关甲材料的业务：

（1）5 月 1 日，冲销上月暂估（按计划价入库，从跃进厂购入）2 000 千克甲材料的记录。

（2）5 月 3 日，收到跃进厂发票，甲材料数量 2 000 千克，不含税单价 3.8 元 / 千克，用银行存款支付。

（3）5 月 4 日，收到上月已付货款甲材料 1 000 千克。（见材料采购账户期初余额）

（4）5 月 5 日，购入甲材料 5 900 千克，不含税价 3.7 元 / 千克，增值税税款 3 711.10 元，支付外地运杂费、保险费 1 200 元，入库前挑选整理费用 300 元，企业开出为期三个月的商业承兑汇票一张。

（5）5 月 20 日，向光明厂购买甲材料 300 千克，不含税价 3.6 元 / 千克，代垫运杂费 50 元，以银行存款支付，材料已验收入库。

要求：根据以上资料编制会计分录。

3. M 小企业为增值税一般纳税人，增值税税率为 17%，原材料采用实际成本核算，运输费不考虑增值税。

2015 年 4 月，M 小企业发生购入 A 材料的资料如下：

（1）4 月 1 日，“原材料——A 材料”账户余额 20 000 元（共 2 000 千克，其中含 3 月末验收入库但因发票账单未到而以 2 000 元暂估入账的 A 材料 200 千克）。

（2）4 月 5 日，收到 3 月末以暂估价入库的 A 材料的发票账单，货款 1 800 元，增值税税额 306 元，对方代垫运输费 400 元，全部款项已用转账支票付讫。

（3）4 月 8 日，以汇兑结算方式购入 A 材料 3 000 千克，发票账单已收到，货款 36 000 元，增值税税额 6 120 元，运输费用 1 000 元。材料尚未到达，款项已由银行存款支付。

（4）4 月 11 日，收到 8 日采购的 A 材料，验收时发现只有 2 950 千克。经检查短缺的 50 千克确定为运输途中的合理损耗，A 材料验收入库。

（5）4 月 18 日，持银行汇票 80 000 元购入 A 材料 5 000 千克，增值税专用发票上注明的货款为 49 500 元，增值税税额为 8 415 元，另支付运输费用 2 000 元，材料已验收入库，剩余票款退回并存入银行。

要求：

（1）根据上述资料（1）~（5）编制 M 小企业 4 月份与 A 材料有关的会计分录。

（2）登记 A 材料明细账。（“应交税费”账户要求写出明细账户和专栏名称，答案中的金额单位用元表示）

原材料明细账

会计科目 原材料

材料编号 01-01　规格型号　　　　计量单位：kg　　　　子目或细目 A 材料

日期	收入			发出			结存		
	数量	单价	金额	数量	单价	金额	数量	单价	金额

4. 甲小企业是制造业小企业，委托乙企业加工用于连续生产的应税消费品，甲、乙两企业均为增值税一般纳税人，适用的增值税税率均为 17%，该企业对原材料按实际成本法进行核算，

有关资料如下：

（1）发出材料一批，实际成本为196 000元；

（2）以银行存款支付乙企业加工费29 000元（不含增值税）以及相应的增值税，并支付消费税25 000元；

（3）以银行存款支付往返运杂费5 000元；

（4）材料加工完成，收回该委托加工物资并验收入库。

要求：

（1）假设甲小企业收回加工材料继续生产应税消费品，计算甲企业收回加工材料的实际成本，并编制甲企业的有关会计分录。

（2）假设甲小企业收回加工材料直接用于出售，计算甲企业收回加工材料的实际成本，并编制甲企业的有关会计分录。

5. 新江公司是制造业小企业，增值税一般纳税人，增值税税率17%，原材料按实际成本计价核算，发生有关经济业务如下：

（1）7月1日，新江公司从D公司购入原材料一批，货款40 000元，增值税税率17%，材料已验收入库，价税款尚未支付，双方商定的现金折扣条件为5/10，3/20，n/30，假定按不含税价计算现金折扣。

（2）7月18日，以存款支付7月1日向D公司购材料的款项。

（3）7月25日，新江公司从E公司购入B材料一批，货款50 000元，增值税8 500元，材料已验收入库，新江公司签发经开户银行承兑的一张为期两个月的不带息银行承兑汇票支付价税款，并以银行存款支付承兑手续费100元。

（4）9月25日，从D公司购入B材料开出的银行承兑汇票到期，新江公司无力支付，票款由开户银行支付。

（5）9月26日，新江公司前欠A公司购料款27 000元，经协商新江公司签发为期一个月的不带息商业承兑汇票抵付。

（6）9月27日，新江公司收到上月从A公司购入的X材料，价款30 000元，原购买100 kg，实收85 kg，原因待查，新江公司尚未付款。

（7）9月30日，经查新江公司购入的X材料短缺的15 kg系A公司少发货，A公司同意冲减未付货款，并开出红字增值税专用发票冲减增值税。

要求：编制新江公司的有关会计分录。

6. 长隆公司2014年12月在存货清查中发现下列经济业务：

（1）12月15日，A种原材料盘盈250千克，每千克成本为16元，盘盈原因待查。

（2）12月15日，B种原材料盘亏550千克，每千克成本为10元，盘亏原因待查。

（3）上述A种原材料盘盈经查是发料差错所致，31日报批准后进行账务处理。

（4）上述B种原材料盘亏经查是意外灾害所致，可收回残料500元，31日报批准后同意按上述原因进行账务处理。

要求：根据以上经济业务编制有关会计分录。

7. 华盛公司为制造业小企业，增值税一般纳税人，采用实际成本进行材料日常核算，2015年6月1日有关账户的期初余额如下：在途物资20 000元；预付账款——D企业20 000元；委托加工物资——B企业4 000元；包装物3 000元；原材料100 000元（注："原材料"账户期初余额中包括上月末材料已到但发票账单未到而暂估入账的20 000元）。

2015年6月份发生如下经济业务事项：

（1）6月1日，对上月末暂估入账的原材料进行冲回。

（2）6月3日，在途物资全部收到，验收入库。

（3）6月8日，从A企业购入材料一批，增值税专用发票上注明的货款为10 000元，增值税为1 700元，另外A企业还代垫运费500元（假定运费不考虑增值税，本题下同）。全部货款已用转账支票付清，材料验收入库。

（4）6月10日，收到上月委托B企业加工的包装物并验收入库，入库成本为40 000元（假定加工费已在上月支付）。

（5）6月13日，持银行汇票30 000元从C企业购入材料一批，增值税专用发票上注明的货款为20 000元，增值税为3 400元，另支付运费800元，材料已验收入库，甲企业收回剩余票款并存入银行。

（6）6月18日，收到上月末估价入账的材料发票账单，增值税专用发票上注明的货款为30 000元，增值税为5 100元，开出银行承兑汇票承付。

（7）6月22日，收到D企业发运来的材料并验收入库。增值税专用发票上注明的货款为40 000元，增值税为6 800元，对方代垫运费1 000元。为购买该批材料上月预付货款20 000元，收到材料后用银行存款补付余额。

（8）6月30日，盘盈C材料，估计市场价格为10 000元。

要求：编制华盛公司上述经济业务事项的会计分录（"应交税费"账户要求写出明细账户）。

实务操作

【实训目的】

通过本实训，学生能够办理采购与付款业务；能够对存货采购与付款业务进行规范的实务操作。

【实训要求】

1. 设置"原材料"、"周转材料"、"应付账款"、"预付账款"、"委托加工物资"、"在途物资"、"待处理财产损溢"明细账；

2. 审核原始凭证，依据审核无误的原始凭证编制记账凭证；

3. 根据记账凭证登记相关明细分类账。

【实训资料】

成都光正有限责任公司是从事 P1、P2 产品生产的小型制造企业。公司基本信息资料见第一部分筹资业务核算同步练习与实训的实务操作部分。

该企业存货包括原材料、包装物、低值易耗品、库存商品及发出商品等，按实际成本核算，企业 2015 年 4 月发生以下业务，要求分析原始凭证并填制记账凭证，并根据记账凭证和原始凭证登记原材料明细账。已知有关账户期初余额如下：在途物资——圆钢：数量 4 000 kg，单价 3.3 元，金额 13 200 元；在途物资——生铁：数量 5 000 kg，单价 1.35 元，金额 6 750 元；原材料——圆钢：数量 20 000 kg，单价 3.2 元，金额 64 000 元；原材料——生铁：数量 10 000 kg，单价 1.3 元，金额 13 000 元；应付账款——包钢公司（贷）：23 000 元；应付账款——成都广利公司（贷）：12 000 元；应付账款——成都木材厂（贷）：2 000 元；预付账款——绵阳中铁公司（借）：500 元；应付账款——成都世纪公司（贷）：460 元。

【业务 3-1】2015 年 4 月 5 日，收到包钢公司发来的圆钢 4 000 kg，每千克 3.2 元，合计价款 12 800 元，增值税进项税额 2 176 元，运杂费 400 元，价税款及运杂费已于上月 25 日支付，材料如数验收入库。（收料单见表 3-1）

表 3-1

收 料 单

供应单位：包钢公司　　　　第二联　财务联　　　　No：012001

发票号：40011025　　　　2015 年 4 月 5 日　　　　收料库：一号库

编号	名称	规格	单位	数量		实际成本					
				应收	实收	买价		运杂费	其他	合计	单位成本
						单价	金额				
01-01	圆钢		kg	4 000	4 000	3.20	12 800.00	400.00		13 200	3.30
合　计				4 000	4 000	3.20	12 800.00	400.00		13 200	3.30

仓库主管：张伍一　　仓库保管：屈占有　　经办人：沈　红　　质检人：恒　生

【业务 3-2】2015 年 4 月 7 日，向银行申请办理银行汇票 12 000 元，准备到武汉钢铁股份有限公司采购圆钢。（银行汇票、银行收费凭条见表 3-2、表 3-3）

表 3-2

付款期限 壹个月

中国工商银行
银行汇票 卡片 1 四川 $\frac{BB}{01}$ 21007650

出票日期（大写）贰零壹伍年零肆月零柒日　代理付款行：工商银行天益分理处　行号：102651002901

收款人：武汉钢铁股份有限公司　账号：4402905010908081025

出票金额 人民币（大写）壹万贰仟元整

实际结算金额 人民币（大写）壹万壹仟零壹元整

千	百	十	万	千	百	十	元	角	分
		¥	1	1	0	0	1	0	0

申请人：成都光正有限责任公司　账号：4402905009090811111

出票行：工商银行利华路支行　行号：102651001999

备注：

出票行签章

复核　经办　复核　记账

此联出票行结清汇票时作汇出汇款借方凭证

（印章：工商银行利华支行 2015.04.07 转讫）

表 3-3

中国工商银行 INDUSTRIAL AND COMMERCIAL BANK OF CHINA　**收费凭条**

2015 年 04 月 07 日

付款人名称：成都光正有限责任公司　付款人账号：4402905009090811111

服务项目（凭证种类）	数量	工本费	手续费	合计 百	十	万	千	百	十	元	角	分
银行汇票申请手续费									¥	6	0	0
合计									¥	6	0	0

上述款项请从我账户支付。

预留印鉴：（印章：成都光正有限责任公司 财务专用章；向前印）

币种（大写）人民币陆拾元整

以下在购买凭证时填写

领购人姓名	李伟	领购人证件类型	身份证
		领购人证件号码	******************

事后监督：　记账：

记账联附件

（印章：工商银行利华支行 2015.04.07 转讫）

【业务 3-3】2015 年 4 月 15 日，采购员持银行汇票 12 000 元，赴武汉钢铁股份有限公司采购圆钢 3 000 千克，每千克单价 3.1 元，计价款 9 300 元，增值税税额为 1 581 元，武汉钢铁股份有限公司代办托运，运费 108.11 元，增值税额 11.89 元，多余款退回存入银行。（货物运输发票、增值税专用发票、银行汇票多余款收账通知见表 3-4～表 3-6）。

表 3-4

3100114760　　**货物运输业增值税专用发票**

此联不作报销、扣税凭证使用

No. 87654321

开票日期：2015年04月15日

承运人及纳税人识别号	武汉市联合运输公司 420102867189812	密码区	（略）
实际受票方及纳税人识别号	成都光正有限责任公司 510302758188888		
收货人及纳税人识别号	成都光正有限责任公司 510302758188888	发货人及纳税人识别号	武汉钢铁股份有限公司 420102798712525
起运地、经由、到达地	武汉市—成都市		
费用项目及金额	费用项目：运费　金额：108.11	运输货物信息	
合计金额	¥108.11　税率 11%　税额 ¥11.89	机器编号	510398996756
价税合计（大写）	⊗壹佰贰拾元整　（小写）¥120.00		
车种车号	箱式货车 湘A25659　车船吨位 5吨	备注	武汉市联合运输公司 420102867189812 发票专用章
主管税务机关及代码	武汉市国家税务局　153406542		

收款人：王　周　　复核人：刘　伟　　开票人：赵　虎　　承运人：(章)

第三联　发票联　受票方记账凭证

表 3-5

四川增值税专用发票

发　票　联

No. 23059222

开票日期：2015年04月15日

购买方	名　　称：成都光正有限责任公司 纳税人识别号：510302758188888 地 址 、电 话：高新西区利华路22号 028-88886666 开户行及账号：工商银行利华路支行 440290500909081111	密码区：（略）

货物或应税劳务、服务名称	规格型号	单位	数量	单价	金额	税率	税额
圆钢		kg	3 000	3.10	9 300.00	17%	1 581.00
合计							
价税合计（大写）	⊗壹万零捌佰捌拾壹元整			（小写）	¥10 881.00		

销售方	名　　称：武汉钢铁股份有限公司 纳税人识别号：420102798712525 地 址 、电 话：武汉市高新区广州路8号 027-85059278 开户行及账号：工商银行天益路分理处 44029050109081025	备注：武汉钢铁股份有限公司 420102798712525 发票专用章

收款人：高　兴　　复核：　　开票人：向卫国　　销售方：(公章)

第三联　发票联　购买方记账凭证

表 3-6

付款期限 壹个月

中国工商银行
银行汇票（多余款收账通知） 4

四川 $\frac{BB}{01}$ 21002657

出票日期（大写） 贰零壹伍年零肆月零柒日

代理付款行：工商银行天益分理处 行号：102651002901

收款人：武汉钢铁股份有限公司 账号：4402905010909091025

出票金额 人民币（大写） 壹万贰仟元整

实际结算金额 人民币（大写） 壹万壹仟零壹元整

千	百	十	万	千	百	十	元	角	分
		¥	1	1	0	0	1	0	0

申请人：成都光正有限责任公司 账号：4402905009090811111

出票行：工商银行利华路支行 行号：102651001999

备注：

出票行签章

工商银行利华路支行 2015.04.15 转讫

密押：

多余金额

千	百	十	万	千	百	十	元	角	分
				¥	9	9	9	0	0

左列退回多余金额已收入你账户中

此联出票行结清多余款后交申请人

【业务 3-4】2015 年 4 月 19 日，从武汉钢铁股份有限公司采购圆钢 3 000 kg 已到达，验收入库。（收料单见表 3-7）

表 3-7

收料单

供应单位：武汉钢铁股份有限公司　　第二联　财务联　　No：012002

发票号：23059222　　2015 年 4 月 19 日　　收料库：一号库

编号	名称	规格	单位	数量		实际成本					
				应收	实收	买价		运杂费	其他	合计	单位成本
						单价	金额				
01-01	圆钢		kg	3 000	3 000	3.10	9 300.00	108.11		9 408.11	3.14
合计			—	3 000	3 000	3.10	9 300.00	108.11		9 408.11	3.14

仓库主管：张佐一　　收料人：屈占有　　经办人：沈　红　　质检人：恒　生

【业务 3-5】2015 年 4 月 21 日，上月 25 日从包钢公司采购的生铁 5 000 kg 到货，经验收短缺 100 kg，原因待查，已验收入库 4 900 kg，厂长批准入账。（收料单见表 3-8）

表 3-8

收料单

供应单位：包钢公司　　第二联　财务联　　No：012003

发票号：23067227　　2015 年 4 月 21 日　　收料库：一号库

编号	名称	规格	单位	数量		实际成本					
				应收	实收	买价		运杂费	其他	合计	单位成本
						单价	金额				
01-02	生铁		kg	5 000	4 900	1.30	6 370.00	250.00		6 620.00	1.35
合　计			—	5 000	4 900	1.30	6 370.00	250.00		6 620.00	1.35

仓库主管：张伍一　　收料人：屈占有　　经办人：沈　红　　质检人：恒　生

【业务 3-6】2015 年 4 月 22 日，公司发出圆钢委托成都广利机械有限公司加工一批标准件，材料已发出。（委托加工材料发料单见表 3-9）

表 3-9

委托加工材料发料单　　**No.12001**

加工单位　成都广利机械有限公司

加工合同　031530　　2015 年 4 月 22 日　　发料仓库　一号库

材料类别	名称及规格	计量单位	实发数量	单价	金额	
原材料	圆钢	kg	1 000	3.30	3 300.00	记账联
合　计		—	1 000	3.30	3 300.00	

仓库主管：张伍一　　部门主管：李　晓　　领料人：肖　峻　　仓库保管：屈占有　　质检：恒　生

【业务 3-7】2015 年 4 月 23 日，公司向成都市木材厂购入包装木箱 200 个，不含税单价 105 元，木箱已到达并验收入库，货款尚未支付。（收料单、增值税发票见表 3-10、表 3-11）

表 3-10

收 料 单

供应单位：成都市木材厂　　　第二联　财务联　　　No：012004

发票号：23051028　　　2015 年 4 月 23 日　　　收料库：二号库

编号	名称	规格	单位	数量		实际成本					
				应收	实收	买价		运杂费	其他	合计	单位成本
						单价	金额				
02-01	木箱		个	200	200	105.00	21 000.00			21 000.00	105.00
合　计			—	200	200	105.00	21 000.00			21 000.00	105.00

仓库主管：张伍一　　仓库保管：张　丰　　经办人：沈　红　　质检人：恒　生

表 3-11

四川增值税专用发票

（印章：全国统一发票监制章 四川 国家税务总局监制）发　票　联

No. 23051028

开票日期：2015年04月23日

购买方	名　　称：成都光正有限责任公司 纳税人识别号：51030275818888 地 址 、电 话：高新西区利华路22号 028-88886666 开户行及账号：工商银行利华路支行 440290500909081111	密码区	（略）

货物或应税劳务、服务名称	规格型号	单位	数量	单价	金额	税率	税额
木箱		个	200	105.00	21 000.00	17%	3 570.00
合计							
价税合计（大写）	⊗贰万肆仟伍佰柒拾零元零角零分　（小写）　¥24 570.00						

销售方	名　　称：成都市木材厂 纳税人识别号：510302796865342 地 址 、电 话：成都市成华区建设路8号 83349278 开户行及账号：工商银行建设路分理处 440290501090808 1025	备注	（印章：成都市木材厂 510302796865342 发票专用章）

收款人：高　兴　　复核：　　开票人：向卫国　　销售方：（公章）

第三联　发票联　购买方记账凭证

【业务 3-8】2015 年 4 月 26 日，公司通过网银转账支付前欠成都木材厂包装木箱货款 24 570 元。（付款回单见表 3-12）

表 3-12

ICBC 中国工商银行　　资金汇划补充凭证

网银打印代理网点号：1999　收报日期：2015 年 04 月 26 日　资金汇划流水号：021181423

业务类型：网上银行付款指令　业务编号：HQP 497496123

付款人账号：4402905009090811111　收款人账号：4402905010908081025

付款人户名：成都光正有限责任公司　收款人户名：成都市木材厂

付款人所在地：成都市高新西区利华路22号　收款人所在地：成都建设路66号

付款人开户行：工商银行利华路支行　收款人开户银行：工商银行建设路分理处

大写金额：贰万肆仟伍佰柒拾元整

小写金额：￥24 570.00

业务处理状态：联机已记账　付款方式：加急　授权人：

用途：支付木箱　提交人：SDCH0002.c.4401

备注：

柜员号：440201866

（印章：工商银行四川省分行营业部 电子回单专用章）

打印次数：1　（打印回单，注意重复）　打印时间：2015-04-26 09:30

【业务 3-9】2015 年 4 月 25 日，预付绵阳中铁有限责任公司购料款 30 000 元。（付款回单见表 3-13）

表 3-13

中国工商银行 信汇凭证（回单）　1

委托日期 2015年4月25日　编号：02101109

汇款人	全称	成都光正有限责任公司	收款人	全称	绵阳中铁有限责任公司									
	账号	4402905009090811111		账号	4402905219090810235									
	汇出地点	四川省 成都 市/县		汇入地点	四川省 绵阳 市/县									
汇出行名称		工商银行利华路支行	汇入行名称		工商银行东城支行									
金额	人民币（大写）叁万元整		亿	千	百	十	万	千	百	十	元	角	分	
						￥	3	0	0	0	0	0	0	
（印章：工商银行利华路支行 2015.04.25 转讫）			支付密码											
汇出行盖章			附加信息及用途： 复核 记账											

此联汇出行给汇款人回单

【业务 3-10】2015 年 4 月 28 日，收到绵阳中铁有限责任公司发来生铁 25 000 kg，单价 1.40 元，价款 35 000 元，增值税 5 950 元，材料已验收入库，尾款尚未支付。（增值税发票及收料单见表 3-14、表 3-15）

表 3-14

四川增值税专用发票

发票联

No. 23059222

开票日期：2015年04月28日

购买方	名　　称：成都光正有限公司 纳税人识别号：51030275818888 地 址、电 话：高新西区利华路22号 028-88886666 开户行及账号：工商银行利华路支行 440290500909081111					密码区	（略）		
货物或应税劳务、服务名称	规格型号	单位	数量	单价	金额	税率	税额		
生铁		kg	25 000	1.40	35 000.00	17%	5 950.00		
价税合计（大写）	⊗肆万零玖佰伍拾元整				（小写） ¥40 950.00				
销售方	名　　称：绵阳中铁有限责任公司 纳税人识别号：403102798712122 地 址、电 话：绵阳市东城区理想路15号 0835-80980023 开户行及账号：工商银行东城支行 4402905219090810235					备注	绵阳中铁有限责任公司 403102798712122 发票专用章		

收款人：　　复核：　　开票人：向卫国　　销售方：(公章)

第三联 发票联 购买方记账凭证

表 3-15

收 料 单

供应单位：绵阳中铁有限责任公司　　第二联　财务联　　No：012005

发票号：23059222　　2015 年 4 月 28 日　　收料库：一号库

编号	名称	规格	单位	数量		实际成本					
				应收	实收	买价		运杂费	其他	合计	单位成本
						单价	金额				
04-02	生铁		kg	25 000	25 000	1.40	35 000.00			35 000.00	1.40
合计				25 000	25 000	1.40	35 000.00			35 000.00	1.40

仓库主管：张任一　　仓库保管：屈占有　　经办人：沈　红　　质检人：恒　生

【业务 3-11】2015 年 4 月 30 日，存货进行盘点，盘亏圆钢 30 kg，盘亏木箱一个，盘盈生铁 50 kg。（财产清查报告单第 1 联见表 3-16）

表 3-16

财产清查报告单　1

2015 年 4 月 30 日　　第 008 号

编号	财产名称规格	单位	单价	数量		盘盈		盘亏		原因
				账存	实存	数量	金额	数量	金额	
01-01	圆钢	kg	3.10	28 000	27 970			30	93.00	原因待查
02-01	木箱	个	105.00	235	234			1	105.00	原因待查
04-02	生铁	kg	1.40	55 000	55 050	50	70.00			原因待查
合计							70.00		198.00	

财务主管：张丽　　仓库主管：张伍一　　保管员：屈占林　张丰　　制单：高力

【业务 3-12】2015 年 4 月 30 日，经领导批准将盘盈、盘亏的存货转销。（财产清查报告单第 2 联见表 3-17）

表 3-17

财产清查报告单　2

2015 年 4 月 30 日　　第 008 号

编号	财产名称规格	单位	单价	数量		盘盈		盘亏		原因
				账存	实存	数量	金额	数量	金额	
01-01	圆钢	kg	3.10	28 000	27 970			30	93.00	计量差错，计入营业外支出
02-01	木箱	个	105.00	235	234			1	105.00	周建责任，由其赔偿
04-02	生铁	kg	1.40	55 000	55 050	50	70.00			计量差错，计入营业外收入
合计							70.00		198.00	

财务主管：张丽　　仓库主管：张伍一　　保管员：屈占林　张丰　　制单：高力

【业务 3-13】2015 年 4 月 30 日，收到成都世纪有限公司发来生铁 20 000 kg，由于发票尚未收到，按暂估价 1.4 元 /kg 入账。（收料单见表 3-18）

表 3-18

收料单

供应单位：成都世纪有限公司　　第二联　财务联　　No：012006

发票号：23059222　　2015 年 4 月 30 日　　收料库：一号库

编号	名称	规格	单位	数量		实际成本					
				应收	实收	买价		运杂费	其他	合计	单位成本
						单价	金额				
04-02	生铁		kg	20 000	20 000	1.40	28 000.00			28 000.00	1.40
合计				20 000	20 000		28 000.00			28 000.00	1.40

仓库主管：张任一　　仓库保管：屈占有　　经办人：沈　红　　质检人：恒　生

【业务 3-14】2015 年 4 月 30 日，21 日入库的生铁短缺 200 kg，现查明原因系运输公司责任，经协商由运输公司赔偿 200 元，赔款尚未收到。（处理意见见表 3-19）

表 3-19

关于 2015 年 4 月 21 日入库生铁短缺的处理意见

公司经理办：

2015 年 4 月 21 日，从包钢公司购入的生铁由于成都华联运输公司的责任导致短缺 200 kg，经查系对方司机责任，与成都华联运输公司协商，由其赔偿 200 元。

特此报告，请批复。

2015 年 4 月 30 日

第四部分

生产经营耗费核算同步练习与实训

生产经营是小企业再生产活动的总称。在商品流通类企业，生产经营的基本环节是“商品采购—商品销售”；在制造类企业，生产经营的核心环节是“物资供应—产品生产—产品销售”。生产经营耗费是指小企业在生产经营过程中发生的各种耗费。这些耗费的货币表现形成各种生产经营费用，如材料费用、职工薪酬费用以及其他费用等。小企业生产经营过程中发生的各种生产经营费用，分为两大类，一类称为生产费用，一类称为期间费用。生产费用是小企业为生产产品（或提供劳务）而发生的、按规定计入产品（或劳务）成本的费用；期间费用指小企业发生的与会计期间高度相关，不计入产品（或劳务）成本、直接计入当期损益的费用。本部分主要介绍制造类小企业生产费用以及期间费用的核算。

内容小结

一、重点与难点

本部分的主要内容包括：① 材料费用的核算；② 职工薪酬费用的核算；③ 间接费用的核算；④ 期间费用的核算。

学习重点：发出材料成本计价方法的选择；发出材料的核算；应付职工薪酬的构成内容；应付职工薪酬的计算及分配的核算，应付职工薪酬支付的核算；五险一金的计算与上缴的核算；计提工会经费及职工教育经费的核算；制造费用的归集与分配的核算；完工产品成本的计算与结转；期间费用的核算。

学习难点：发出材料的会计处理及实务操作；职工薪酬费用的分配与薪酬支付的会计处理及实务操作；五险一金的计提、上缴的会计处理及实务操作；制造费用分配的会计处理及实务操作；完工产品成本的计算与结转的会计处理及实务操作。

二、业务核算T形账户图示

项目一　要素费用的核算

1. 按实际成本计价核算发出材料的会计处理

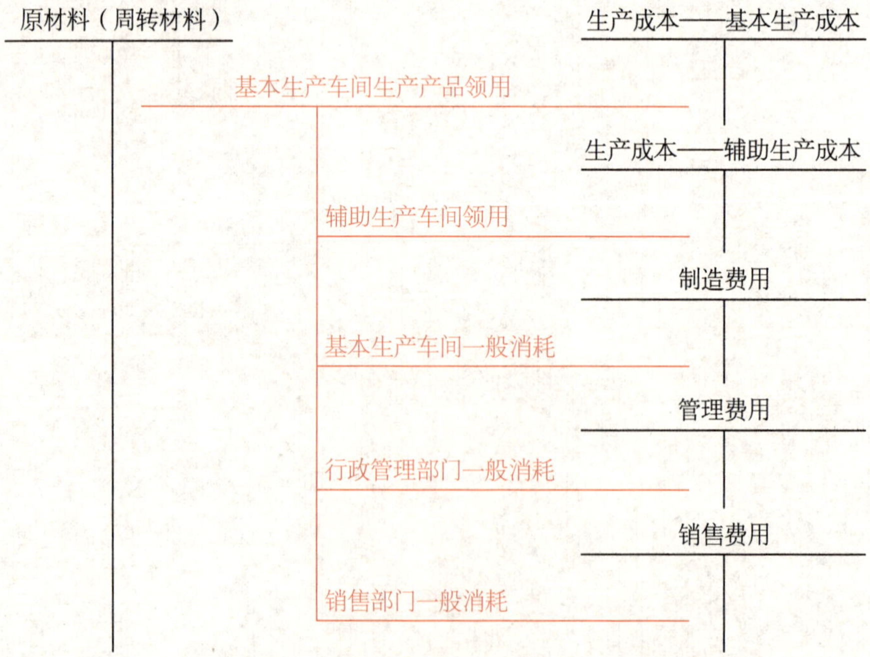

2. 按计划成本计价核算发出材料的会计处理

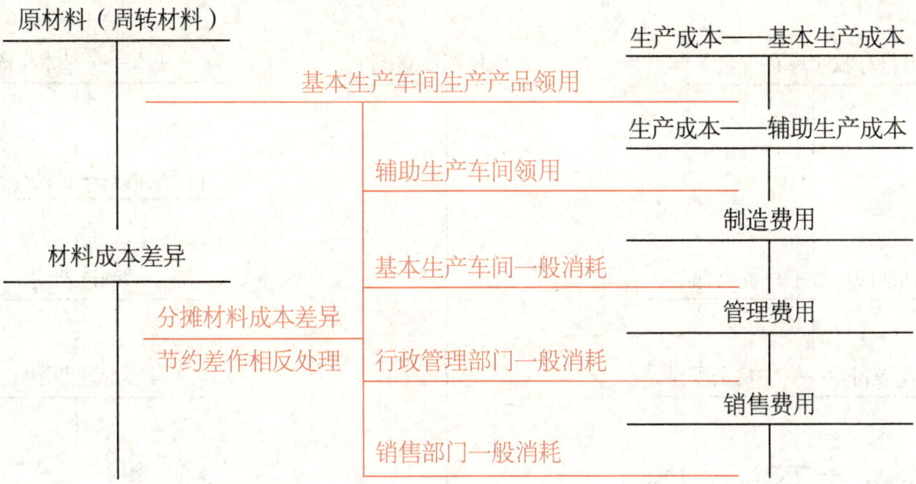

3. 领用周转材料，采用分次摊销的会计处理

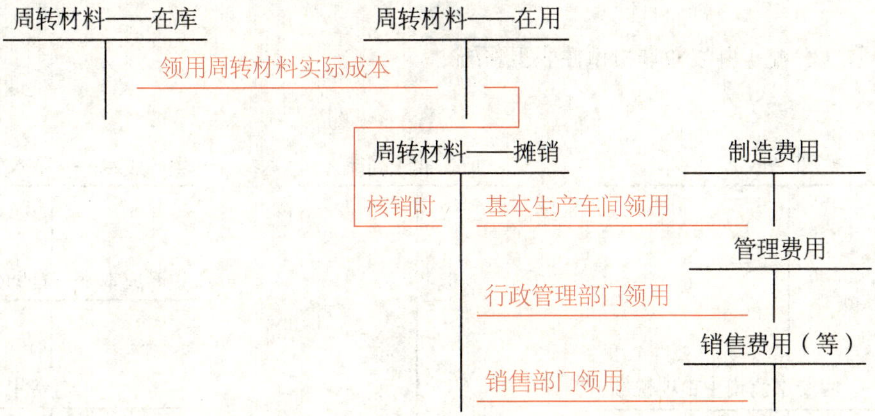

4. 动力（水电费等）费的核算

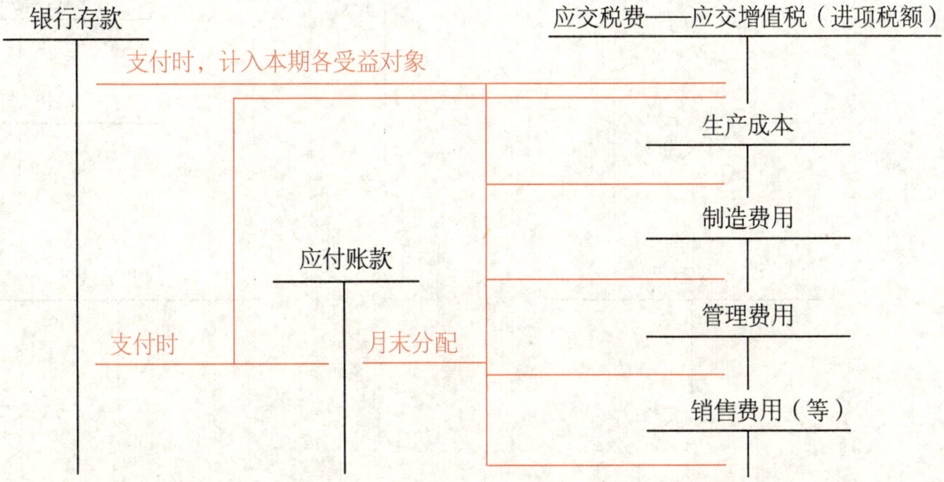

5. 计算（分配）并发放货币性职工薪酬

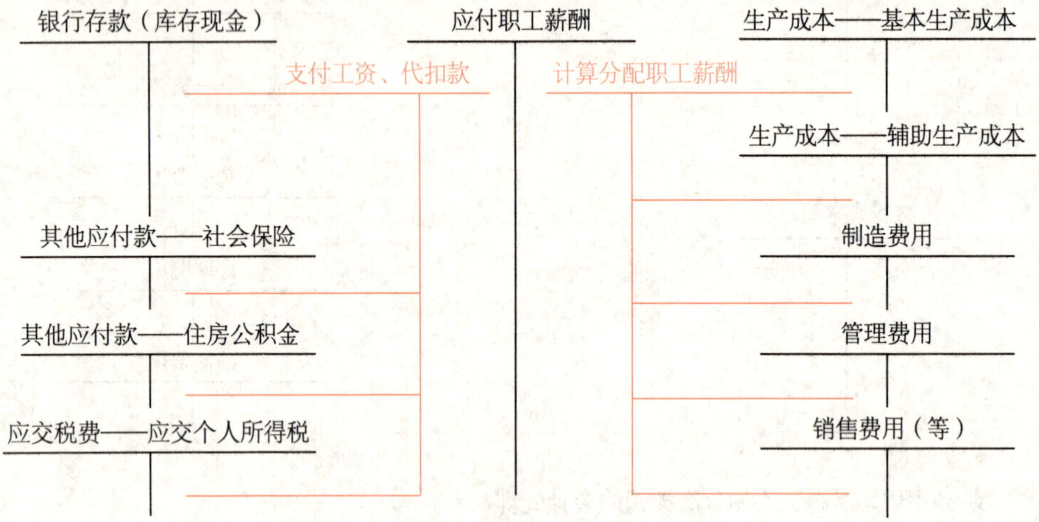

6. 计算（分配）并发放非货币性职工薪酬

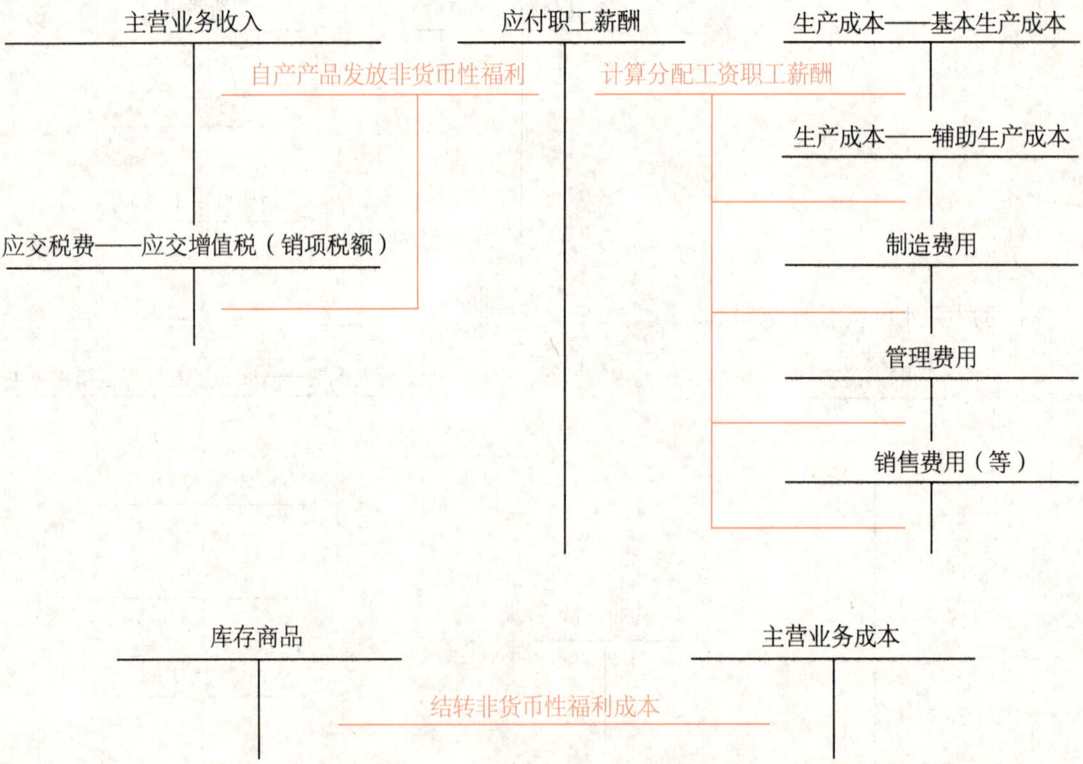

7. 小企业为职工缴纳“五险一金”的会计处理

（1）计算应付职工的“五险一金”。

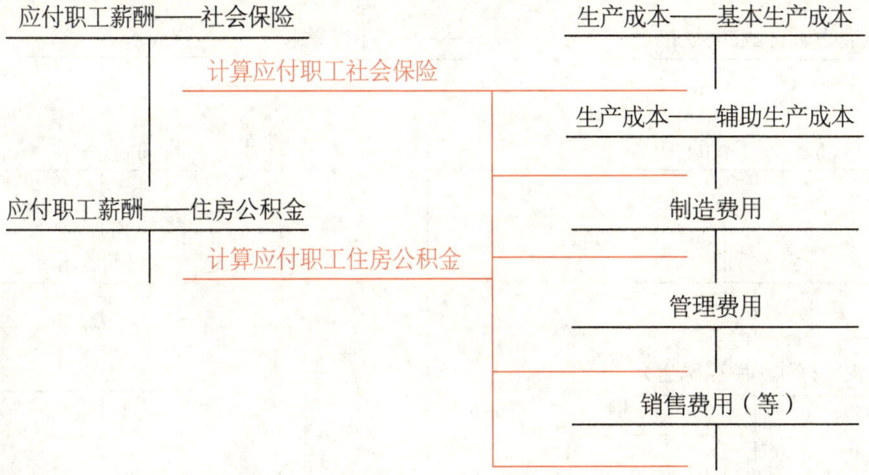

（2）上缴职工社会保险及住房公积金（个人部分和企业部分）。

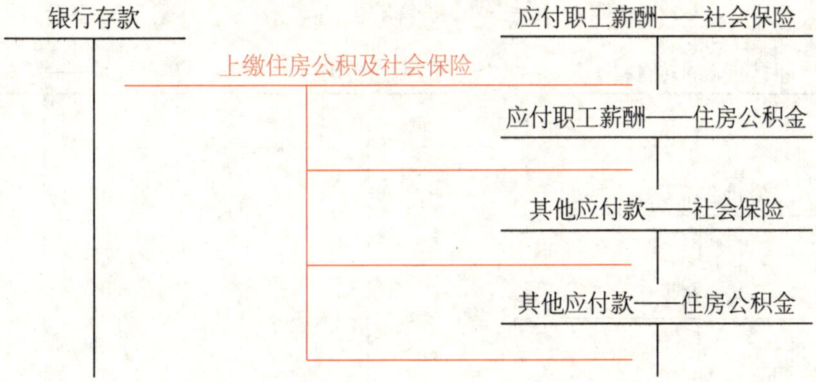

8. 工会经费及职工教育经费的会计处理

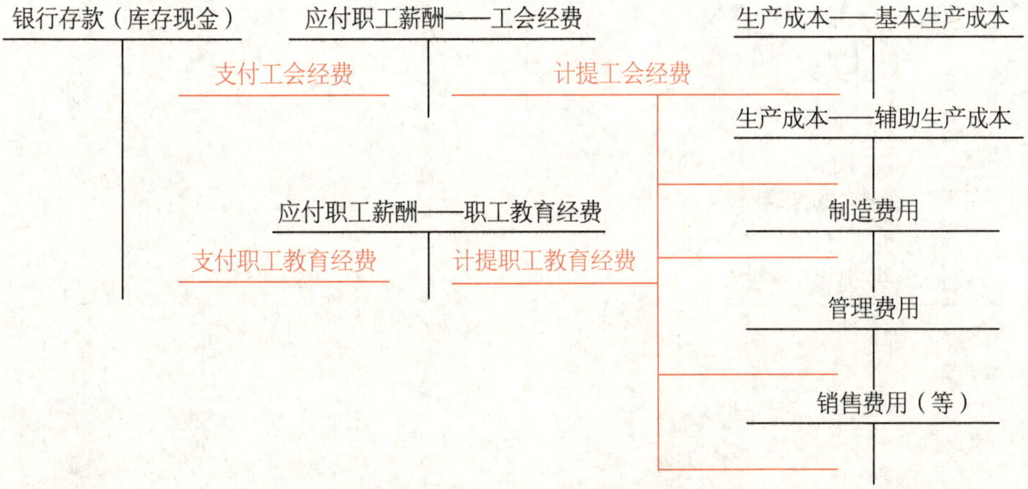

项目二　间接费用和期间费用的核算

1. 辅助生产车间费用的归集与分配

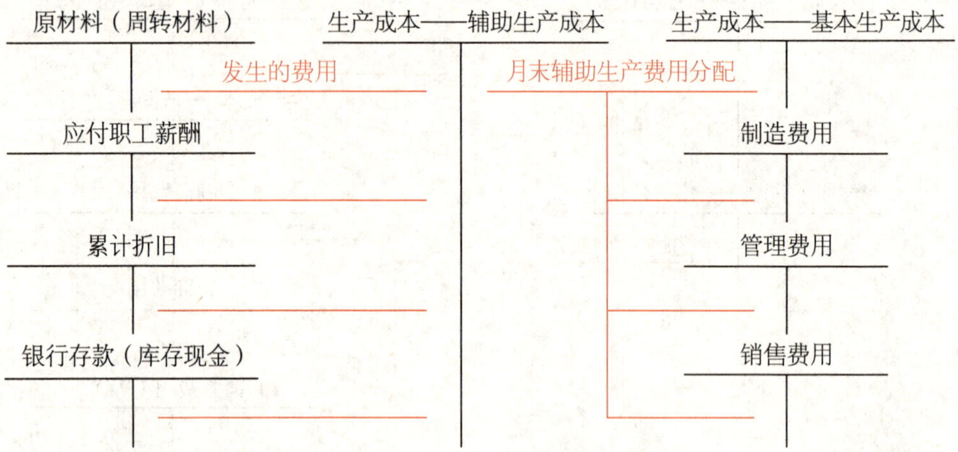

2. 基本生产车间制造费用的归集与分配

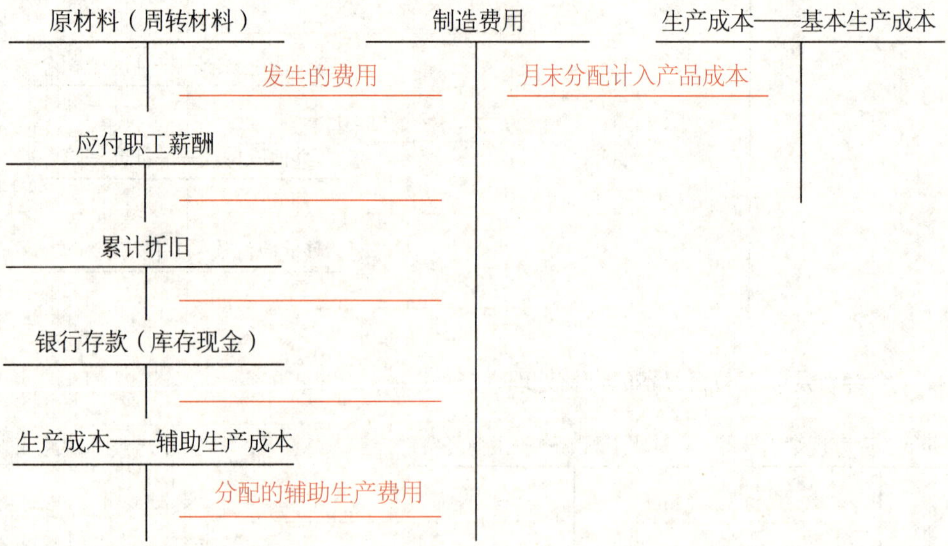

3. 完工产品成本的结转

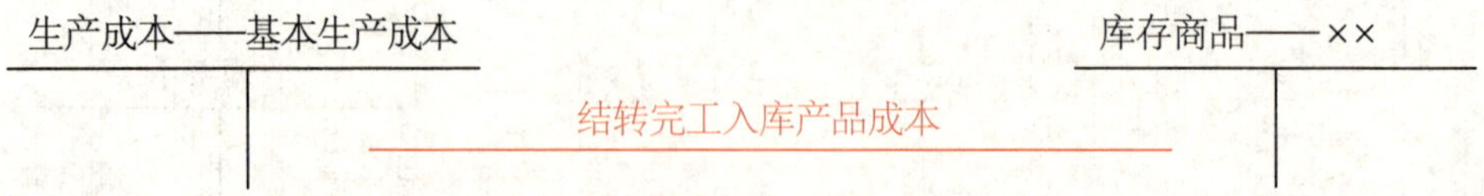

4. 期间费用的核算

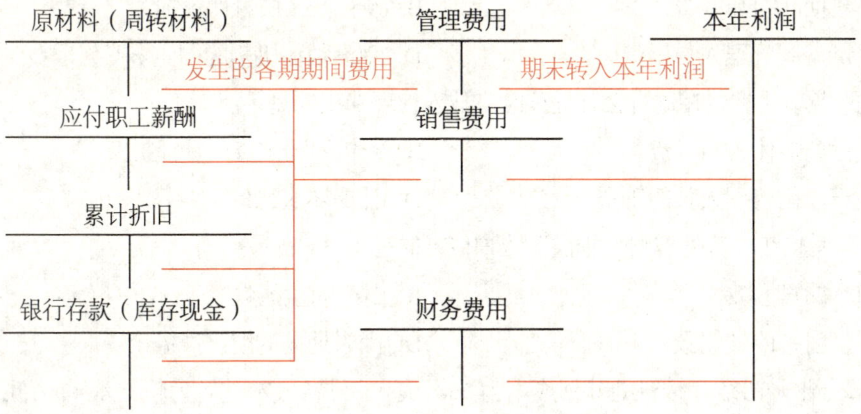

同步练习

一、单项选择题

1. 某企业原材料按实际成本进行日常核算。2014 年 12 月 1 日结存甲材料 300 千克，每千克实际成本为 20 元；12 月 15 日购入甲材料 280 千克，每千克实际成本为 25 元；12 月 31 日发出甲材料 200 千克。如按先进先出法计算 12 月份发出甲材料的实际成本为（　　）元。

A. 400　　B. 500　　C. 4 000　　D. 1 400

2. 存货采用先进先出法进行核算的企业，在物价持续上涨的情况下将会使企业（　　）。

A. 期末库存升高，当期利润增加　　B. 期末库存降低，当期利润减少

C. 期末库存升高，当期利润减少　　D. 期末库存降低，当期利润增加

3. 某小企业 12 月 1 日存货结存数量为 200 件，单价为 4 元 / 件；12 月 2 日发出存货 150 件；12 月 5 日购进存货 200 件，单价 4.4 元 / 件；12 月 7 日发出存货 100 件。在对存货发出采用移动加权平均法的情况下，12 月 7 日结存存货的实际成本为（　　）元。

A. 648　　B. 432　　C. 1 080　　D. 1 032

4. A 企业为企业管理人员发放非货币性福利，领用企业自产产品一批，该产品的账面价值为 42 000 元，市场价格 63 000 元（不含增值税），增值税税率为 17%。则 A 企业就该事项应确认的应付职工薪酬为（　　）元。

A. 52 710　　B. 42 000　　C. 73 710　　D. 63 000

5. 按照生产工人工资的 2% 计提工会经费，借方应该通过（　　）账户核算。

A. 管理费用　　B. 生产成本　　C. 制造费用　　D. 销售费用

6. 企业确认的辞退福利，应当记入的会计账户是（　　）。

A. 生产成本　　B. 制造费用　　C. 管理费用　　D. 营业外支出

7. 下列各项中，应计入管理费用的是（　　）。

A. 筹建期间的开办费　　B. 预计产品质量保证损失

C. 生产车间管理人员工资　　D. 专设销售机构的固定资产修理费

8. 下列各项业务，在进行会计处理时应计入管理费用的是（　　）。

A. 支付离退休人员工资　　B. 销售用固定资产计提折旧

C. 生产车间管理人员的工资　　D. 计提坏账准备

9. 下列反映在“待处理财产损溢”账户借方的是（　　）。

A. 财产的盘亏数　　B. 财产的盘盈数

C. 财产盘亏的转销数　　D. 尚未处理的财产净溢余

10. 某企业月初结存材料的计划成本为250万元，材料成本差异为超支差45万元；当月入库材料的计划成本为550万元，材料成本差异为节约差85万元；当月生产车间领用材料的计划成本为600万元。当月生产车间领用材料的实际成本为（　　）万元。

A. 502.5　　B. 570　　C. 630　　D. 697.5

11. 企业对随同商品出售而不单独计价的包装物进行会计处理时，该包装物的实际成本应记入的会计账户是（　　）。

A. 制造费用　　B. 管理费用

C. 销售费用　　D. 其他业务成本

12. 甲企业期末“原材料”账户余额为100万元，“生产成本”账户余额为70万元，“材料成本差异”账户借方余额为5万元，“库存商品”账户余额为150万元，“委托代销商品”账户余额为15万元，“工程物资”账户余额为200万元。则甲企业期末资产负债表中“存货”项目的金额为（　　）万元。

A. 250　　B. 320　　C. 340　　D. 540

13. 企业对于已记入“待处理财产损溢”账户的存货盘亏及毁损事项进行会计处理时，应计入管理费用的是（　　）。

A. 收发计量差错造成的存货净损失　　B. 自然灾害造成的存货净损失

C. 应由保险公司赔偿的存货损失　　D. 应由过失人赔偿的存货损失

14. 下列各项税费，应该记入“营业税金及附加”账户的是（　　）。

A. 出售固定资产应缴的增值税

B. 增值税一般纳税人销售产品应缴的增值税

C. 出租无形资产应缴的营业税

D. 委托加工物资收回后用于连续生产应税消费品被代扣代缴的消费税

15. 随同产品出售且单独计价的包装物，应于包装物发出时结转其成本，记入（　　）账户。

A. 销售费用　　B. 其他业务成本

C. 管理费用　　　　D. 营业外支出

16. 某公司向职工发放自产的加湿器作为福利，该产品的成本为每台 150 元，计税价格为 200 元，增值税税率为 17%。共有职工 500 人，每人发放一台。则计入该公司应付职工薪酬的金额为（　　）元。

A. 117 000　　B. 75 000　　C. 100 000　　D. 92 000

17. 某工业企业 2015 年 3 月份发生的费用有：发生生产车间管理人员工资 80 万元，发生行政管理部门人员工资 60 万元，支付广告费用 40 万元，计提短期借款利息 40 万元，支付管理部门固定资产维修费 30 万元。则该企业当期的期间费用总额为（　　）万元。

A. 100　　B. 140　　C. 170　　D. 250

18. 某企业某月销售商品发生商业折扣 20 万元、现金折扣 15 万元、销售折让 25 万元。该企业上述业务计入当月财务费用的金额为（　　）万元。

A. 15　　B. 20　　C. 35　　D. 45

19. 下列各项中，应计入营业外支出的是（　　）。

A. 计量差错引起的原材料盘亏

B. 原材料一般经营损失

C. 自然灾害造成的原材料损失

D. 原材料运输途中发生的合理损耗

20. 某小企业采用月末一次加权平均法计算发出原材料的成本。2015 年 2 月 1 日，甲材料结存 200 千克，每千克实际成本为 100 元；2 月 10 日购入甲材料 300 千克，每千克实际成本为 110 元；2 月 25 日发出甲材料 400 千克。2 月末，甲材料的库存余额为（　　）元。

A. 10 000　　B. 10 500　　C. 10 600　　D. 11 000

21. 某小企业采用计划成本进行材料的日常核算。月初结存材料的计划成本为 80 万元，实际成本为 100 万元。当月购入材料一批，实际成本为 130 万元，计划成本为 120 万元。当月领用材料的计划成本为 100 万元，当月领用材料应负担的材料成本差异为（　　）万元。

A. 超支 5　　B. 节约 5　　C. 超支 15　　D. 节约 15

22. 某小企业 5 月 1 日甲材料结存 300 千克，单价 2 万元，5 月 6 日发出 100 千克，5 月 10 日购进 200 千克，单价 2.20 万元 / 千克，5 月 15 日发出 200 千克。企业采用移动加权平均法计算发出存货成本，则 5 月 15 日结存的原材料成本为（　　）万元。

A. 400　　B. 416　　C. 420　　D. 440

二、多项选择题

1. 企业对发出存货的实际成本进行计价的方法有（　　　）。

A. 个别计价法　　　　B. 加权平均法

C. 先进先出法　　　　D. 后进先出法

2. 下列各项中，应纳入职工薪酬核算的有（　　）。

A. 工会经费　　　　B. 职工养老保险费

C. 职工住房公积金　　　　D. 辞退职工经济补偿

3. 下列职工薪酬中，可以计入产品成本的有（　　）。

A. 住房公积金　　　　B. 非货币性福利

C. 职工工资　　　　D. 辞退福利

4. 关于非货币性职工薪酬，说法正确的有（　　）。

A. 企业将拥有的房屋等资产无偿提供给职工使用的，应当根据受益对象，按照该住房的公允价值计入相关资产成本或当期损益，同时确认应付职工薪酬

B. 企业以其自产产品作为非货币性福利发放给职工的，应当根据受益对象，按照产品的账面价值，计入相关资产成本或当期损益，同时确认应付职工薪酬

C. 企业租赁住房等资产供职工无偿使用的，应当根据受益对象，将每期应付的租金计入相关资产成本或当期损益，并确认应付职工薪酬

D. 难以认定受益对象的非货币性福利，直接计入当期损益

5. 甲公司领用周转材料采用“五五摊销法”核算。2015 年 5 月公司管理部门领用一批周转材料，实际成本为 16 000 元；6 月底，该批周转材料全部报废，收回残料价值为 800 元，作为原材料入库。报废时，甲公司应作的正确会计分录有（　　）。

A. 借：管理费用　　8 000
　　贷：周转材料——在用　　8 000

B. 借：管理费用　　8 000
　　贷：周转材料——摊销　　8 000

C. 借：管理费用　　8 000
　　贷：周转材料——在库　　8 000

D. 借：周转材料——摊销　　16 000
　　贷：周转材料——在用　　16 000

6. 下列各项中，应计入财务费用的是（　　）。

A. 银行承兑汇票的手续费

B. 生产经营期间长期借款费用化的利息

C. 筹集生产经营用所需资金等发生的筹资费用

D. 销货单位发生的销售折让（非资产负债表日后事项）

7. 下列各项费用，应计入销售费用的有（　　）。

A. 业务招待费

B. 专设销售机构的职工工资

C. 销售材料发生的材料成本

D. 发出商品途中的保险费

8. 下列各项费用，应通过“管理费用”账户核算的有（　　）。

A. 诉讼费

B. 差旅费

C. 业务招待费

D. 日常经营活动聘请中介机构费

9. 下列各项中，应作为职工薪酬计入相关资产成本的有（　　）。

A. 设备采购人员差旅费

B. 公司总部管理人员的工资

C. 生产职工的伙食补贴

D. 材料入库前挑选整理人员的工资

10. 下列各项，最终应计入营业外收入的有（　　）。

A. 无法查明原因的现金溢余

B. 转让交易性金融资产取得的净收益

C. 接受政府补助

D. 转让固定资产所有权取得的净收益

11. 下列资产负债表项目，不需要根据相关总账所属明细账户的期末余额分析填列的有（　　）。

A. 应付账款　　B. 应付票据

C. 预收款项　　D. 应付职工薪酬

12. 下列各项中，应作为应付职工薪酬核算的有（　　）。

A. 支付的工会经费　　B. 支付的职工教育经费

C. 为职工支付的住房公积金　　D. 为职工无偿提供的医疗保健服务

13. 下列各项中，属于企业销售费用核算范围的有（　　）。

A. 广告费

B. 董事会会费

C. 预计产品质量保证损失

D. 专设销售机构发生的固定资产修理费

14. 下列各项税金不计入管理费用的有（　　）。

A. 土地增值税　　B. 印花税　　C. 房产税　　D. 耕地占用税

15.“材料成本差异”账户借方核算的内容有（　　）。

A. 入库材料成本超支差异

B. 入库材料成本节约差异

C. 结转发出材料应负担的超支差异

D. 结转发出材料应负担的节约差异

16. “材料成本差异”账户贷方核算的内容有（　　）。

A. 材料采购成本的节约额

B. 材料采购成本的超支额

C. 转出发出材料的计划成本

D. 转出发出材料的超支差异

三、判断题

1. 职工薪酬是指为获得职工提供的服务而给予各种形式的报酬和其他相关支出，包括提供给职工的全部货币性薪酬和非货币性福利。（　　）

2. 小企业会计制度也要设置“待处理财产损溢”账户。（　　）

3. 存货发生盘亏时，应根据不同的原因作出不同的处理，若属于一般经营性损失或定额内损失，记入“管理费用”账户。（　　）

4. 企业为职工缴纳的基本养老保险金、补充养老保险费，以及为职工购买的商业养老保险，均属于企业提供的职工薪酬。（　　）

5. 将企业拥有的房屋无偿提供给职工使用的，应当根据受益对象，将该住房每期应计提的折旧计入相关资产成本或当期损益，借记“管理费用”、“生产成本”或“制造费用”等账户，贷记“累计折旧”账户。（　　）

6. 企业领用的低值易耗品，在领用时均应记入“制造费用”账户。（　　）

7. 工业企业为拓展销售市场所发生的业务招待费，应计入销售费用中。（　　）

8. 企业为职工垫付的水电费及应收的应由职工负担的医药费、房租费等应该在企业的“应收账款”账户中核算。（　　）

9. 采用计划成本计价核算的企业，其“材料采购”账户余额反映的是企业在途物资的实际成本。（　　）

10. 企业采用计划成本对材料进行日常核算，应按月分摊发出材料应负担的成本差异，不应在季末或年末一次计算分摊。（　　）

四、综合练习

1. 甲公司根据“发料凭证汇总表”的记录，12 月 L 材料的消耗（计划成本）为：基本生产车间领用 20 000 元，辅助生产车间领用 6 000 元，车间管理部门领用 2 500 元，企业行政管理部门领用 500 元。12 月月初结存 L 材料的计划成本为 10 000 元，成本差异为超支 307.40 元；当月入库 L 材料的计划成本 32 000 元，成本差异为节约 2 000 元。

要求：编制发出材料的有关会计分录。

2. 某公司将生产的产品 120 件发放给职工作为福利，每人一件，每件产品成本为 1.8 万元，计税价格（售价）每件产品为 2 万元，其中生产工人为 100 人，总部管理人员 20 人；为总部部门经理级别以上职工每人提供一辆小客车免费使用，该公司总部共有部门经理以上职工 10 名，假定每辆小客车每月计提折旧 0.2 万元；为 3 名副总裁以上高级管理人员每人租赁一套公寓免费使用，每套月租金为 2 万元，按月以银行存款支付。

要求：编制以上经济业务的有关会计分录。

3. 甲企业按实际成本法计算 A 材料的发出成本，2014 年 12 月 1 日结存 A 材料 400 千克，A 材料每千克实际成本 400 元。当月库存 A 材料收发情况如下：

12 月 5 日，购入 A 材料 200 千克，每千克实际成本 420 元，材料已验收入库；

12 月 7 日，发出 A 材料 360 千克；

12 月 10 日，购入 A 材料 160 千克，每千克实际成本 440 元，材料已验收入库；

12 月 15 日，发出 A 材料 240 千克。

要求：分别用先进先出法、移动加权平均法和一次加权平均法计算确定期末库存 A 材料的实际成本。

4. 某企业有一个基本生产车间和一个辅助生产车间，生产甲、乙两种产品，辅助生产车间提供一种劳务。12 月发生有关经济业务如下：

（1）生产耗用原材料 13 590 元，其中直接用于甲产品生产 4 500 元，用于乙产品生产 3 200 元，用作基本生产车间机物料 1 210 元；直接用于辅助生产 2 700 元，用作辅助生产车间机物料 930 元：用于企业行政管理部门 1 050 元。

（2）发生工资费用 7 800 元。其中基本生产车间生产工人工资 3 400 元，管理人员工资 1 300 元，辅助生产车间生产工人工资 1 100 元，管理人员工资 500 元；企业行政管理人员工资 1 500 元。

（3）按工资总额的 14% 计提职工福利费。

（4）计提固定资产折旧费 6 430 元。其中基本生产车间 2 740 元，辅助生产车间 1 530 元，行政管理部门 2 160 元。

（5）用银行存款支付其他费用 5 900 元。其中基本生产车间 2 600 元，辅助生产车间 1 400 元，行政管理部门 1 900 元。

该企业辅助生产车间的制造费用通过“制造费用”账户核算。基本生产车间的制造费用按产品机器工时比例分配。其机器工时为：甲产品 1 670 小时，乙产品 1 685 小时。辅助生产车间提供的劳务采用直接分配法分配，其中应由行政管理部门负担 3 140 元。

要求：根据以上资料编制会计分录，计算和分配基本生产车间的制造费用。

实务操作

【实训目的】

通过本实训，巩固学生所学的生产经营耗费会计核算知识及业务处理方法，提升学生对生产经营业务的实务操作能力。

【实训要求】

1. 设置“原材料”、“材料成本差异”、“应付职工薪酬”、“管理费用”、“财务费用”、“销售费用”、“生产成本”和“库存商品”等明细账；

2. 审核原始凭证，依据审核无误的原始凭证编制记账凭证；

3. 根据记账凭证登记相关明细分类账。

【实训资料】

【业务 4-1】成都光正有限责任公司是从事 P1、P2 产品生产的小型制造企业。2015 年 9 月，根据领料凭证，按领料部门和用途归类汇总编制“发料凭证汇总表”，见表 4-1。该公司采用月末一次加权平均法。

表 4-1

发料凭证汇总表

2015 年 09 月 30 日　　　　单位：元　　附件 36 张

项目	借方账户	圆钢	方钢	外购毛坯	外购半成品	机物料	合计
锻造车间	生产成本——P1	42 360.30	38 350.52				80 710.82
	生产成本——P2	38 900.32	22 031.22				60 931.54
	制造费用					1 856.84	1 856.84
机加工车间	生产成本——P1			43 989.21			43 989.21
	生产成本——P2			36 788.34			36 788.34
	制造费用					1 755.27	1 755.27
装配车间	生产成本——P1				136 700.80		136 700.80
	生产成本——P2				118 945.30		118 945.30
	制造费用					1 579.23	1 579.23
管理部门	管理费用					1 890.06	1 890.06
合计		81 260.62	60 381.74	80 777.55	255 646.10	7 081.40	485 147.41

会计主管：张　丽　　　　制单：孙　文　　　　复核：高　为

【业务 4-2】9 月份领用周转材料如下所示：其中游标卡尺采用分次摊销法（分 5 次摊销），包装物采用一次摊销法。（相关凭证见表 4-2、表 4-3）

表 4-2

领 料 单

第二联　财务记账联　　　　编号：123003

领料单位：锻造车间　　　　2015 年 9 月 16 日　　　　发料库：2 号库

材料编号	材料名称及规格	计量单位	数量		单价	金额	用途
			请领	实发			
1-21	游标卡尺	把	5	5	150.00	750.00	生产产品
合计			5	5		750.00	

部门主管：李　志　　　　仓库主管：张伍一　　　　领料人：沈　方　　　　仓库保管：张　丰

表 4-3

领 料 单

第二联　财务记账联　　　　编号：123004

领料单位：销售部门　　　　2015 年 09 月 16 日　　　　发料库：2 号库

材料编号	材料名称及规格	计量单位	数量		单价	金额	用途
			请领	实发			
1-23	包装物	个	10	10	15.00	150.00	销售配件
合计			10	10		150.00	

部门主管：李　志　　　　仓库主管：张伍一　　　　领料人：沈　方　　　　仓库保管：张　丰

【业务 4-3】2015 年 9 月 30 日，依据职工薪酬结算表，编制职工薪酬结算汇总表，依据职工薪酬结算汇总表编制薪酬费用分配表（见表 4-4、表 4-5）。

表 4-4

职工薪酬结算汇总表

2015 年 09 月

部门		应付职工薪酬					代扣工资						实发工资
		基本工资	奖金	岗位津贴	扣发工资	应付工资	养老保险(8%)	失业保险(0.2%)	医疗保险(2%)	住房公积金(12%)	个人所得税	小计	
锻造车间	生产人员	63 000.00	5 400.00	600.00	1 280.00	67 720.00	5 417.60	135.44	1 354.40	8 126.40	5 800.00	20 833.84	46 886.16
	管理人员	9 600.00	6 400.00	350.00		16 350.00	1 308.00	32.70	327.00	1 962.00	560.00	4 189.70	12 160.30
机加工车间	生产人员	34 500.00	3 200.00	500.00	800.00	37 400.00	2 992.00	74.80	748.00	4 488.00	4 700.00	13 002.80	24 397.20
	管理人员	7 800.00	1 800.00	300.00		9 900.00	792.00	19.80	198.00	1 188.00	340.00	2 537.80	7 362.20
装配车间	生产人员	10 100.00	3 100.00	550.00		13 750.00	1 100.00	27.50	275.00	1 650.00	2 680.00	5 732.50	8 017.50
	管理人员	6 400.00	1 200.00	300.00	200.00	7 700.00	616.00	15.40	154.00	924.00	260.00	1 969.40	5 730.60
行政管理部门		96 500.00	8 900.00	500.00		105 900.00	8 472.00	211.80	2 118.00	12 708.00	5 900.00	29 409.80	76 490.20
销售部门		16 300.00	17 600.00	400.00		34 300.00	2 744.00	68.60	686.00	4 116.00	650.00	8 264.60	26 035.40
合计		244 200.00	47 600.00	3 500.00	2 280.00	293 020.00	23 441.60	586.04	5 860.40	35 162.40	20 890.00	85 940.44	207 079.56

人事部主管：方　方　　制单：李　兴　　会计主管：张　丽　　会计：杨　册　　出纳：高　新

表 4-5

薪酬费用分配表

2015 年 09 月

应借账户				分配标准（生产工时）	分配率	分配薪酬
基本生产成本	锻造车间	P1机床	生产成本	3 210.0		35 952.00
		P2机床	生产成本	2 836.4		31 767.68
		小计		6 046.4	11.20	67 719.68
	机加工车间	P1机床	生产成本	2 108.0		20 658.40
		P2机床	生产成本	1 708.3		16 741.34
		小计		3 816.3	9.80	37 399.74
	装配车间	P1机床	生产成本	569.9		5 869.97
		P2机床	生产成本	765.0		7 879.50
		小计		1 334.9	10.30	13 749.47
制造费用	锻造车间		制造费用			16 350.00
	机加工车间		制造费用			9 900.00
	装配车间		制造费用			7 700.00
管理费用	行政管理部门		管理费用			105 900.00
销售费用	销售部门		销售费用			34 300.00
	合计			11 197.60		293 018.89

会计主管：张 丽　　　　制单：孙 文　　　　复核：高 为

【业务 4-4】9 月 30 日，公司计算应付职工的社会保险及住房公积金。

成都光正有限责任公司按上年职工月平均工资额（假定上月平均工资额与本月应付工资额相同）计算应付职工的社会保险及住房公积金。（相关凭证见表 4-6）

表 4-6

社会保险及住房公积金分配表

2015 年 9 月

应借账户				计提基数（上年月平均工资）	养老保险（20%）	失业保险（1%）	医疗保险（10%）	住房公积金（12%）	工伤保险（1%）	生育保险（0.8%）	合计
基本生产成本	锻造车间	P1机床	生产成本	35 952.00							
		P2机床	生产成本	31 768.00							
		小计		67 720.00							
	机加工车间	P1机床	生产成本	20 658.40							
		P2机床	生产成本	16 741.60							
		小计		37 400.00							
	装配车间	P1机床	生产成本	5 870.00							
		P2机床	生产成本	7 880.00							
		小计		13 750.00							
制造费用	锻造车间		制造费用	16 350.00							
	机加工车间		制造费用	9 900.00							
	装配车间		制造费用	7 700.00							
管理费用	行政管理部门		管理费用	105 900.00							
销售费用	销售部门		销售费用	34 300.00							
	合计			293 020.00							

会计主管：张　丽　　　　制单：孙　文　　　　复核：高　为

【业务 4-5】9 月 30 日，公司计提工会经费及教育费附加。（相关凭证见表 4-7）

表 4-7

工会经费及教育费附加计提表

2015 年 09 月

应借账户				应付工资	工会经费（2%）	教育费附加（2.5%）	合计
基本生产成本	锻造车间	P1机床	生产成本	35 952.00			
		P2机床	生产成本	31 768.00			
		小计		67 720.00			
	机加工车间	P1机床	生产成本	20 658.40			
		P2机床	生产成本	16 741.60			
		小计		37 400.00			
	装配车间	P1机床	生产成本	5 870.00			
		P2机床	生产成本	7 880.00			
		小计		13 750.00			
制造费用	锻造车间		制造费用	16 350.00			
	机加工车间		制造费用	9 900.00			
	装配车间		制造费用	7 700.00			
管理费用	行政管理部门		管理费用	105 900.00			
销售费用	销售部门		销售费用	34 300.00			
合计				293 020.00			

会计主管：张　丽　　　　制单：孙　文　　　　复核：高　为

【业务 4-6】2015 年 9 月光正公司支付成都市利民电业公司的电费 7 000 元，增值税 1 190 元，款项通过网上银行支付。电费发生时一次计入成本费用处理。（相关凭证见表 4-8~表 4-10）

表 4-8

四川增值税专用发票

发 票 联

No. 21106325

开票日期：2015年09月29日

购买方	名　　称：成都光正有限责任公司 纳税人识别号：510302758188888 地 址 、 电 话：成都市高新西区利华路22号 开户行及账号：工商银行利华路支行 4402905009090811111					密码区	（略）	
货物或应税劳务、服务名称		规格型号	单位	数量	单价	金额	税率	税额
电费			度	2 500	2.80	7 000.00	17%	1 190.00
						¥ 7 000.00		¥ 1 190.00
价税合计（大写）		⊗捌仟壹佰玖拾元整				（小写） ¥ 8 190.00		
销售方	名　　称：成都市利民电业公司 纳税人识别号：520102758166666 地 址 、 电 话：成都市锦江路12号 开户行及账号：建设银行锦江支行 5100183710805150111111					备注	成都市利民电业公司 520102758166666 发票专用章	

收款人：孙电力　　复核：唐　宏　　开票人：叶　开　　销售方：（公章）

第三联 发票联 购买方记账凭证

表 4-9

ICBC 中国工商银行　　**资金汇划补充凭证**

网银打印代理网点号：1966　　收报日期：2015 年 09 月 29 日　　资金汇划流水号：021149999

业务类型：网上银行付款指令　　业务编号：HQP 497496400

付款人账号：4402905009090811111　　收款人账号：5100183710805150111111

付款人户名：成都光正有限责任公司　　收款人户名：成都市利民电业公司

付款人所在地：成都市高新西区利华路22号　　收款人所在地：成都市锦江路12号

付款人开户行：工商银行利华路支行　　收款人开户银行：中国建设银行锦江支行

大写金额：捌仟壹佰玖拾元整

小写金额：¥ 8 190.00

业务处理状态：联机已记账　　付款方式：加急　　授权人：8 100.00

用途：支付电费　　提交人：SDCH0002.c.4401

备注：

柜员号：440201266　　520102758166666　成都市锦江路12号

工商银行四川省分行营业部 电子回单专用章 520102750166666

打印次数：　1　（打印回单，注意重复）　　打印时间：　2015-09-30 10:30

表 4-10

电费分配表

2015 年 09 月 29 日

应借账户			分配标准(度)	分配率	分配金额
制造费用	锻造车间	制造费用	800.00		2 240.00
	机加工车间	制造费用	710.00		1 988.00
	装配车间	制造费用	510.00		1 428.00
管理费用	行政管理部门	管理费用	280.00		784.00
销售费用	销售部门	销售费用	200.00		560.00
	合计		2 500.00	2.80	7 000.00

会计主管：张　丽　　　　制单：孙　文　　　　复核：高　为

【业务 4-7】9 月 30 日，公司支付 9 月份职工工资（公司基本信息资料，见第一部分筹资业务的核算）

成都光正有限公司根据“职工薪酬结算单”和“职工薪酬结算汇总表”（业务 4-1）发放工资。工资通过转账方式支付。（相关凭证见表 4-11、表 4-12）

表 4-11

中国工商银行
转账支票存根（川）
BG
02

附加信息

出票日期　　年　月　日

收款人：

金　额：¥

用　途：

单位主管　　会计

本支票付款期限十天

中国工商银行　转账支票（川）　BG 02

出票日期（大写）　　年　　月　　日　付款行名称：

收款人：　　出票人账号：

人民币（大写）	亿	千	百	十	万	千	百	十	元	角	分

用途______

上列款项请从

我账户内支付

出票人签章　　　　复核　　记账

表 4-12

中国工商银行进账单（收账通知） 3

年　月　日

收款单位	全　称		付款单位	全　称	
	账　号			账　号	
	开户银行			开户银行	
金额	人民币（大写）				千 百 十 万 千 百 十 元 角 分
票据种类		票据张数	1		
票据号码					
			工商银行利华路支行 2015.9.30 转讫		年　月　日 （收款人开户银行盖章）

【业务 4-8】9 月 30 日，公司以产品生产工时为标准分配基本生产制造费用。本月发生的制造费用分别为：锻造车间 28 507.39 元、机加工车间 18 523.97 元、装配车间 14 495.33 元。（相关凭证见表 4-13）

表 4-13

制造费用分配表

2015 年 09 月

应借账户				分配标准(生产工时)	分配率	分配费用
基本生产成本	锻造车间	P1机床	生产成本	3 210.0		
		P2机床	生产成本	2 836.4		
		小计		6 046.4		
	机加工车间	P1机床	生产成本	2 108.0		
		P2机床	生产成本	1 708.3		
		小计		3 816.3		
	装配车间	P1机床	生产成本	569.9		
		P2机床	生产成本	765.0		
		小计		1 334.9		
	合计			11 198		

会计主管：张　丽　　　　制单：孙　文　　　　复核：高　为

【业务4-9】2015年9月10日，产成品完工入库，结转完工入库产品成本。（相关凭证见表4-14~表4-19）

表4-14

产成品入库单

第二联　财务联　　NO：20150901

交库单位：装配车间　　2015年09月10日　　收料库：一号库

产品名称	规格	单位	交付数量	检查结果		实收数量	金额
				合格	不合格		
P1产品		台	470.0	470.0		470.0	
P2产品		台	260.0	260.0		260.0	
合计			730.0	730.0		730.0	

仓库部门主管：王　娟　　仓库保管：张　利　　经手人：李　亚　　质检人：恒　生

表4-15

产成品入库单

第二联　财务联　　NO：20150902

交库单位：装配车间　　2015年09月23日　　收料库：一号库

产品名称	规格	单位	交付数量	检查结果		实收数量	金额
				合格	不合格		
P1产品		台	180.0	180.0		180.0	
P2产品		台	100.0	100.0		100.0	
合　计			280.0	280.0		280.0	

仓库部门主管：王　娟　　仓库保管：张　利　　经手人：李　亚　　质检人：恒　生

表 4-16

产成品入库单

第二联　财务联　　NO：20150903

交库单位：装配车间　　2015 年 09 月 30 日　　收料库：一号库

产品名称	规格	单位	交付数量	检查结果		实收数量	金额
				合格	不合格		
P2产品		台	220.0	220.0		220.0	
合计			220.0	220.0		220.0	

仓库部门主管：王　娟　　仓库保管：张　利　　经手人：李　亚　　质检人：恒　生

表 4-17

完工产品成本计算单

产品名称：P1　　2015 年 09 月 30 日　　单位：元

摘要	直接材料	直接人工	制造费用	合计
月初在产品成本	18 600.00	8 765.00	1 345.00	
本月生产费用	261 400.03	93 283.24	31 524.01	
生产费用合计				
本月完工产品数量	650	650	650	
月末在产品数量	200	100	100	
生产量合计				
费用分配率				
月末完工产品总成本				
月末在产品成本				

会计主管：张　丽　　制单：孙　文　　复核：高　为

表 4-18

完工产品成本计算单

产品名称：P2　　　　2015 年 09 月 30 日　　　　单位：元

摘要	直接材料	直接人工	制造费用	合计
月初在产品成本	30 650.00	10 560.00	6 090.00	
本月生产费用	216 665.18	84 189.67	29 994.68	
生产费用合计				
本月完工产品数量	580	580	580	
月末在产品数量	160	80	80	
生产量合计				
费用分配率				
月末完工产品总成本				
月末在产品成本				

会计主管：张　丽　　　　制单：孙　文　　　　复核：高　为

表 4-19

完工产品成本汇总表

2015 年 09 月 30 日

成本项目	P1产品（完工数量650台）		P2产品（完工数量580台）	
	总成本	单位成本	总成本	单位成本
直接材料				
直接人工				
制造费用				
合计				

会计主管：张　丽　　　　制单：孙　文　　　　复核：高　为

第五部分

销售与收款核算
同步练习与实训

销售与收款是小企业生产经营主环链上的关键性环节。在商品流通企业，买是为了卖，在制造类企业，生产的目的也是为了卖。卖得顺，全盘皆顺，卖得活，全盘皆活。“卖”也即销售，一方面把商品（劳务）的所有权和使用权（享用权）转移给购买者，另一方面从购买者那里收回按市场规则和双方合同确定的商品（劳务）货款等。如果说生产环节主要是创造价值的过程，销售与收款环节则是实现价值的环节，是企业生产经营的龙头。以销定购、以销定产是市场经济条件下企业生产经营的基本规则。本部分主要学习和操作小企业商品销售与收款的核算，提供劳务收入的核算和销售环节税费的核算等会计工作内容。

内容小结

一、重点与难点

本部分的主要内容包括：① 销售与收款一般业务的核算；② 商品销售与收款特殊业务的核算；③ 提供劳务收入的核算；④ 增值税的核算；⑤ 消费税的核算；⑥ 营业税的核算；⑦ 其他税费的核算。

学习重点：不同结算及销售方式销售收入的确认；一般销售业务的核算（钱货两清商品销售、托收承付结算方式商品销售、商业汇票结算方式商品销售、预收款方式商品销售、现金折扣销售、销售退回、折让和折扣销售和产品销售成本的计算与结转）；特殊销售业务的核算（分期收款销售、委托代销、以旧换新销售及销售商品需要安装和检验的销售）；跨年度提供劳务的核算；流转税中的增值税、消费税和营业税的核算。

学习难点：销售退回、折让和折扣销售的会计处理及实务操作；分期收款销售业务会计处理及实务操作、委托代销委托方及受托方的会计处理及实务操作、以旧换新销售业务会计处理及实务操作、销售商品需要安装和检验销售业务处理及实务操作；产品销售成本的计算与结转会计处理及实务操作；跨年度提供劳务业务收入与成本的确定、会计处理及实务操作；增值税的计算、上缴的会计处理及实务操作；消费税和营业税的计算与上缴会计处理及实务操作。

二、业务核算T形账户图示

项目一　商品销售与收款的核算

1. 钱货两清销售商品

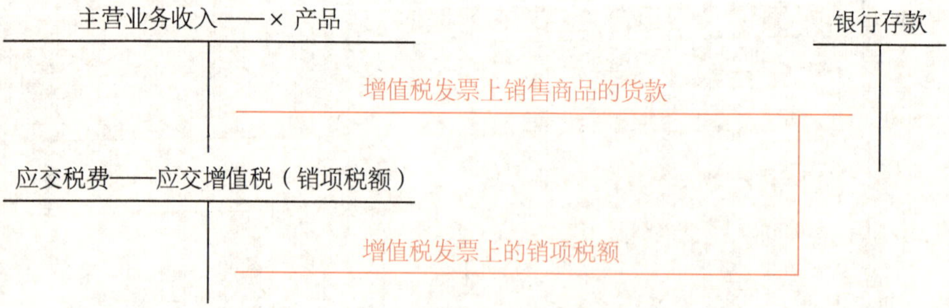

2. 托收承付或委托收款结算方式销售商品

（1）销售确认收入时：

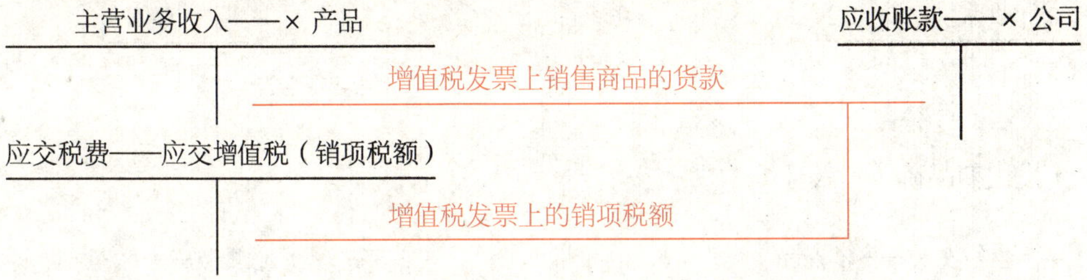

（2）收回货款时：

3. 商业汇票结算方式销售商品

（1）销售确认收入时：

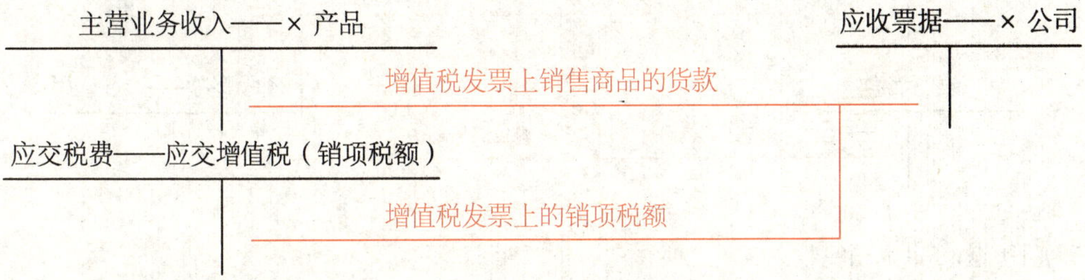

（2）商业汇票到期承兑时：

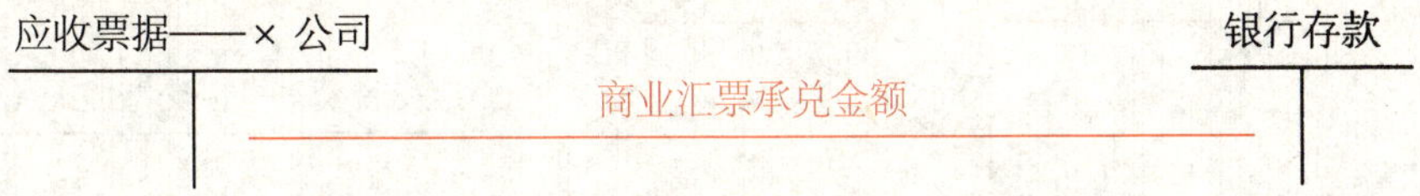

（3）商业汇票申请贴现时：

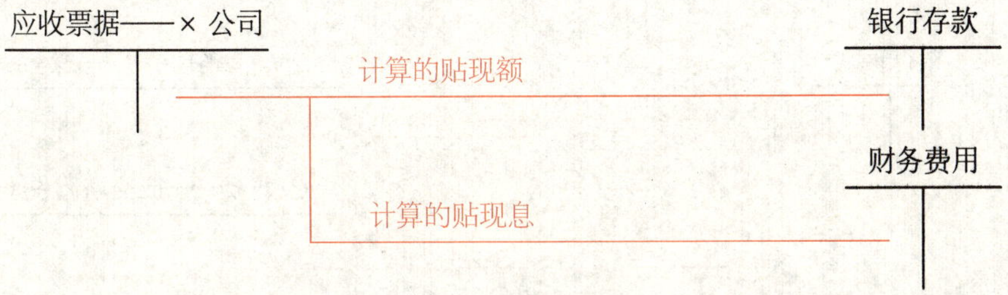

注：当企业对贴现票据的如期偿还承担连带责任时，贷方账户应为“短期借款”。

4. 预收款方式销售商品

（1）收到预收款时：

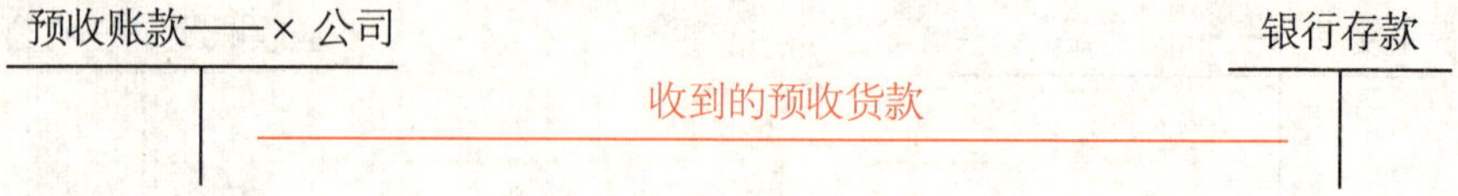

（2）发出商品确认收入时：

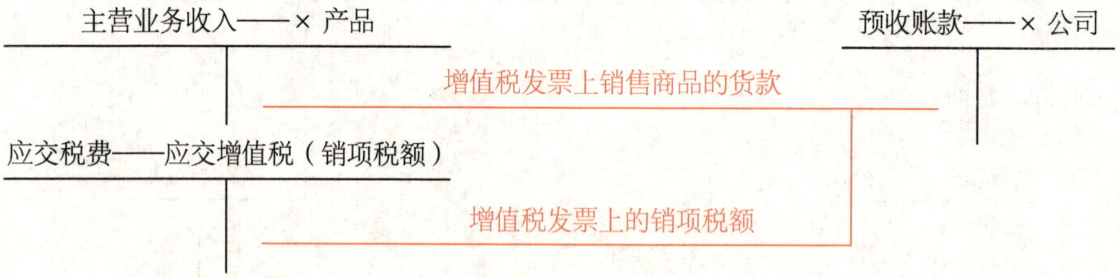

（3）结清本次预收款项时：

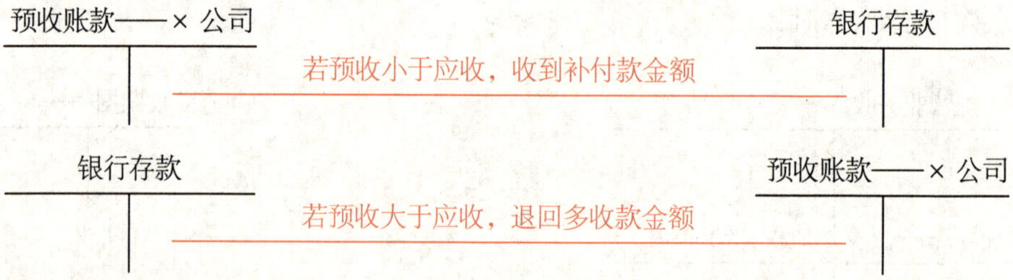

5. 销售退回冲减销售收入

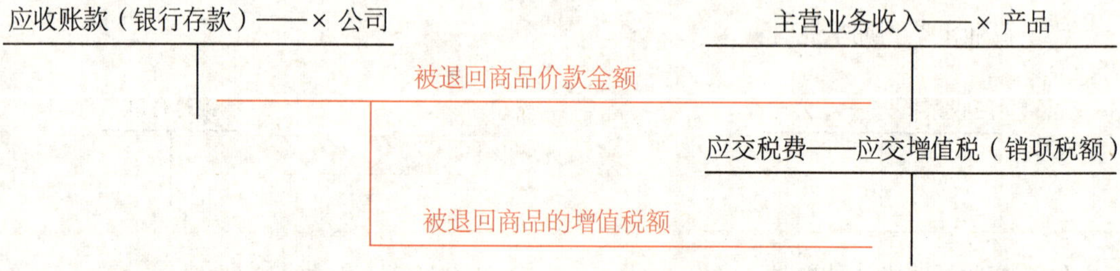

6. 支付退回货物的运杂费

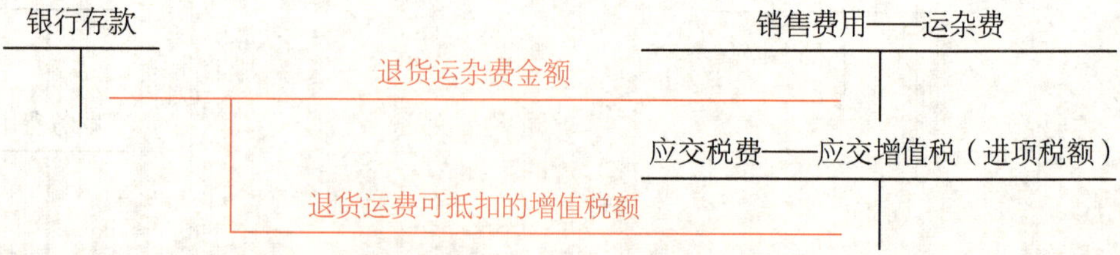

注：若双方均未做账，则无须进行账务处理。

7. 销售折让业务

当销售方已做账时，冲减销售收入。

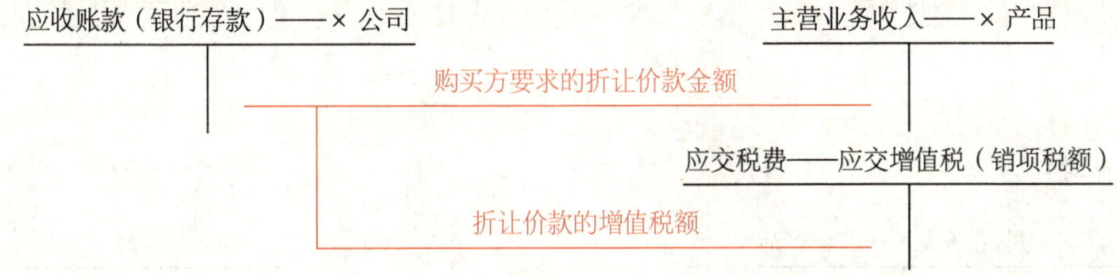

8. 现金折扣业务

（1）确认当期销售收入：

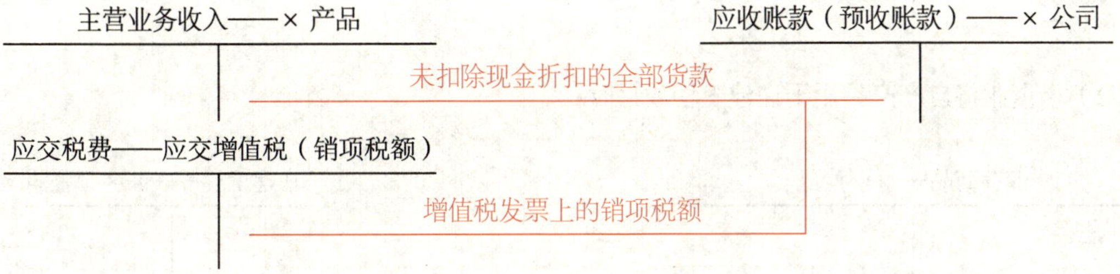

（2）收到货款产生现金折扣时：

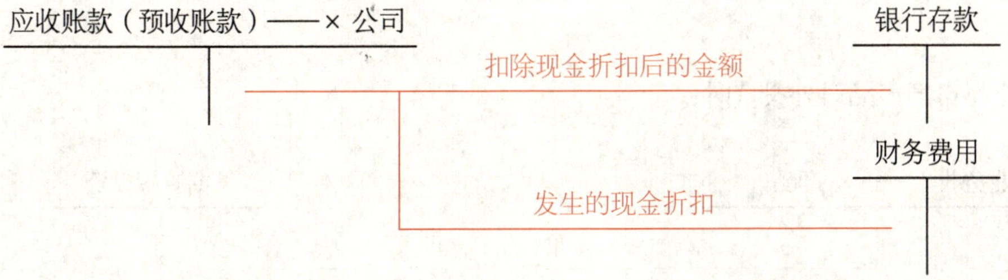

9. 商业折扣业务

发生商业折扣销售当期确认收入时：

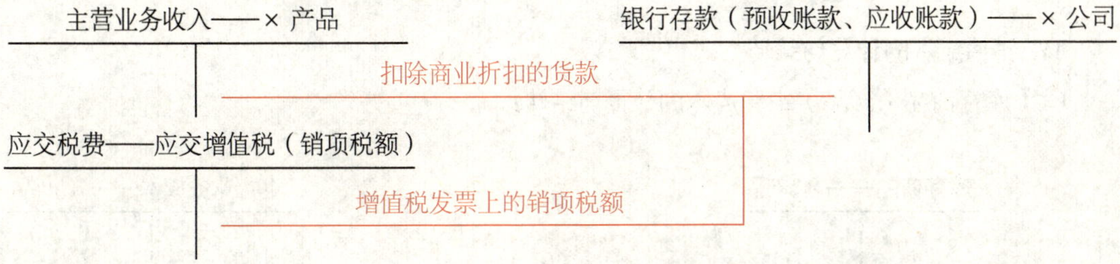

10. 视同销售业务

（1）小企业将自产产品作为应付利润分配给投资人时：

同时：

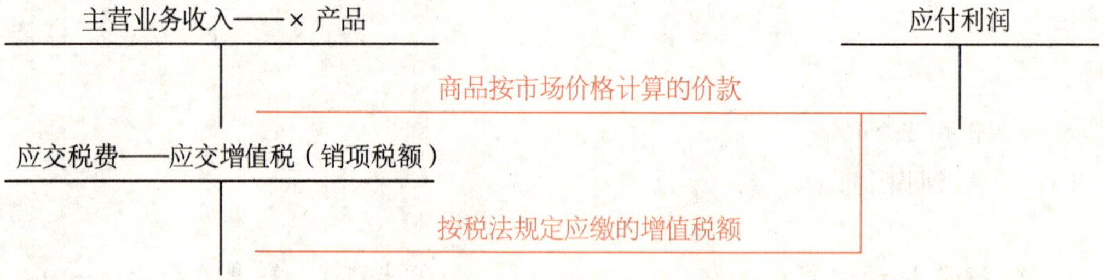

（2）小企业将自产产品用于在建工程项目时：

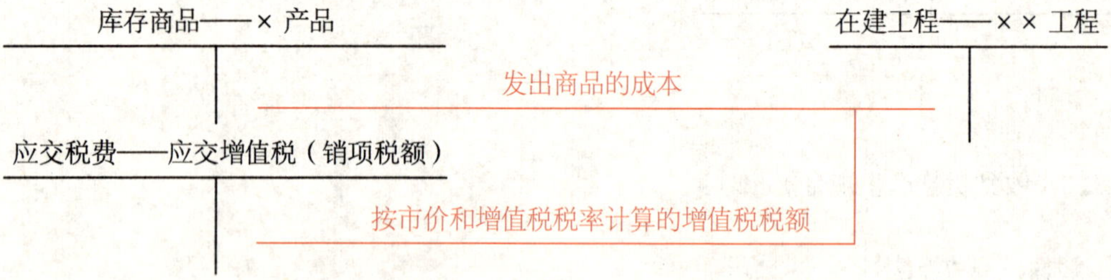

（3）小企业将自产产品对外投资时：

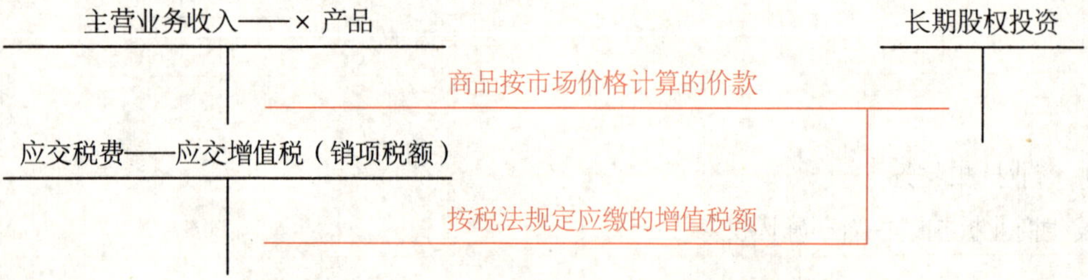

11. 销售成本的计算与结转

（1）库存商品（产品）销售成本的计算与结转：

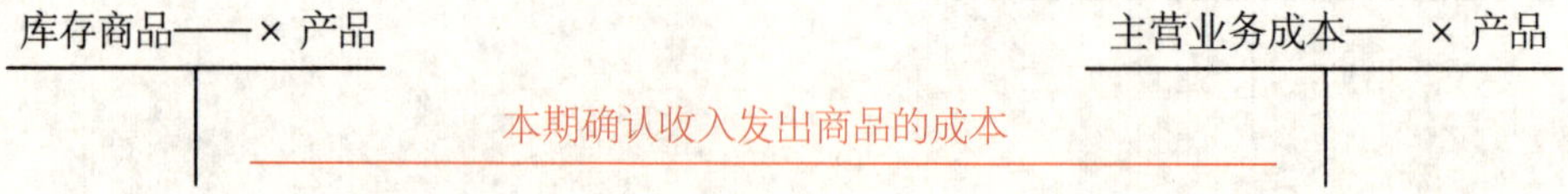

（2）材料销售成本的计算与结转：

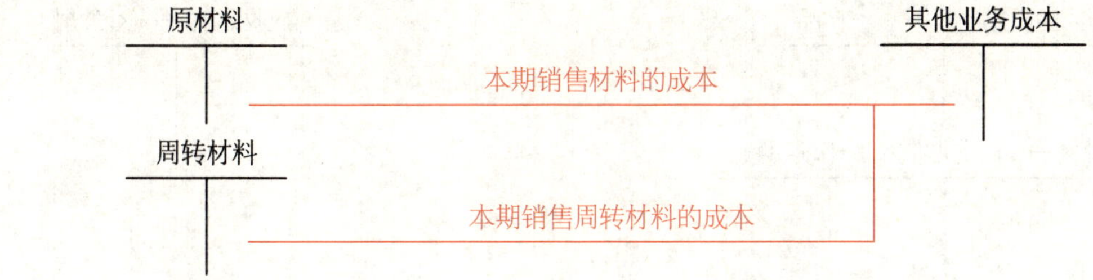

12. 分期收款方式销售商品

（1）依据销售合同开出发货单发出商品：

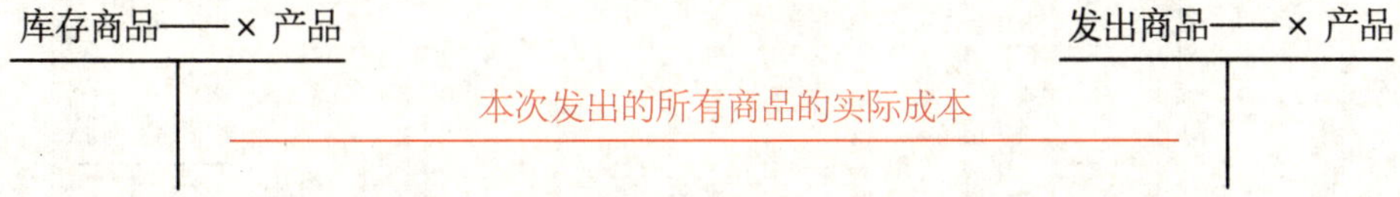

（2）按合同约定的日期开出发票并确认收入：

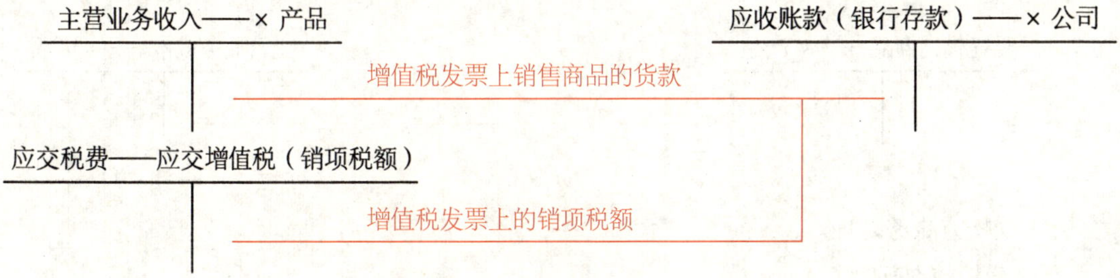

（3）结转已确认收入分期收款发出商品销售成本：

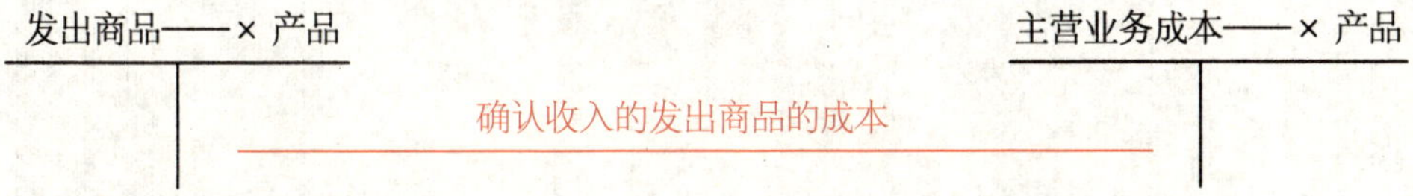

13. 按支付手续费方式委托代销商品

（1）委托方账务处理。

① 委托方发出商品时：

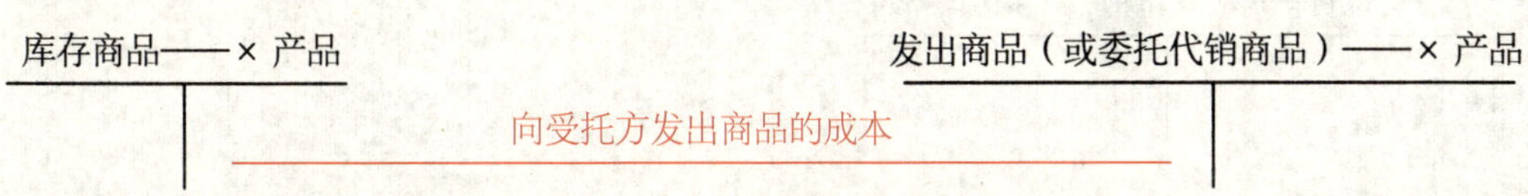

② 收到代销清单，开出增值税专用发票时：

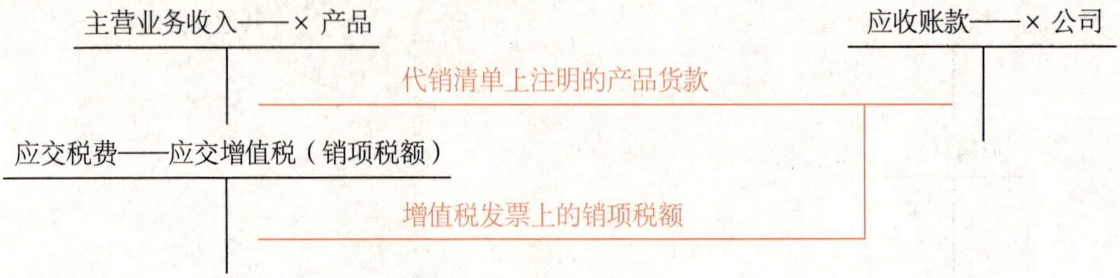

③ 货款结算并支付委托代销手续费：

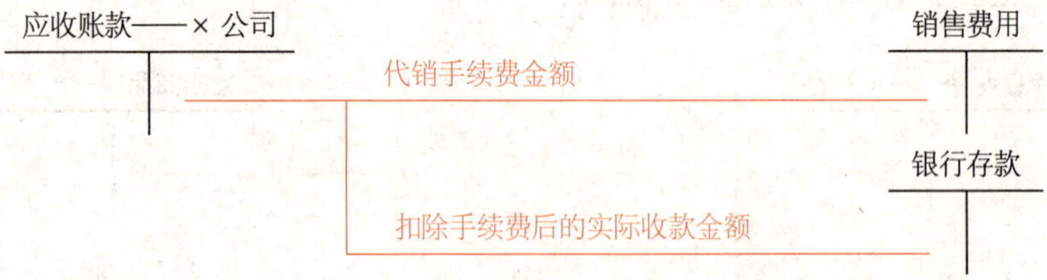

④ 结转已售商品销售成本：

（2）受托方账务处理。

① 收到代销商品时：

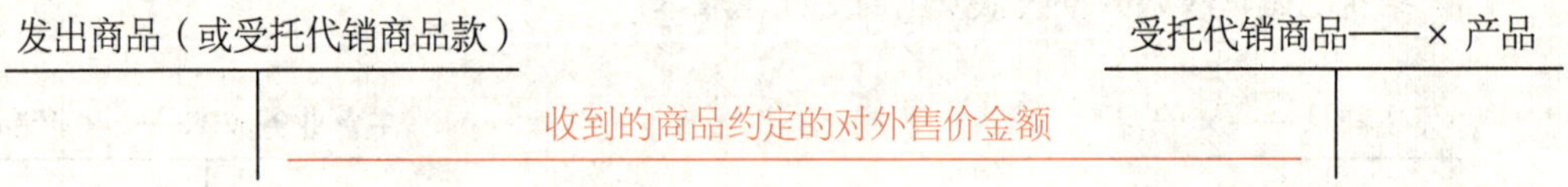

② 对外销售时：

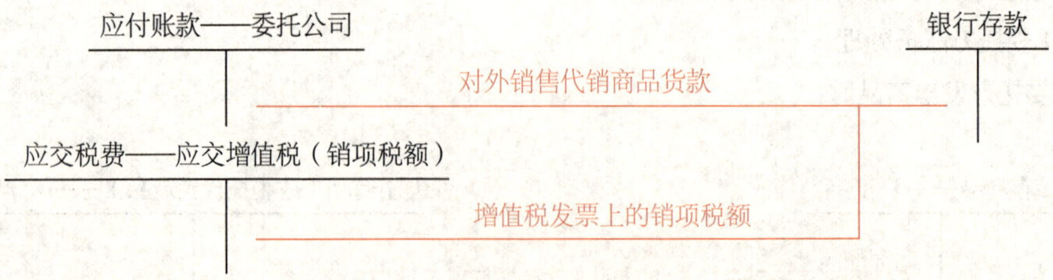

③收到委托方开具的增值税专用发票时：

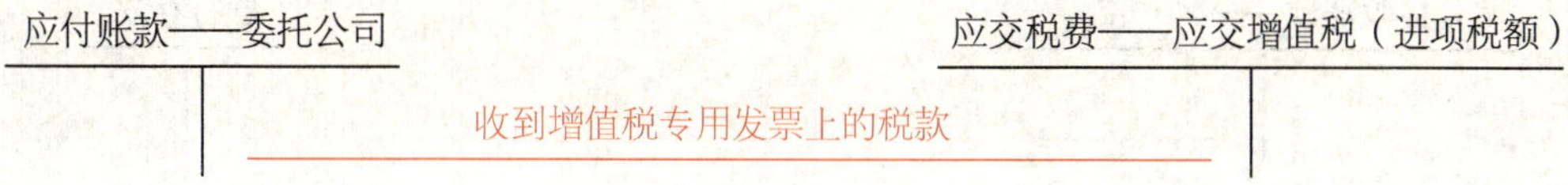

④结转已售代销商品成本（售价）：

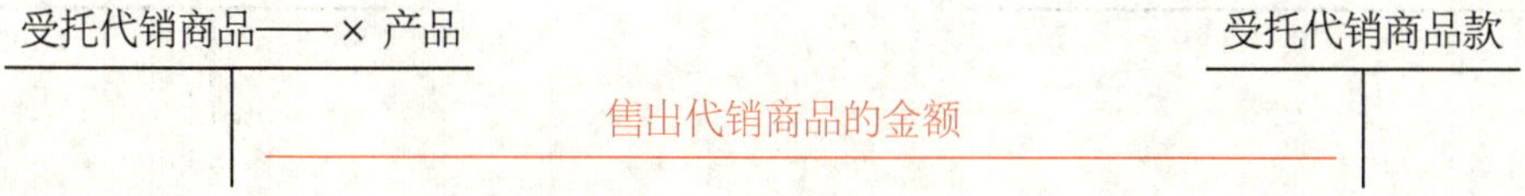

⑤支付货款并计算代销手续费时：

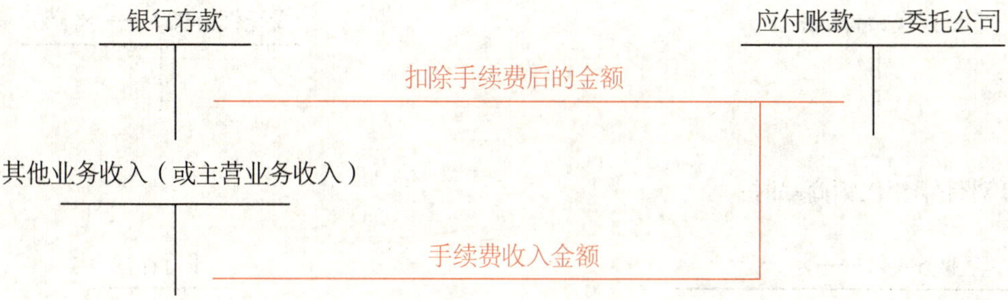

14. 视同买断方式委托代销商品

（1）委托方的会计处理。

①委托方发出商品时：

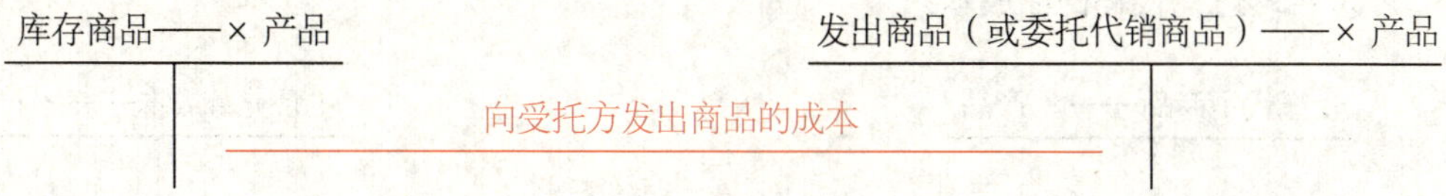

②收到代销清单，开出增值税专用发票时：

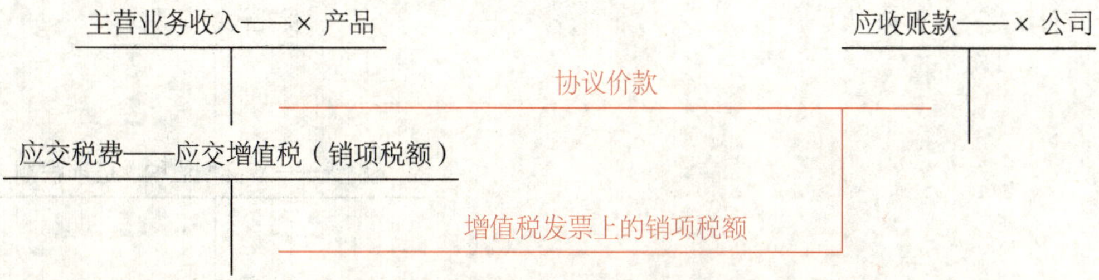

③ 结算收回代销商品货款：

应收账款——× 产品　　　　银行存款

实际收到的金额

④ 结转已售商品销售成本：

发出商品（或委托代销商品）——× 产品　　　　主营业务成本——× 产品

已售出商品成本

（2）受托方账务处理。

① 收到代销商品时：

受托代销商品款　　　　受托代销商品——× 产品

代销商品协议价

② 对外销售代销商品时：

主营业务收入——× 产品　　　　银行存款

自定代销商品价款

应交税费——应交增值税（销项税额）

增值税发票上的销项税额

③ 结转已售代销商品成本：

受托代销商品——× 产品　　　　主营业务成本——× 产品

售出代销商品协议价

④ 收到委托方开具的增值税专用发票时：

应付账款——× 公司　　　　受托代销商品款

协议价

应交税费——应交增值税（进项税额）

协议价税款

⑤ 收到代销商品款时：

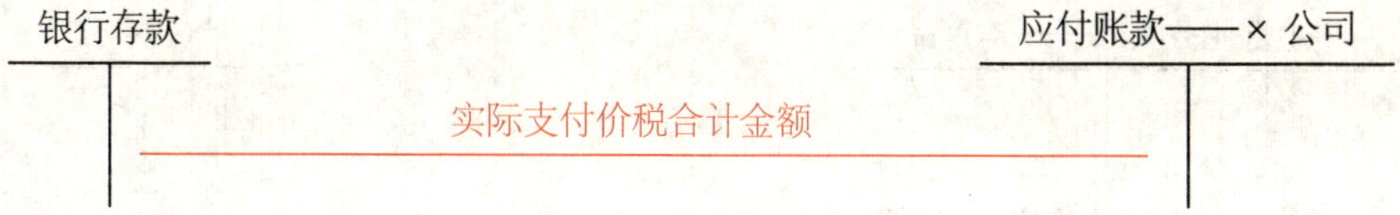

15. 以旧换新业务核算

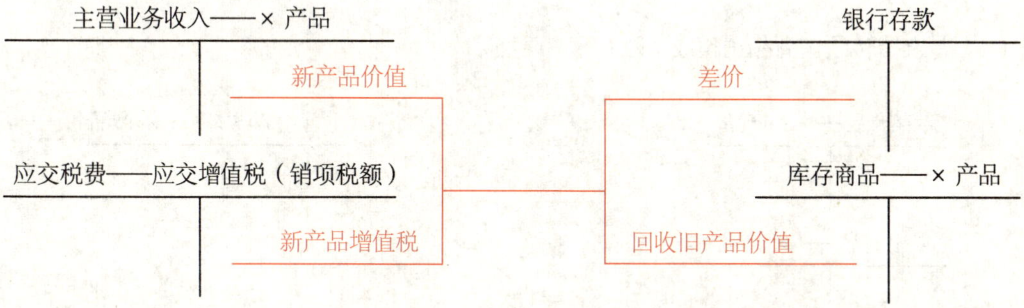

同时，结转新产品的成本。

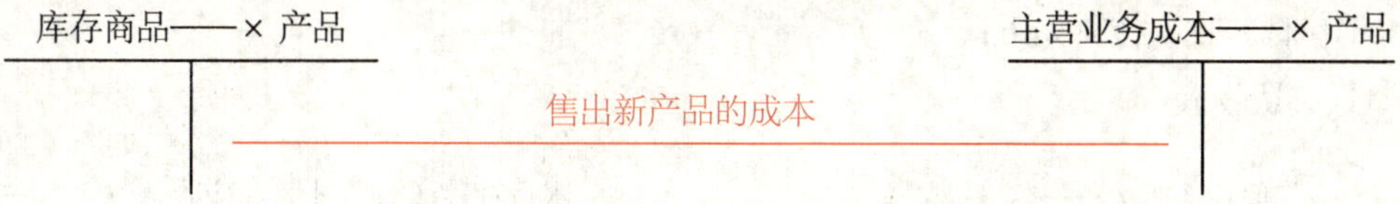

16. 需要安装和检验的商品销售

（1）依据销售合同开出发货单发出商品时：

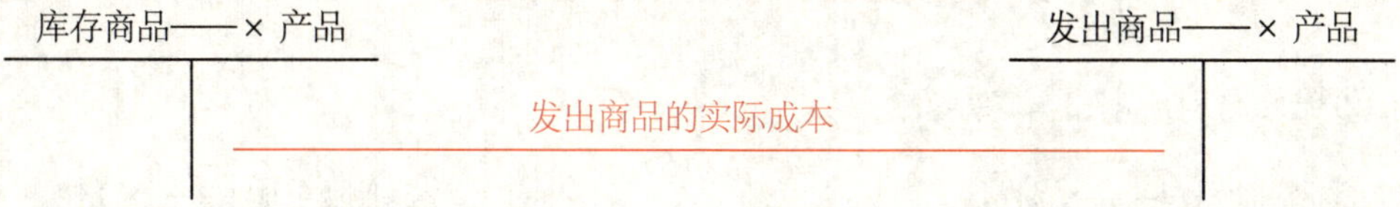

（2）按合同约定进行安装和检验时：

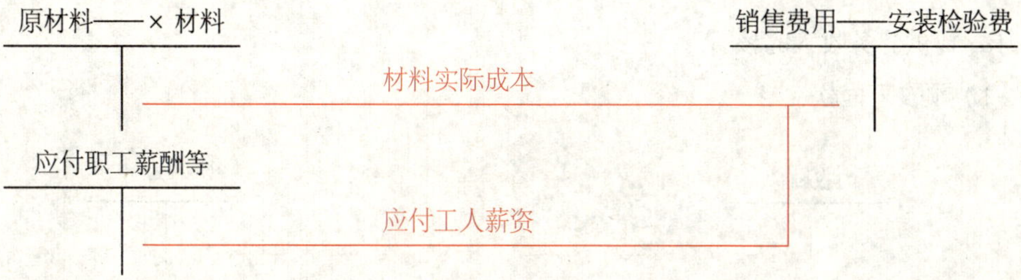

（3）安装和检验完毕，通过验收，收款并确认收入时：

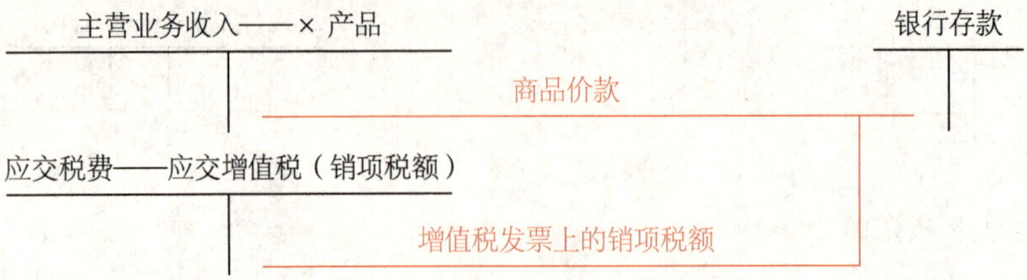

（4）月末结转已售商品销售成本时：

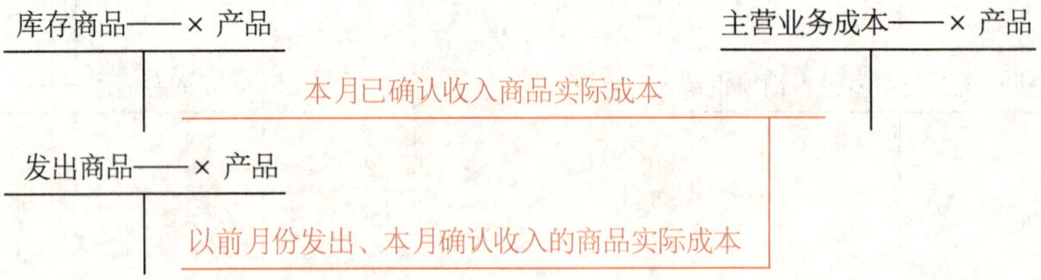

17. 其他经营活动收入核算

销售材料收入核算如下：

① 确认收入：

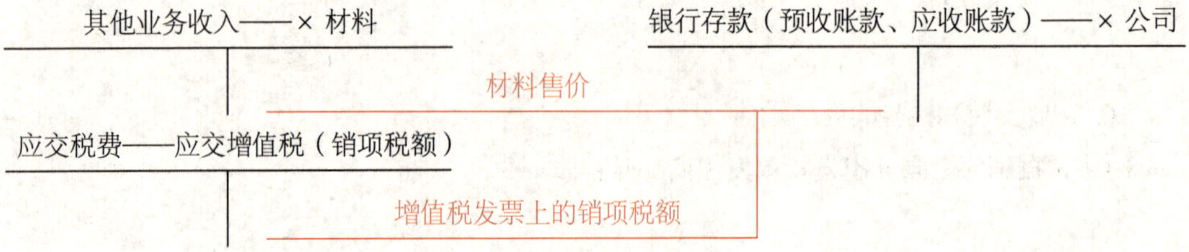

② 结转材料成本：

18. 提供劳务收入的核算

（1）预收工程款：

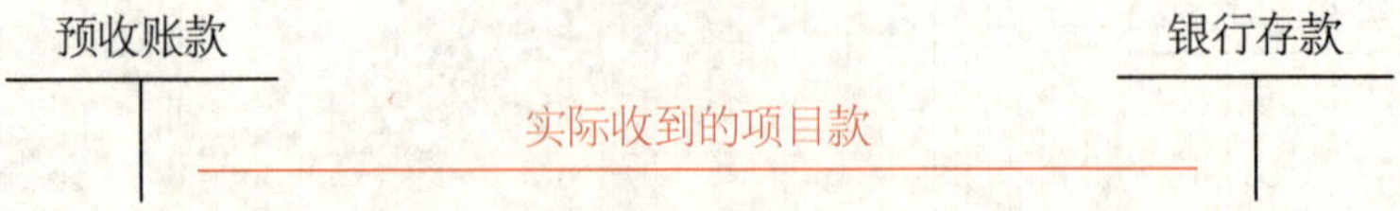

（2）发生劳务成本：

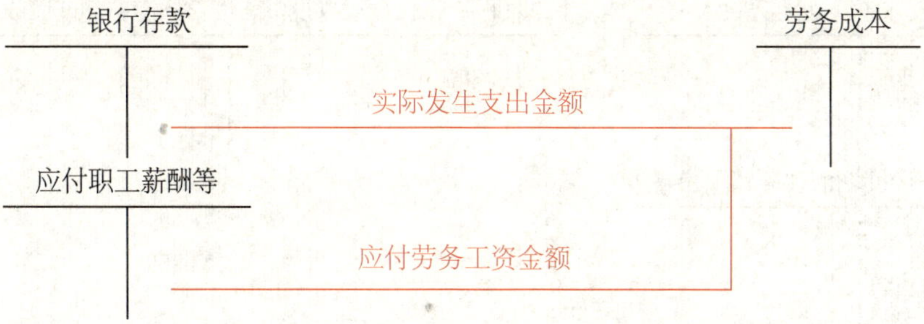

（3）确认劳务收入：

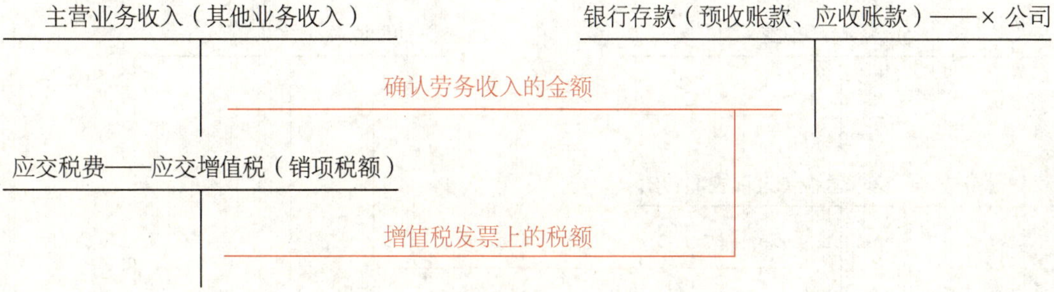

（4）结转劳务成本：

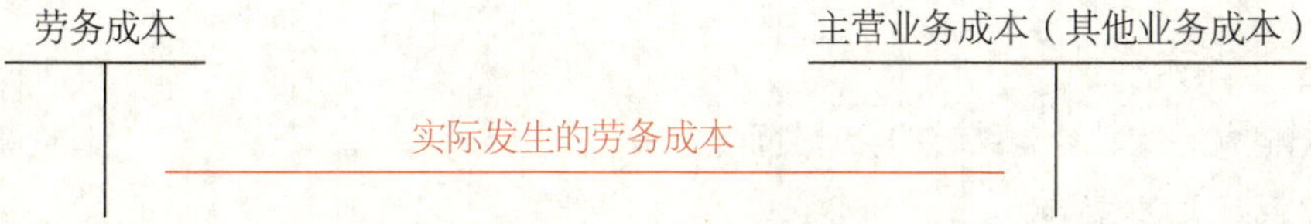

项目二　流转税及附加费的核算

1. 增值税业务的会计处理

（1）一般纳税人增值税会计处理。

① 增值税进项税额的会计处理。

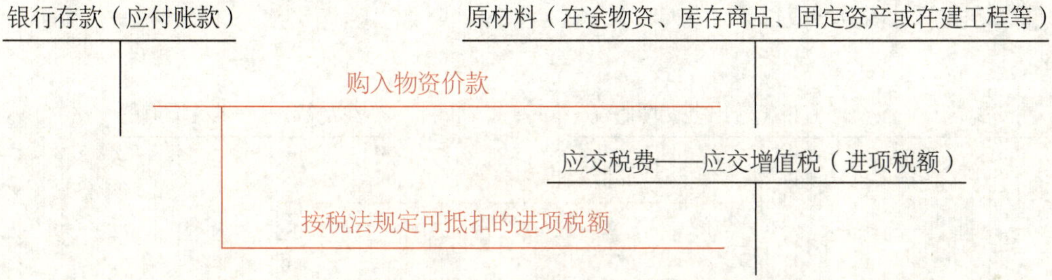

② 增值税销项税额的会计处理。

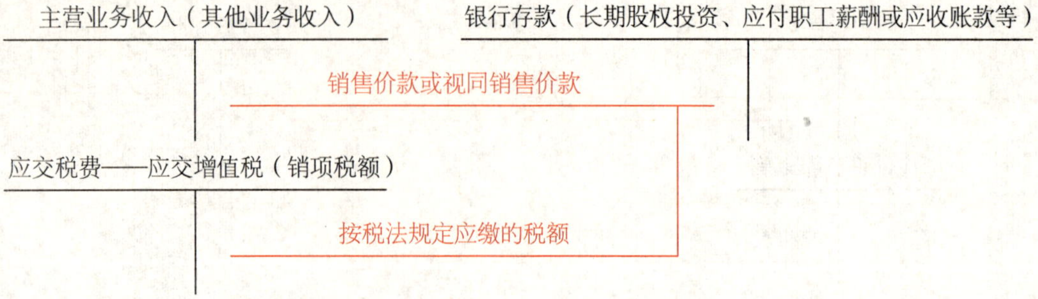

③ 增值税进项税额转出的会计处理。

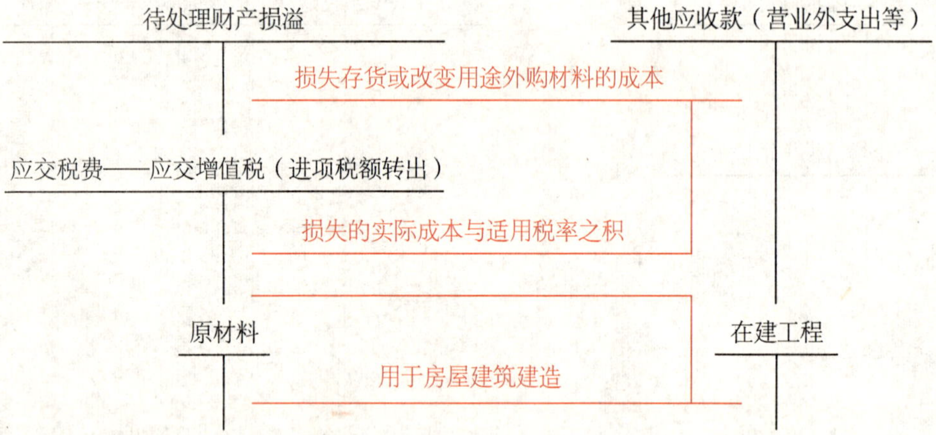

④ 增值税月末计算与结转的会计处理。

转出本月未交增值税：

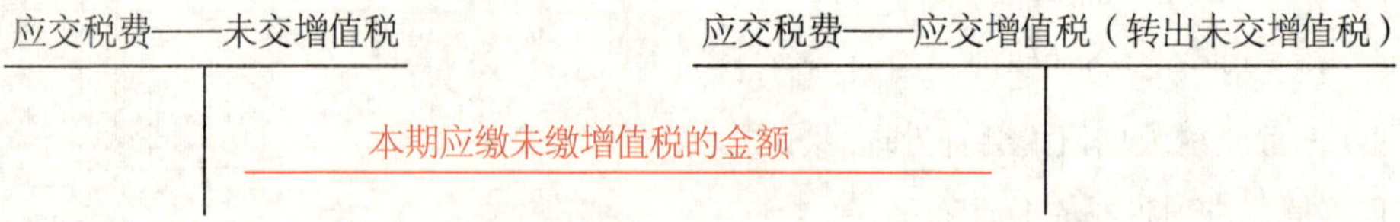

转出本月多缴增值税：

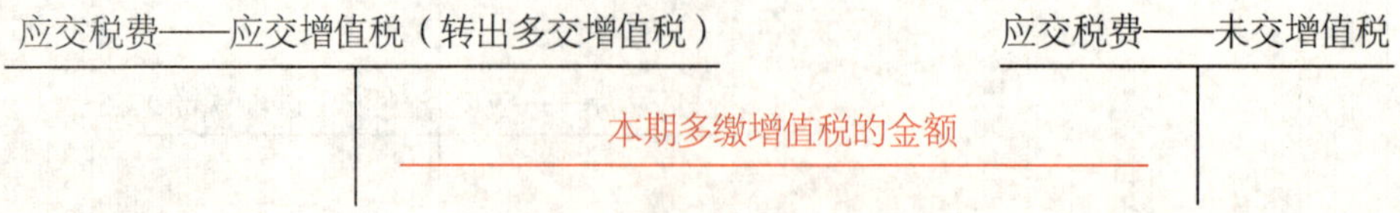

⑤ 上缴增值税的会计处理。

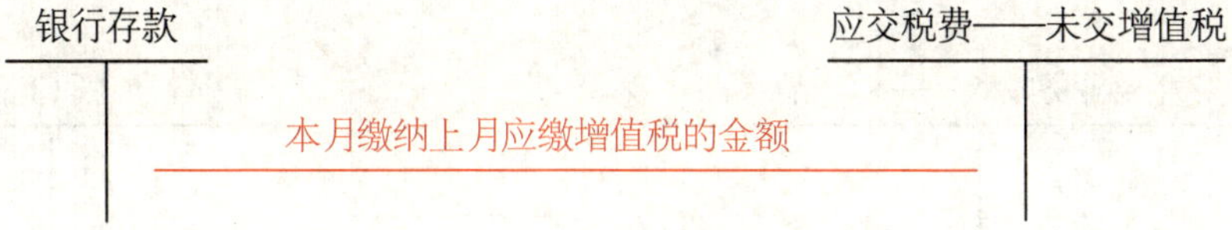

或

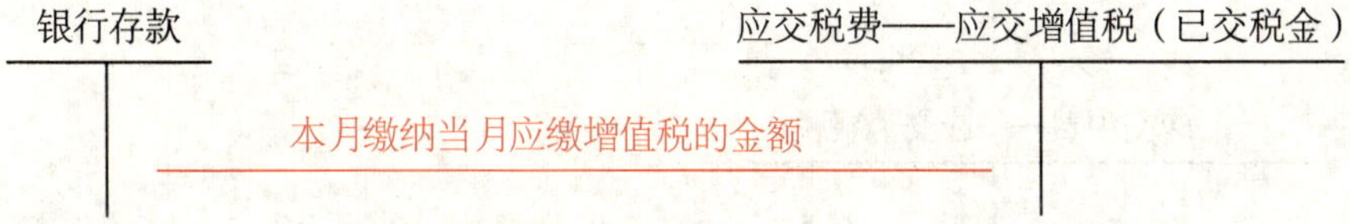

（2）小规模纳税人增值税业务会计处理。

① 销售商品产生增值税税额时：

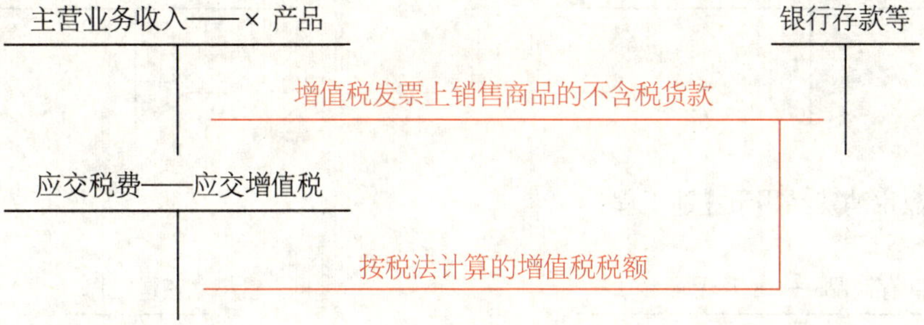

② 上缴增值税时：

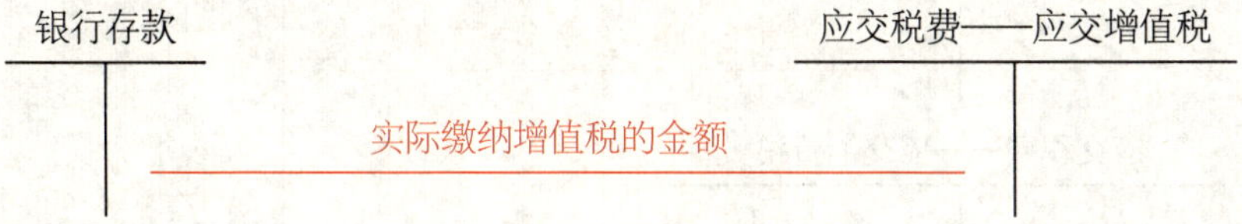

2. 消费税业务的会计处理

（1）销售应税消费品。

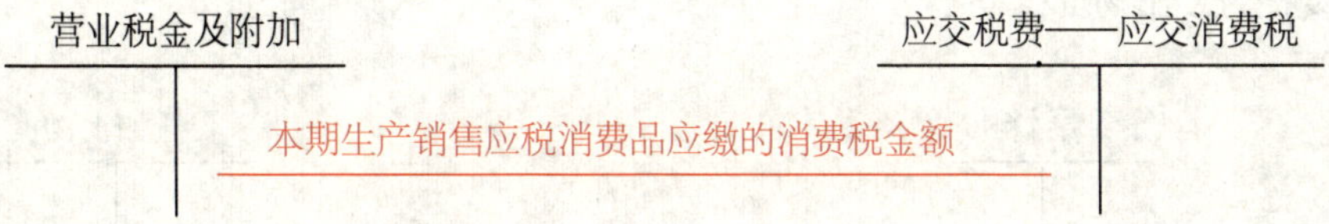

（2）自产自用应税消费品。

① 将自产应税消费品发放非货币性福利：

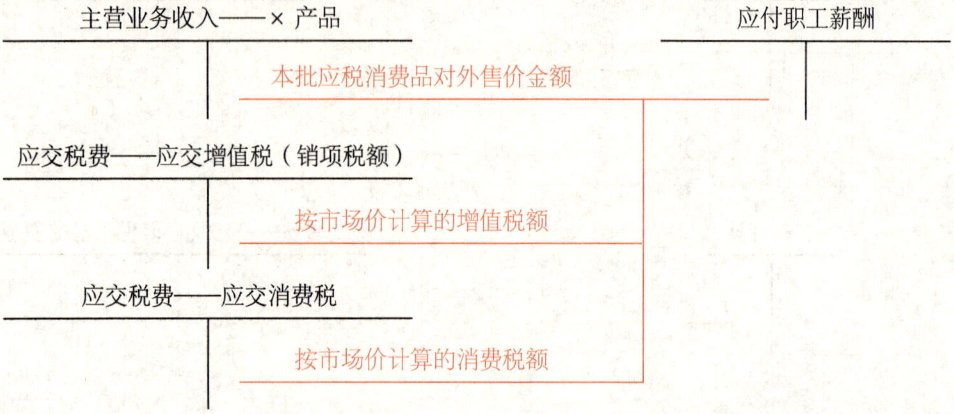

结转成本：

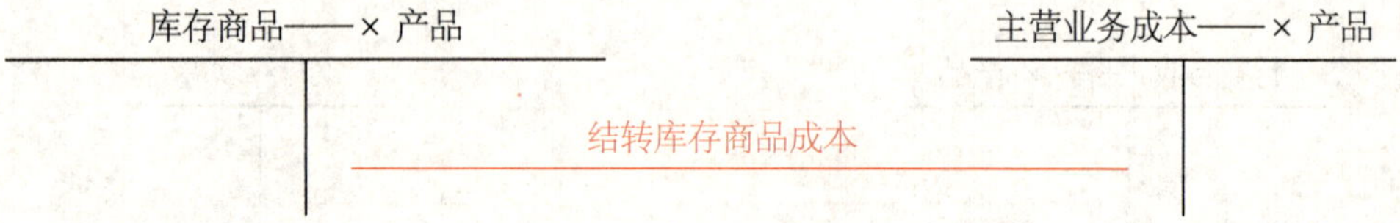

② 将自产应税消费品用于在建工程：

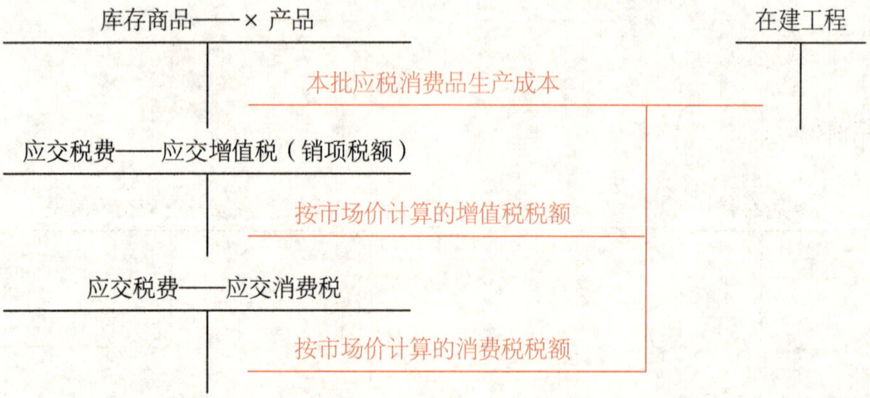

（3）委托加工应税消费品。

① 委托方发出物资：

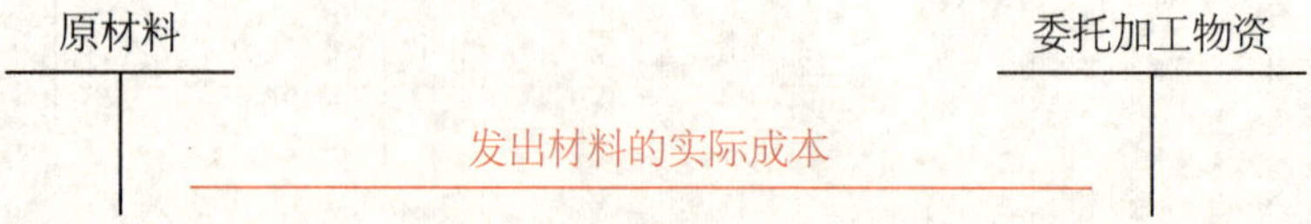

② 支付加工费并收回委托加工物资：

若收回委托加工材料用于继续生产应税消费品，则支付加工费时：

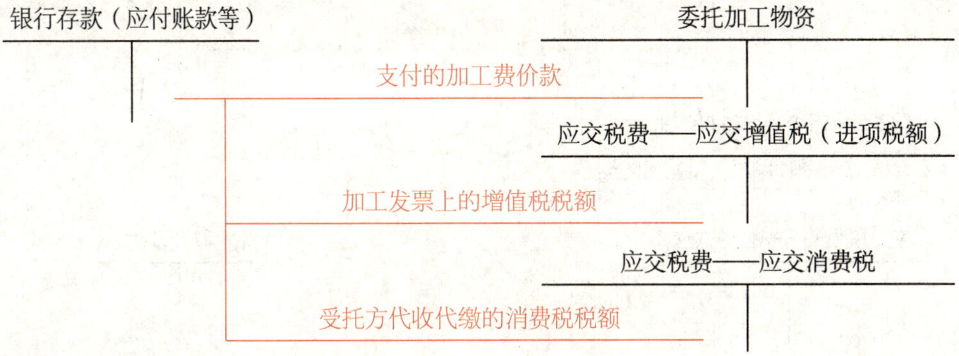

收回委托加工物资验收入库时：

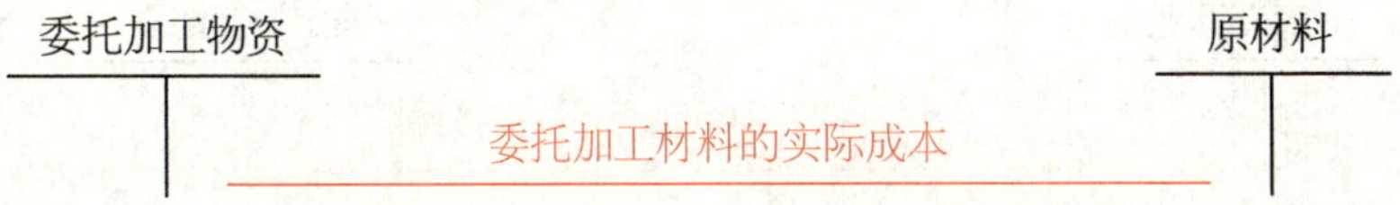

③ 若收回委托加工物资直接用于对外销售，则支付加工费时：

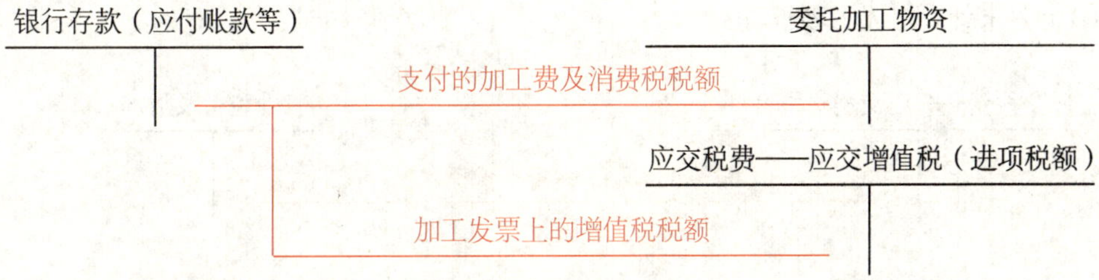

收回委托加工物资验收入库时：

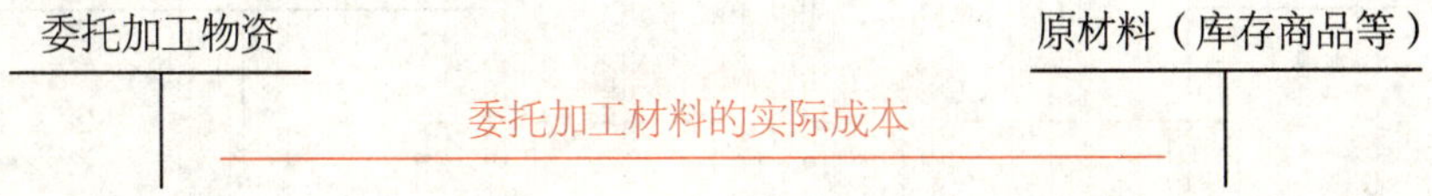

（4）进口应税消费品。

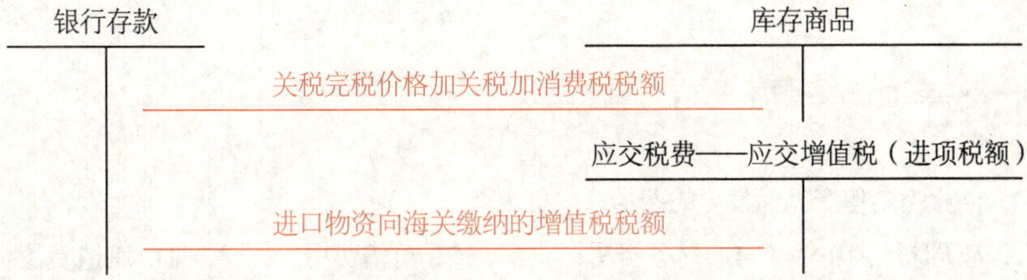

（5）缴纳消费税。

银行存款　　　　　　　　　　　　　　应交税费——应交消费税

实际缴纳消费税的金额

3. 营业税业务的会计处理

（1）按营业额计算应交营业税。

应交税费——应交营业税　　　　　　　　　　营业税金及附加

按本期营业额计算应缴的营业税税额

（2）销售不动产。

应交税费——应交营业税　　　　　　　　　　固定资产清理

按不动产销售金额计算应缴的营业税税额

4. 其他税费（城市维护建设税、教育费附加、资源税、土地增值税、城镇土地使用税、房产税、车船税和矿产资源补偿费、排污费等相关税费）的核算。

（1）月末计算上述各项税时：

应交税费——应交消费税等　　　　　　　　　　营业税金及附加

月末计算应缴的各项税费金额

（2）上缴各项税费时：

银行存款　　　　　　　　　　　　　　应交税费——应交城建税等

上缴的各项税费的金额

同步练习

一、单项选择题

1. 企业为销售产品而发生的费用，应计入（　　）。

A. 管理费用　　B. 财务费用　　C. 销售费用　　D. 制造费用

2. 小企业采用支付手续费方式委托其他单位代销商品时，其销售收入的确认时间是(　　)。

A. 发出代销商品时　　B. 收到代销清单时

C. 售出代销商品时　　D. 收到代销商品货款时

3. 工业企业取得的下列收入中，通过“其他业务收入”账户核算的是(　　)。

A. 销售产品收入　　B. 销售原材料收入

C. 销售自制半成品收入　　D. 销售固定资产收入

4. 小企业对于已经发出但尚未确认销售收入的商品成本，应借记的会计账户是(　　)。

A. 在途物资　　B. 库存商品

C. 主营业务成本　　D. 发出商品

5. 某小企业销售A商品1 000件，每件A商品在价目表中的售价50元(不含增值税)，增值税税率为17%；企业为购货方提供的商业折扣为10%，提供的现金折扣条件为2/10，1/20，N/30，并代垫运杂费200元。该企业在这项交易中应确认的收入金额为(　　)元。

A. 50 000　　B. 45 000　　C. 52 650　　D. 45 200

6. 按照小企业会计准则的规定，对于购货方实际享受的现金折扣，销售方应当做的会计处理是(　　)。

A. 冲减当期主营业务收入　　B. 增加当期主营业务成本

C. 增加当期财务费用　　D. 增加当期管理费用

7. 某企业2015年8月1日赊销一批商品，售价为120 000元(不含增值税)，适用的增值税税率为17%。规定的现金折扣条件为2/10，1/20，n/30，计算现金折扣时考虑增值税。客户于2015年8月15日付清货款，该企业收款金额为(　　)元。

A. 118 800　　B. 137 592　　C. 138 996　　D. 140 400

8. 某工业企业本月出售商品取得收入80 000元，出售固定资产变价收入38 000元，提供劳务收入2 000元，接受捐赠收入7 000元，则本月营业收入为(　　)元。

A. 80 000　　B. 82 000　　C. 120 000　　D. 127 000

9. 对于在合同中规定了买方有权退货条款的销售，如无法合理确定退货的可能性，则符合商品销售收入确认条件的时点是(　　)。

A. 发出商品时　　B. 收到货款时　　C. 签订合同时　　D. 退货期满时

10. 尚未确认销售收入的售出商品发生销售退回的，应当冲减“(　　)”账户，同时增加“库存商品”账户。

A. 发出商品　　B. 主营业务收入　　C. 主营业务成本　　D. 银行存款

11. 在采用预收货款方式销售商品时，其商品销售收入的确认时点为(　　)。

A. 向购买方发出商品时　　B. 收到购买方预付款时

C. 所售商品生产完工时　　D. 购买方收到商品时

12. 小企业为鼓励客户多买商品，规定购买 10 件以上商品给予客户 10% 的折扣，该企业的这种行为属于（　　）。

A. 商业折扣　　B. 现金折扣　　C. 销售折让　　D. 商业折让

13. 下列各项中，不应在利润表“营业收入”项目列示的是（　　）。

A. 设备安装劳务收入　　B. 原材料销售收入

C. 固定资产出租收入　　D. 政府补助收入

14. 甲企业为增值税一般纳税人，在建造新厂房时，领用一批外购的原材料，对于增值税部分其正确的会计处理是（　　）。

A. 作进项税额不得抵扣处理

B. 作为销项税额处理

C. 作进项税额转出处理，并将进项税额转入在建工程成本

D. 将进项税额计入存货成本

15. 对于劳务的开始和完成分属不同会计期间的劳务收入，在提供劳务交易的结果能够可靠估计的情况下，下列收入确认中正确的是（　　）。

A. 按完成合同法确认收入　　B. 按完工百分比法确认收入

C. 按收款情况确认收入　　D. 按照实际发生的成本确认收入

16. 下列各项可采用完工百分比法确认劳务收入的是（　　）。

A. 劳务的结果无法可靠地估计

B. 在同一年度开始并完成的劳务

C. 跨年度的劳务，且劳务结果能可靠地估计

D. 销售需要安装和检验的商品

17. 企业转让无形资产使用权所取得的收入，应当记入（　　）账户。

A. 主营业务收入　　B. 其他业务收入

C. 营业外收入　　D. 投资收益

18. 小企业销售商品时代垫运杂费应记入（　　）账户。

A. 应收账款　　B. 预付账款

C. 其他应收款　　D. 应付账款

19. 小企业委托加工应纳消费税物资（非金银首饰）收回后用于连续生产应税消费品，其由受托方代收代缴的消费税，应记入的会计账户是（　　）。

A. 管理费用　　B. 委托加工物资

C. 营业税金及附加　　D. 应交税费——应交消费税

20. 某小企业本期应交增值税 8 000 元，应交城建税和教育费附加 800 元，应交房产税 3 000 元，应交土地使用税 2 000 元，则本期影响“营业税金及附加”账户的金额是（　　）元。

A. 14 800　　B. 800　　C. 3 800　　D. 5 800

21. 下列各项业务中，可以确认收入的是（ ）。

A. 企业销售的商品在质量、品种、规格等方面不符合合同或协议的要求，又未根据正常的保证条款予以弥补

B. 企业尚未完成售出商品的安装或检验工作，且安装或检验工作是销售合同或协议的重要组成部分

C. 销售合同或协议中规定了买方由于特殊原因有权退货的条款，且企业不能确定退货的可能性

D. 视同买断方式委托代销商品，双方协议明确规定，无论受托方是否卖出、是否获利，均与委托方无关

22. 恒通公司和远华公司均为增值税一般纳税人，适用的增值税税率为17%。2015年6月1日，恒通公司委托远华公司销售300件商品，协议价为每件80元，该商品的成本为50元。代销协议约定，远华公司在取得代销商品后，无论是否能够卖出、是否获利，均与恒通公司无关，商品已经发出，货款已经收到，则恒通公司在2015年6月1日应确认的收入为（ ）元。

A. 0　　B. 24 000　　C. 15 000　　D. 28 080

23. 2014年12月1日，A公司委托B公司销售商品60件，商品已发出，每件成本为600元，合同约定B公司应按每件1 000元对外销售，A公司按照售价的10%向B公司支付手续费。2014年12月31日，B公司对外实际销售50件，开出增值税专用发票注明的价款50 000元，增值税税额为8 500元，款项已收到，B公司向A公司开具代销清单，则当期A公司需要确认的收入金额为（ ）元。

A. 60 000　　B. 50 000　　C. 36 000　　D. 5 000

24. 下列各项收入中，不属于工业企业的其他业务收入的是（ ）。

A. 出售固定资产取得的净收益　　B. 出租固定资产取得的租金收入

C. 企业销售原材料取得的收入　　D. 出租无形资产所取得的收入

25. 某商场（一般纳税人）采用以旧换新方式销售冰箱一台，旧冰箱折价300元，向消费者收取现金700元，该笔业务的销项税额为（ ）元。

A. 51　　B. 145.30　　C. 170　　D. 68

26. 某工业企业为增值税小规模纳税人，2014年10月9日购入材料一批，取得的增值税专用发票上注明的不含税价款为21 200元，增值税税额为3 604元。该企业适用的增值税税率为3%，材料入库前的挑选整理费为200元，材料已验收入库。则该企业取得的材料的入账价值应为（ ）元。

A. 20 200　　B. 21 400　　C. 23 804　　D. 25 004

27. 某小企业是增值税一般纳税人，用银行存款缴纳本月增值税5 600元，则该企业应该作的会计处理是（ ）。

A. 借：应交税费——应交增值税（进项税额）　　5 600
　　贷：银行存款　　5 600
B. 借：应交税费——应交增值税（进项税额转出）　　5 600
　　贷：银行存款　　5 600
C. 借：应交税费——应交增值税（已交税金）　　5 600
　　贷：银行存款　　5 600
D. 借：应交税费——应交增值税（已交税金）　　5 600
　　贷：库存现金　　5 600

28. 甲企业销售 A 产品每件 500 元，若客户购买 100 件（含 100 件）以上可得到 10% 的商业折扣。乙公司于 2015 年 7 月 10 日向甲企业购买 A 产品 200 件，款项尚未支付。按规定现金折扣条件为 2/10，1/20，n/30（假定不考虑增值税）。甲企业于 7 月 28 日收到该笔款项。则甲企业该项业务应确认的增值税为（　　）元。

A. 17 000　　B. 15 300　　C. 15 147　　D. 16 830

29. 甲公司 2014 年 5 月 13 日与客户签订了一项工程劳务合同，合同期 9 个月，合同总收入 50 万元，预计合同总成本 35 万元；至 2014 年 12 月 31 日，实际发生成本 16 万元。甲公司按实际发生的成本占预计总成本的百分比确定劳务完成程度。在年末确认劳务收入时，甲公司发现，客户已发生严重的财务危机，估计只能从工程款中收回成本 15 万元。则甲公司 2014 年度应确认的劳务收入为（　　）万元。

A. 1　　B. 15　　C. 16　　D. 22.855

30. 某小企业于 2015 年 9 月接受一项产品安装任务，安装期 5 个月，合同总收入 30 万元，年度预收款项 20 万元，余款在安装完成时收回，当年实际发生成本 15 万元，预计还将发生成本 3 万元。2015 年年末请专业测量师测量，产品安装程度为 60%。则年末应确认的劳务收入为（　　）万元。

A. 30　　B. 20　　C. 18　　D. 15

二、多项选择题

1. 按小企业经营业务的主次不同，收入分为（　　）。

A. 主营业务收入　　B. 其他业务收入
C. 营业外收入　　D. 提供劳务收入

2. “主营业务收入”账户的借方登记（　　）。

A. 销售退回后应冲销的销售收入　　B. 实现的销售收入
C. 销售产品应缴纳的销售税金　　D. 转入“本年利润”账户的销售收入

3. 根据小企业会计准则的规定，下列项目中不应确认为收入的有（　　）。

A. 销售商品收取的增值税

B. 出售飞机票时代收的保险费

C. 小企业代收的消费税

D. 旅行社代客户购买景点门票收取的款项

4. 企业跨期提供劳务的，期末可以按照完工百分比法确认收入条件包括（　　　）。

A. 劳务总收入能够可靠地计量　　B. 相关的经济利益能够流入企业

C. 劳务的完成程度能够可靠地确定　　D. 劳务总成本能够可靠地计量

5. 小企业按规定计算的下列税金中，应计入营业税金及附加的有（　　　）。

A. 城镇土地使用税　　B. 印花税

C. 车船税　　D. 房产税

6. 下列有关收入的确认表述正确的有（　　　）。

A. 销售商品采用托收承付方式的，在办妥托收手续时确认收入

B. 销售商品采用支付手续费方式委托代销的，在收到代销清单时确认收入

C. 采用分期收款销售商品的收入确认时点为按照合同约定开出销售发票时

D. 采用以旧换新销售商品，销售的商品作为商品销售进行处理确认收入，回收的商品作为购进商品处理

7. 企业将无息票据贴现时，影响贴现息计算的因素有（　　　）。

A. 票据的面值　　B. 票据的贴现天数

C. 银行存款利率　　D. 贴现利率

8. 下列各项中，增值税一般纳税人需要计算确认增值税销项税额的有（　　　）。

A. 自制产成品用于对外投资

B. 自制产成品用于职工福利

C. 外购的生产用原材料发生非正常损失

D. 外购的生产用原材料改用于自建厂房

9. 下列各项业务的核算中，涉及“进项税额转出”的有（　　　）。

A. 购入免税农产品

B. 购进的货物发生非常损失

C. 在产品、产成品发生非常损失

D. 购进货物改变用途

10. 下列关于商业折扣、现金折扣和销售折让的说法中，正确的有（　　　）。

A. 商业折扣是企业为促进商品销售而在商品标价上给予的价格扣除，企业销售商品涉及商业折扣的，应当按照扣除商业折扣后的金额确定销售商品收入金额

B. 现金折扣是在销售商品收入金额确定的情况下，债权人为鼓励债务人在规定的期限内付款而向债务人提供的债务扣除

C. 当现金折扣实际发生时，需要冲减企业原确认的营业收入

D. 对于销售折让，一般销售行为在先，购货方希望售价减让在后，销售折让发生时，应当直接冲减当期销售商品收入

11. 下列增值税，应计入有关成本的有（　　）。

A. 以库存商品对外投资应支付的增值税

B. 小规模纳税企业购买应税商品时支付的增值税

C. 购进生产设备支付的增值税

D. 在建工程领用本企业生产的产品应缴的增值税

12. 下列关于收入的确认和计量的说法中，正确的有（　　）。

A. 如果销售商品不符合收入确认条件，则不应确认收入，已经发出的商品，则应通过“发出商品”账户进行核算

B. 预收款销售商品，企业通常将预收的货款确认为负债，在发出商品时确认收入

C. 销售商品涉及商业折扣的，应当按照扣除商业折扣后的金额确定销售商品收入金额

D. 以旧换新销售的方式下，销售的商品应当按照销售商品收入确认原则确认收入，回收的旧商品冲减原确认的收入

13. 一般纳税企业应交增值税明细账应该设置的专栏有（　　）。

A. 销项税额　　B. 进项税额

C. 出口退税　　D. 进项税额转出

14. 企业缴纳的下列各种税金中，可能通过“营业税金及附加”账户核算的有（　　）。

A. 增值税销项税额　　B. 消费税

C. 城市维护建设税　　D. 资源税

15. 下列有关收入确认的表述中，正确的有（　　）。

A. 如劳务的开始和完成分属于不同会计期间，应按完工百分比法确认收入

B. 在收取手续费方式下，委托代销方式销售商品时要在收到受托方开具的代销清单时确认收入

C. 资产使用费收入应当按合同规定确认

D. 在预收款销售方式下，收到货款时确认收入

三、判断题

1. 收入能够导致小企业的所有者权益增加，但导致所有者权益增加的不一定都是小企业的收入。（　　）

2. 小企业在确定商品销售收入时，应当考虑各种可能发生的现金折扣和销售折让。（　　）

3. 在采用买断方式委托代销商品的情况下，委托方应在发出代销商品时确认收入。（　　）

4. 小企业在销售收入确认之后发生的销售折让，应在实际发生时冲减发生当期的收入。( )

5. 小企业销售商品采用托收承付方式的，在发出商品时确认收入。( )

6. 现金折扣和销售折让，均应在实际发生时计入当期财务费用。( )

7. 小企业已经发生的劳务成本预计全部不能得到补偿的，应将已经发生的劳务成本计入当期损益，并确认提供劳务收入。( )

8. 小企业对外销售商品20万元，现金折扣为2/10，1/15，n/30，对方在销售后第13天付款，可以收取的价款金额为20万元。( )

9. 预收款销售方式下，销售方通常应在收到第一笔款时确认收入。( )

10. 某小企业为增值税小规模纳税人，销售产品一批，含税价格30 900元，增值税征收率为3%，该批产品应交增值税为900元。( )

11. 小企业如将自产货物用于在建工程，属于视同销售行为，会计上要作为销售处理，通过销售收入和销售成本核算，同时按规定计算缴纳增值税。( )

12. 小企业（增值税一般纳税人）对于购进的免税农产品，可以按照买价和规定的扣除率计算进项税额，并将计算的进项税额从其购买价格中扣除，以扣除后的余额作为购入农产品的采购成本入账。( )

13. 小规模纳税企业只需在“应交税费”账户下设置“应交增值税”明细账户，不需要在“应交增值税”明细账户中设置专栏。( )

14. 小企业计算出自产自用的应税产品应缴纳的资源税，应借记“营业税金及附加”账户，贷记“应交税费——应交资源税”账户。( )

15. 小企业收回的委托加工物资直接用于对外销售的，应将已由受托方代收代缴的消费税计入委托加工成本。( )

16. 小企业用自产应税消费品进行长期股权投资时，按规定应缴纳的消费税和增值税均应计入该项长期股权投资的初始投资成本。( )

17. 小企业转让某无形资产的所有权，应缴的营业税通过营业税金及附加核算。( )

18. 城市维护建设税和教育费附加是对从事生产经营活动的单位和个人，以其实际缴纳的增值税、消费税、营业税为依据而征收的一种税。( )

19. 小企业销售商品一批，即使商品的成本不能够可靠地计量，也要确认相关的收入。( )

20. 若小企业销售商品需要安装和检验，则在购买方接受商品以及安装和检验完毕时才能确认收入。( )

四、综合练习

1. 光明公司是小企业，为增值税一般纳税人。2014年11月份发生下列业务：

（1）1日，向甲公司销售A产品，开出的增值税专用发票上注明的销售价格为20 000元，增值税税额为3 400元，产品已经发出，同时向银行办妥了托收手续。该批产品成本为16 000元。

（2）5月28日向乙公司销售A产品，开出的增值税专用发票上注明的销售价格为80 000元，增值税税额为13 600元。本月3日，乙公司在验收过程中发现商品质量不合格，要求在价格上给予5%的折让。假定光明公司上月已确定销售收入，款项尚未收到，发生的销售折让允许扣减当期增值税税额，不考虑其他因素。

（3）10日，向丙公司销售A产品，开出的增值税专用发票上注明的销售价格为100 000元，增值税税额为17 000元。为及早收回货款，光明公司和丙公司约定的现金折扣条件为：2/10，1/20，n/30。

（4）15日，收到丙公司的扣除享受现金折扣后的全部款项，并存入银行。假定计算现金折扣时不考虑增值税。

（5）16日，与丁公司签订协议，采用预收款方式向丁公司销售B产品。该批商品实际成本为70 000元，协议约定，该批商品销售价格为100 000元，增值税税额为17 000元；丁公司应在协议签订时预付60%的货款（按销售价格计算），剩余货款于发出商品时支付。本日收到60%的预付款，存入银行。

（6）22日，委托泰达公司销售C产品200件，商品已经发出，每件成本为60元。合同约定泰达公司应按每件100元对外销售，光明公司按售价的10%向泰达公司支付手续费。

（7）25日，销售库存乙原材料获得收入10 000元，增值税1 700元，款项已收到，其成本为9 000元。

（8）28日，依据合同向丁公司发出B产品，收到剩余货款，存入银行。

（9）本月底，泰达公司对外实际销售100件，开出的增值税专用发票上注明的销售价格为10 000元，增值税税额为1 700元，款项已经收到。光明公司收到泰达公司开具的代销清单时，向泰达公司开具一张相同金额的增值税专用发票。假定光明公司发出商品时纳税义务尚未发生，不考虑其他因素。

要求：根据上述业务编制会计分录。

2. 小企业前进公司为增值税一般纳税人。2014年11月份发生下列业务：

（1）1日，向A公司销售商品1 000件，每件商品的标价为100元。为了鼓励多购商品甲公司同意给予A公司10%的商业折扣。开出的增值税专用发票上注明的售价总额90 000元，增值税税额为15 300元。商品已发出，货款已收存银行。

（2）7日，向B公司销售商品一批，开出的增值税专用发票上注明的售价总额80 000元，增值税税额为13 600元。光华公司为了及早收回货款，在合同中规定的现金折扣为2/10，1/20，n/30。

（3）11日，委托电视台对公司的产品进行广告宣传，支付广告费70 000元。

（4）13 日，收到 B 公司扣除享受现金折扣后的全部款项，并存入银行。假定计算现金折扣时不考虑增值税。

（5）15 日，向 C 公司销售商品一批，开出的增值税专用发票上注明的售价总额 120 000 元，增值税税额为 20 400 元。货款尚未收到。

（6）27 日，C 公司发现所购商品不符合合同规定的质量标准，要求光华公司在价格上给予 6% 的销售折让。光华公司经查明后，同意给予折让并取得索取折让证明单，开具了增值税专用发票（红字）。C 公司将其余货款均已支付。

要求：根据上述业务编制会计分录。

3. 小企业甲公司是增值税一般纳税人，适用的增值税税率为 17%，适用的所得税税率为 25%。销售单价除标明为含税价格外，均为不含增值税价格。甲公司 2014 年 11 月份发生如下业务：

（1）2 日，向乙企业赊销 A 产品 10 件，单价为 2 000 元，单位销售成本 1 000 元，约定的付款条件为：2/10，n/20。

（2）8 日，乙企业收到 A 产品后，发现有少量残次品，经双方协商，甲公司同意折让 5%。余款乙公司于 11 月 12 日偿还。假定计算现金折扣时不考虑增值税。

（3）甲公司经营以旧换新业务，11 月 9 日向丙公司销售 A 产品 2 件，单价为 2 340 元（含税价格），单位销售成本为 1 000 元；同时收到 2 件同类旧商品，每件回收价 100 元（不考虑增值税）；实际收到 4 480 元存入银行。

（4）接受神舟公司的委托，代其销售 E 产品 1 000 件，按售价的 10% 的收取手续费。E 产品双方的协议价为每件 200 元，甲公司已将受托的 E 产品按每件 200 元全部售出并同时收到款项。向神舟公司开出代销清单并收到神舟公司开具的增值税专用发票。甲公司扣除手续费后将剩余的款项归还给神舟公司。

（5）15 日，向戊企业销售材料一批，价格为 20 000 元，该材料发出成本为 16 000 元，当日收取面值为 23 400 元的银行承兑汇票一张。

（6）20 日，收到外单位租用本公司办公用房下一年度租金 100 000 元，款项已收存银行。

（7）30 日，接到法院通知应收佳美公司的货款 20 000 元因佳美公司破产无法收回。

要求：根据上述业务编制会计分录。

4. 小企业甲公司 2014 年 12 月发生下列经济业务：

（1）甲公司与 A 公司签订协议，采用分期收款方式向购货单位销售商品。协议约定，该批商品价格为 20 万元，货款分两次等额收取。当日商品全部发出，并收到第一部分货款，约定 2015 年 1 月 31 日收取另一半货款。该批产品成本为 14 万元。

（2）甲公司为 C 公司设计制造一套生产设备，合同价款 20 万元，签订合同时已收 15 万元，三个月后交货，当月制造工作尚未开始。

（3）甲公司与 D 公司签订一份设备安装合同（主营业务），合同总价款 30 万元，当期已收到15万元存入银行，已发生安装人工费10万元，其他费用4万元（用银行存款支付），预计还要发生6万元的安装成本，不考虑其他税费。

（4）上期销售一批商品价款20万元，成本12万元，增值税税率为17%，款已收到，本期因产品质量问题退货40%，退回的商品已入库，货款及税金已用银行存款支付。

要求：编制甲公司上述业务的会计分录（答案中的单位以万元表示）。

5. 甲公司是一家健身器材销售公司。2015年1月1日，甲公司向乙公司销售一批健身器材100件，单位销售价格为400元，单位成本为200元，开出的增值税专用发票上注明的销售价格为40 000元，增值税税额为6 800元。协议约定，乙公司应于2月1日之前支付货款，在6月30日之前有权退回健身器材。健身器材已经发出，款项尚未收到。假定甲公司根据过去的经验，估计该批健身器材退货率约为10%，实际发生销售退回时有关的增值税税额允许冲减，不考虑其他因素。

要求：根据以上资料，请按以下要求编制有关的会计分录。

（1）1月1日发出健身器材。

（2）1月31日收到货款并确认估计的销售退回（退货率约为10%）。

（3）6月30日退货期满无退货。

（4）6月30日发生销售退回，实际退货量为10件，款项已经支付。

（5）如果实际退货量为8件。

（6）如果实际退货量为15件。

（7）假定甲公司无法根据过去的经验估计该批健身器材的退货率，健身器材发出时纳税义务已经发生，不考虑其他因素。

①1月1日发出健身器材。

②2月1日前收到货款。

③6月30日退货期满没有发生退货。

④6月30日退货期满，发生40件退货。

6. A公司为一般纳税人，存货按实际成本核算，经营货物适用增值税税率17%、适用消费税税率10%，销售不动产的营业税为5%。2014年11月发生如下经济业务：

（1）向B公司采购甲材料，增值税专用发票上注明价款90 000元、增值税15 300元，另有运费200元，取得货物运输业增值税专用发票，材料已经验收入库，货款及运费以银行存款支付。

（2）销售乙产品500件，单位售价200元/件，单位成本150元；该产品需同时缴纳增值税与消费税。产品已经发出，货款已委托银行收取，相关手续办理完毕。

（3）销售自建自用办公楼，售价500 000元，已提折旧200 000元，固定资产原值600 000元。按5%计算营业税款，存入银行（处理转入清理、出售，计算应交营业税，结转损益业务）。

（4）收购农产品一批，实际支付款 8 000 元。我国增值税实施条例规定收购农产品按买价的 13% 的扣除率计算进项税额。农产品已验收入库。

（5）委托 D 公司加工一批原材料，发出材料成本为 100 000 元。加工费用 25 000 元，加工过程中发生的增值税 4 250 元、消费税 2 500 元，由受托单位代收代缴。材料加工完毕并验收入库，准备直接对外销售。加工费用和应缴的增值税、消费税已用银行存款与 D 公司结算。

（6）购入设备一台，增值税专用发票上注明价款 18 000 元、增值税 3 060 元。设备已投入使用，款项已通过银行存款支付。

（7）公司在建的办公大楼因施工需要，领用原材料一批，成本 5 000 元。

（8）月底对原材料进行盘点，盘亏金额 4 000 元，原因待查。

（9）经计算，本期销售产品应缴的城市维护建设税为 2 100 元，应缴的教育费附加为 900 元。

（10）经计算，本公司当年应缴的车船税为 1 440 元，房产税为 3 000 元，土地使用税为 1 600 元。

要求：对上述经济业务编制会计分录。

实务操作

【实训目的】

通过本实训，巩固学生所学的销售与收款业务知识，掌握销售商品收入业务、税款计算与缴纳业务账务处理方法，提升学生销售与收款业务的实务操作能力。

【实训要求】

1. 设置“主营业务收入”、“其他业务收入”、“主营业务成本”、“其他业务成本”、“应收账款”、“应收票据”、“预收账款”、“应交税费”和“营业税金及附加”明细账；

2. 审核原始凭证，依据审核无误的原始凭证编制记账凭证；

3. 根据记账凭证登记相关明细分类账。

【实训资料】

成都光正有限责任公司是从事 P1、P2 产品生产的小型制造企业。属于一般纳税人，增值税税率为 17%。所得税税率为 25%。

2014 年 11 月发生以下经济业务：

【业务 5-1】11 月 1 日，销售 P1 产品 40 台给成都天利有限责任公司，每台单价 1 000 元，货款 40 000 元，增值税税额 6 800 元，已收到价税款。（相关凭证见表 5-1～表 5-4）

表 5-1

产品销售通知单

第二联　财务联

购货单位：成都天利有限责任公司　　2014 年 11 月 01 日　　编号：141101

商品名称	商品编号	计量单位	数量	单价	金额	销售部门
P1产品	01	台	40	1 000.00	40 000.00	一部
合计	人民币（大写）肆万元整			¥ 40 000.00		

业务员：张　洁　　销售部门主管：王　芳　　财务部主管：张　丽

注：销售通知单一式三联，第一联销售部，第二联财务部，第三联购货单位。以下销售业务不再另附产品销售通知单。

表 5-2

产成品出库单

第二联　财务联

购货单位：成都天利有限责任公司　　2014 年 11 月 01 日　　编号：20141101

商品名称	规格型号	计量单位	出库数量	单位成本	总成本	备注
P1产品		台	40			单价1 000元/台
合计						

经办人：王　娟　　仓库主管：张　利　　质检员：李　亚　　库管员：恒　生

表 5-3

ICBC 中国工商银行　　进账单（收账通知）　3

2014年11月01日

收款单位	全称	成都光正有限责任公司	付款单位	全称	成都天利有限责任公司
	账号	4402905009090811111		账号	4402905009784829087
	开户银行	工商银行利华路支行		开户银行	工商银行光华路支行
金额	人民币（大写）	肆万陆仟捌佰元整		千百十万千百十元角分	¥4680000
票据种类	转账支票	票据张数	1		
票据号码					
复核　记账				2014年11月01日（收款人开户银行盖章）	

工商银行利华路支行 2014.11.01 转讫

表 5-4

四川增值税专用发票

此联不作报销、扣税凭证使用

No. 23053301

开票日期：2014年11月01日

购买方	名　　称：成都天利有限责任公司 纳税人识别号：510302908120312 地址、电话：成都市光华路33号 028-87268908 开户行及账号：工行光华路支行 4402905009784829087				密码区	（略）	
货物或应税劳务、服务名称	规格型号	单位	数量	单价	金额	税率	税额
P1产品		台	40	1 000.00	40 000.00	17%	6 800.00
合计					¥ 40 000.00		¥ 6 800.00
价税合计（大写）	⊗肆万陆仟捌佰元整				（小写）	¥46 800.00	
销货单位	名　　称：成都光正有限责任公司 纳税人识别号：510302758188888 地址、电话：成都市高新西区利华路22号 028-88886666 开户行及账号：工商银行利华路支行 4402905009090811111				备注	成都光正有限责任公司 510302758188888 发票专用章	

收款人：高　新　　复核：张　丽　　开票人：杨　册　　销售方：（公章）

第一联　记账联　销售方记账凭证

【业务 5-2】11 月 2 日，销售 P2 产品 30 台给广州吉豪有限责任公司，开出的增值税专用发票上注明售价为 24 000 元，增值税税额为 4 080 元；商品已经发出，并已向银行办妥委托收款手续。（相关凭证见表 5-5~表 5-7）

表 5-5

产成品出库单

第二联　财务联

购货单位：广州吉豪有限责任公司　　2014 年 11 月 02 日　　编号：20141102

商品名称	规格型号	计量单位	出库数量	单位成本	总成本	备注
P2产品		台	30			单价800元/台
合计						

经办人：王　娟　　仓库主管：张　利　　质检员：李　亚　　库管员：恒　生

表 5-6

托收凭证　（回单）　　1

委托日期：2014 年 11 月 02 日

<table>
<tr><td colspan="2">业务类型</td><td colspan="3">委托收款（☐邮划 ☑电划）</td><td colspan="5">托收承付（☐邮划 ☐电划）</td></tr>
<tr><td rowspan="3">付款人</td><td>全　称</td><td colspan="3">广州吉豪有限责任公司</td><td rowspan="3">收款人</td><td>全　称</td><td colspan="3">成都光正有限责任公司</td></tr>
<tr><td>账　号</td><td colspan="3">3402906789090819023</td><td>账　号</td><td colspan="3">4402905009090811111</td></tr>
<tr><td>地　址</td><td>广东省广州市</td><td>开户行</td><td>工行南海路支行</td><td>地　址</td><td>四川省成都市</td><td>开户行</td><td>工行利华路支行</td></tr>
<tr><td rowspan="2">金额</td><td colspan="4" rowspan="2">人民币（大写）贰万捌仟零捌拾元整</td><td colspan="5">千 百 十 万 千 百 十 元 角 分</td></tr>
<tr><td colspan="5">¥ 2 8 0 8 0 0 0</td></tr>
<tr><td colspan="2">项目款项</td><td>货款</td><td>托收凭据名称</td><td>发票</td><td colspan="3">附寄单证张数</td><td colspan="2">2张</td></tr>
<tr><td colspan="3">商品发运情况</td><td colspan="2">已发运</td><td colspan="3">合同名称号码</td><td colspan="2">AT1209</td></tr>
<tr><td colspan="3">备注：

复核　　记账</td><td colspan="2">款项收妥日期

年　月　日</td><td colspan="5">收款人开户银行盖章
年　月　日</td></tr>
</table>

表 5-7

四川增值税专用发票

此联不作报销、扣税凭证使用

No. 23053302

开票日期：2014年11月02日

购买方	名　　称：广州吉豪有限责任公司 纳税人识别号：410310105987321 地 址 、 电 话：广州市南海路28号 020-87290122 开户行及账号：工行南海路支行 3402906789090819023				密码区	（略）	
货物或应税劳务、服务名称	规格型号	单位	数量	单价	金额	税率	税额
P2产品		台	30	800.00	24 000.00	17%	4 080.00
合计					¥ 24 000.00		¥ 4 080.00
价税合计（大写）	⊗贰万捌仟零捌拾元整				（小写）　¥ 28 080.00		
销售方	名　　称：成都光正有限责任公司 纳税人识别号：510302758188888 地 址 、 电 话：成都市高新西区利华路22号 028-88886666 开户行及账号：工行利华路支行 44029050090908111111				备注	成都光正有限责任公司 510302758188888 发票专用章	

收款人：　　　复核：张　丽　　　开票人：杨　册　　　销售方：（公章）

第一联　记账联　销售方记账凭证

【业务 5-3】11 月 5 日，销售 P1 产品 40 台给成都光明有限责任公司，开出的增值税专用发票上注明售价为 40 000 元，增值税税额为 6 800 元；收到成都光明有限责任公司开出的银行承兑汇票一张。（相关凭证见表 5-8～表 5-10）

表 5-8

产成品出库单

第二联　财务联

购货单位：成都光明有限责任公司　　　2014 年 11 月 05 日　　　编号：20141103

商品名称	规格型号	计量单位	出库数量	单位成本	总成本	备注
P1产品		台	40			单价1 000元/台
合计						

经办人：王　娟　　　仓库主管：张　利　　　质检员：李　亚　　　库管员：恒　生

表 5-9

四川增值税专用发票

此联不作报销、扣税凭证使用

No. 23053303

开票日期：2014年11月05日

购买方	名　　　称：成都光明有限责任公司 纳税人识别号：510302909684093 地 址 、电 话：成都市抚琴路10号 028-87268201 开户行及账号：工商银行抚琴路支行 4402905009709382012				密码区	（略）	
货物或应税劳务、服务名称	规格型号	单位	数量	单价	金额	税率	税额
P1产品		台	40	1 000.00	40 000.00	17%	6 800.00
合计					¥40 000.00		¥6 800.00
价税合计（大写）	⊗肆万陆仟捌佰元整				（小写） ¥46 800.00		
销售方	名　　　称：成都光正有限责任公司 纳税人识别号：510302758188888 地 址 、电 话：成都市高新西区利华路22号 028-88886666 开户行及账号：工商银行利华路支行 4402905009090811111				备注	成都光正有限责任公司 510302758188888 发票专用章	

收款人：　　　复核：张　丽　　　开票人：杨　册　　　销售方：（公章）

第一联　记账联　销售方记账凭证

表 5-10

银行承兑汇票　　2

出票日期（大写）　贰零壹肆年 壹拾壹月 零伍 日　　　汇票号码

出票人全称	成都光明有限责任公司	收款人	全　　称	成都光正有限责任公司
出票人账号	4402905009709382012		账　　号	4402905009090811111
付款行全称	工商银行抚琴路支行		开户银行	工商银行利华路支行
出票金额	人民币（大写） 肆万陆仟捌佰元整		千 百 十 万 千 百 十 元 角 分	¥ 4 6 8 0 0 0 0
汇票到期日（大写）	贰零壹肆年零贰月零伍日	付款行	行号	101890388021
承兑协议编号	54088		地址	成都市抚琴路10号
本汇票请你行承兑，到期无条件付 成都光明有限责任公司 财务专用章 达曹印发 出票人签章	本汇票已做承兑，到期日由本行付款。 成都工商银行股份有限公司 汇票专用章 承兑行签章 承兑日期 2014年11月05日 条件：		复核	记账

10mm×17.5mm专用水印纸蓝油墨，出票金额栏加红水纹

此联收款人开户行随托收凭证寄付款行作借方凭证附件

【业务 5-4】11 月 8 日，公司与成都嘉华有限责任公司签订协议，采用分期收款方式向购货单位销售 P2 产品 30 台。协议约定，该批商品销售价格为 24 000 元，货款分两次等额收取。当日商品全部发出，并收到第一部分货款，约定 2015 年 1 月 8 日收取另一半货款。（相关凭证见表 5-11~表 5-13）

表 5-11

产成品出库单

第二联　财务联

购货单位：成都嘉华有限责任公司　　2014 年 11 月 08 日　　编号：20141104

商品名称	规格型号	计量单位	出库数量	单位成本	总成本	备注
P2产品		台	30			单价800元/台
合计						

经办人：王　娟　　仓库主管：张　利　　质检员：李　亚　　库管员：恒　生

表 5-12

四川增值税专用发票

此联不作报销、扣税凭证使用

No. 23053304

开票日期：2014年11月08日

第一联　记账联　销售方记账凭证

购买方	名　　称：成都嘉华有限责任公司 纳税人识别号：410319820183023 地 址 、电 话：成都市华清路19号 028-72019890 开户行及账号：农业银行华清路支行 64029067890192343				密码区	（略）		
货物或应税劳务、服务名称	规格型号	单位	数量	单价	金额	税率	税额	
P2加工费		台	15	800.00	12 000.00	17%	2 040.00	
合计					¥ 12 000.00		¥ 2 040.00	
价税合计（大写）	⊗壹万肆仟零肆拾元整				（小写）¥ 14 040.00			
销售方	名　　称：成都光正有限责任公司 纳税人识别号：510302758188888 地 址 、电 话：成都市高新西区利华路22号 028-88886666 开户行及账号：工行利华路支行 4402905009090811111				备注	成都光正有限责任公司 510302758188888 发票专用章		

收款人：高　新　　复核：张　丽　　开票人：杨　册　　销售方：（公章）

表 5-13

ICBC 中国工商银行　　进账单（收账通知）　3

2014年11月08日

收款单位	全　称	成都光正有限责任公司	付款单位	全　称	成都嘉华有限责任公司
	账　号	4402905009090811111		账　号	6402906789019234З
	开户银行	工商银行利华路支行		开户银行	农业银行华清路支行

金额	人民币（大写）	千	百	十	万	千	百	十	元	角	分
	壹万肆仟零肆拾元整			¥	1	4	0	4	0	0	0

票据种类	转账支票	票据张数	1
票据号码			
复核		记账	

工商银行利华路支行 2014.11.08 转讫

2014年11月08日
（收款人开户银行盖章）

【业务 5-5】11 月 10 日，成都光正有限责任公司与成都远东有限责任公司签订协议，采用预收款方式向购货单位销售 P2 机床 20 台。协议约定，该批商品销售价格为 16 000 元，增值税税额为 2 720 元；购货单位应在协议签订时预付 60% 的货款（包括增值税税款），剩余款项于发出商品时支付。（相关凭证见表 5-14）

表 5-14

ICBC 中国工商银行　　进账单（收账通知）　3

2014年11月10日

收款单位	全　称	成都光正有限责任公司	付款单位	全　称	成都远东有限责任公司
	账　号	4402905009090811111		账　号	64029067890909З8271
	开户银行	工商银行利华路支行		开户银行	工商银行南京路支行

金额	人民币（大写）	千	百	十	万	千	百	十	元	角	分
	壹万壹仟贰佰叁拾贰元整			¥	1	1	2	3	2	0	0

票据种类	转账支票	票据张数	1
票据号码			
复核		记账	

工商银行利华路支行 2014.11.10 转讫

2014年11月10日
（收款人开户银行盖章）

【业务 5-6】11 月 12 日，成都光正有限责任公司通过税银一体化缴纳上月应缴的增值税税款 8 000 元，出纳从银行取得电子缴款凭证。（相关凭证见表 5-15）

表 5-15

电子缴款凭证

国

17130110953

打印日期：2014 年 11 月 12 日

纳税人识别号	510302758188888		税务征收机关	成都市高新西区国税局第一税务分局		
纳税人全称	成都光正有限责任公司		银行账号	4402905009090811111		
系统税票号	税（费）种	税（品）目	所属时期	实缴金额	缴款日期	备注
w20140112420895	增值税	工业17%	2014-10-01至2014-10-31	8 000.00	2014-11-12	企业申报
金额合计	（大写）捌仟元整			¥ 8 000.00		
本缴款凭证仅作为纳税人记账核算凭证使用，电子缴税的，需与银行对账单电子划缴记录核对一致方有效。纳税人如需汇总开具正式完税凭证。请凭税务登记证或身份证明到主管税务机关开具。 税务机关（电子章）：四川省成都市国家税务局 专用章 5101065023670 电子缴款						
第一次打印						

【业务 5-7】11 月 15 日，成都光正有限责任公司收到华安有限责任公司交来的转账支票，预付设备安装费款 5 000 元。已到银行办妥手续。（相关凭证见表 5-16、表 5-17）

表 5-16

收 款 收 据

2014 年 11 月 15 日　　　　No：20140051

今　收　到　华安有限责任公司

交　　　来　安装费预付款

金额（大写）　人民币伍仟元整

¥5 000.00　　☐ 现金　　☑支票　　☐其他　　收款单位（盖章）成都光正有限责任公司 财务专用章

第二联 记账联

复核：张　丽　　会计：杨　册　　开票：杨　册　　收款：高　新

表 5-17

ICBC 中国工商银行　　进账单（收账通知）　3

2014 年 11 月 15 日

收款单位	全　称	成都光正有限责任公司	付款单位	全　称	华安有限责任公司
	账　号	440290500909081111		账　号	4402905121218038999
	开户银行	工商银行利华路支行		开户银行	工商银行晋阳路分理处
金额	人民币（大写）	伍仟元整		千百十万千百十元角分	¥500000
票据种类	转账支票	票据张数	1		
票据号码					
复核　记账				2014 年 11 月 15 日（收款人开户银行盖章）	

工商银行成南支行 2014.11.15 转讫

【业务 5-8】11 月 18 日，成都光正有限责任公司向成都建安有限责任公司销售 P1 产品 100 台。每台单价 1 000 元。由于是成批销售，公司给予购货方 10% 的商业折扣，并在销售合同中规定现金折扣条件为 2/10，1/20，N/30；商品当日发出。（相关凭证见表 5-18、表 5-19）

表 5-18

产品成品出库单

第二联　财务联

购货单位：成都建安有限责任公司　　2014 年 11 月 18 日　　编号：20141105

商品名称	规格型号	计量单位	出库数量	单位成本	总成本	备注
P1 产品		台	100			单价 900 元/台
合计						

仓库部门主管：王　娟　　仓库保管：张　利　　经手人：李　亚　　质检人：恒　生

表 5-19

四川增值税专用发票

此联不作报销、扣税凭证使用

No. 23053306

开票日期：2014年11月18日

购买方	名　　称：成都建安有限责任公司 纳税人识别号：510390710096542 地 址 、电 话：成都市上清路29号028-67509409 开户行及账号：工商银行上清路支行 4430928700832119986				密码区	（略）		
货物或应税劳务、服务名称		规格型号	单位	数量	单价	金额	税率	税额
P1产品			台	100	900.00	90 000.00	17%	15 300.00
合计						¥ 90 000.00		¥15 300.00
价税合计（大写）		⊗壹拾万零伍仟叁佰元整				（小写）　¥ 105 300.00		
销售方	名　　称：成都光正有限责任公司 纳税人识别号：510302758188888 地 址 、电 话：成都市高新西区利华路22号028-88886666 开户行及账号：工行利华路支行4402905009090811111				备注	成都光正有限责任公司 510302758188888 发票专用章		

收款人：　　　复核：张　丽　　　开票人：杨　册　　　销售方：（公章）

第一联　记账联　销售方记账凭证

【业务 5-9】11 月 20 日，成都光正有限责任公司委托四川美诚有限责任公司销售 P1 产品 50 台，商品已经发出。合同约定四川美诚有限责任公司应按每台 1 000 元对外销售，成都光正有限责任公司按售价的 10% 向四川美诚有限责任公司支付手续费。（相关凭证见表 5-20）

表 5-20

产成品出库单

第二联　财务联

购货单位：四川美诚有限责任公司　　　2014 年 11 月 20 日　　　编号：20141106

商品名称	规格型号	计量单位	出库数量	单位成本	总成本	备注
P1产品		台	50			单价1 000元/台
合计						

仓库部门主管：王　娟　　　仓库保管：张　利　　　经手人：李　亚　　　质检人：恒　生

【业务 5-10】11 月 21 日，成都光正有限责任公司向成都远东有限责任公司发出 P2 产品 20 台并收到剩余款项。（相关凭证见表 5-21～表 5-23）

表 5-21

产成品出库单

第二联　财务联

购货单位：成都远东有限责任公司　　2014 年 11 月 21 日　　编号：20141107

商品名称	规格型号	计量单位	出库数量	单位成本	总成本	备注
P2产品		台	20			单价800元/台
合计						

仓库部门主管：王　娟　　仓库保管：张　利　　经手人：李　亚　　质检人：恒　生

备注：此批发出商品已预收货款 60%。

表 5-22

四川增值税专用发票

此联不作报销、扣税凭证使用

No. 23053307

开票日期：2014年11月21日

购买方	名　　称：成都远东有限责任公司 纳税人识别号：310310098709128 地 址 、电 话：成都市南京路209号028-81987654 开户行及账号：工行南京路支行 6402906789090938271	密码区	（略）

货物或应税劳务、服务名称	规格型号	单位	数量	单价	金额	税率	税额
P2产品		台	20	800.00	16 000.00	17%	2 720.00
合计					¥ 16 000.00		¥ 2 720.00
价税合计（大写）	⊗壹万捌仟柒佰贰拾元整				（小写）¥ 18 720.00		

销售方	名　　称：成都光正有限责任公司 纳税人识别号：510302758188888 地 址 、电 话：成都市高新西区利华路22号028-88886666 开户行及账号：工行利华路支行4402905009090811111	备注	成都光正有限责任公司 510302758188888 发票专用章

收款人：高　新　　复核：张　丽　　开票人：杨　册　　销售方：（公章）

第一联　记账联　销售方记账凭证

表 5-23

ICBC 中国工商银行 进账单（收账通知） 3

2014 年 11 月 21 日

收款单位	全称	成都光正有限责任公司	付款单位	全称	成都远东有限责任公司
	账号	4402905009090811111		账号	6402906789090938271
	开户银行	工商银行利华路支行		开户银行	工商银行南京路支行
金额	人民币（大写）	柒仟肆佰捌拾捌元整		千百十万千百十元角分	¥7 4 8 8 0 0
票据种类	转账支票	票据张数 1			
票据号码					
复核		记账			2014 年 11 月 21 日（收款人开户银行盖章）

工商银行利华路支行 2014.11.21 转讫

【业务 5-11】11 月 23 日，公司厂房维修领用外购钢材，价值 6 000 元，购入时支付的增值税为 1 020 元。（相关凭证见表 5-24）

表 5-24

领料单

第二联 财务联

领料单位：办公室　　2014 年 11 月 23 日　　编号：123005　发料库：1 号库

材料编号	材料名称及规格	计量单位	数量 请领	数量 实发	单价	金额	用途
	扁钢	吨	2	2	3 000.00	6 000.00	维修厂房
合计						6 000.00	

部门主管：李志　　仓库主管：张伍一　　领料人：沈亚　　仓库保管：屈占有

【业务 5-12】11 月 25 日，公司上月销售给成都亚太有限责任公司的 40 台 P1 产品，由于质量问题发生退货。本公司凭从购货方取得的其主管税务机关开具的“开具红字增值税专用发票通知单”开具增值税红字发票，冲销退货当期收入，退回的 P1 产品已入库，当日办理了退货手续并支付了退货款。（相关凭证见表 5-25～表 5-28）

表 5-25

开具红字增值税专用发票通知单

填开日期：2014 年 11 月 25 日　　　　NO：50009870

销售方	名称	成都光正有限责任公司	购买方	名称	成都亚太有限责任公司	
	税务登记代码	510302758188888		税务登记代码	510301205709265	
开具红字专用发票内容	货物（劳务）名称	数量	单价	金额	税率	税额
	P1产品	−40	1 000	−40 000	17%	−6 800
	合计			¥−40 000		¥−6 800
说明	需要作进项税额转出☑					
	不需要作进项税额转出☐					
	纳税人识别号认证不符☐					
	专用发票代码、号码认证不符☐					
	对应蓝字专用发票密码区内打印的代码：8837609804					
	号码：23053305					
	开具红字专用发票理由：与合同规定质量不符销货退回。					
经办人：		负责人：			主管税务机关名称（印章）：	

（印章：成都国家税务局）

注：1．本通知单一式三联：第一联，申请方主管税务机关留存；第二联，申请方送交对方留存；第三联，申请方留存。
2．通知单应与申请单一一对应。

表 5-26

四川增值税专用发票

此联不作报销、扣税凭证使用

No. 23053309

开票日期：2014年11月25日

购买方	名　　称：成都亚太有限责任公司 纳税人识别号：510301205709265 地 址 、 电 话：成都市东安路107号028-86509431 开户行及账号：工商银行东安路支行4402909705099213023				密码区	（略）	
货物或应税劳务、服务名称	规格型号	单位	数量	单价	金额	税率	税额
P1产品		台	−40	1 000.00	−40 000.00	17%	−6 800.00
合计					¥−40 000.00		¥−6 800.00
价税合计（大写）	⊗负数肆万陆仟捌佰元整				（小写）	¥ −46 800.00	
销售方	名　　称：成都光正有限责任公司 纳税人识别号：510302758188888 地 址 、 电 话：成都市高新西区利华路22号028-88886666 开户行及账号：工商银行利华路支行4402905009090811111				备注	成都光正有限责任公司 510302758188888 发票专用章	

收款人：高　新　　复核：张　丽　　开票人：杨　册　　销售方：（公章）

第一联 记账联 销售方记账凭证

表 5-27

产成品出库单

第二联　财务联

购货单位：成都亚太有限责任公司　　2014 年 11 月 25 日　　编号：20141108

商品名称	规格型号	计量单位	出库数量	单位成本	总成本	备注
P1产品		台	-40			单价1000元/台
合计						

仓库部门主管：王　娟　　仓库保管：张　利　　经手人：李　亚　　质检人：恒　生

表 5-28

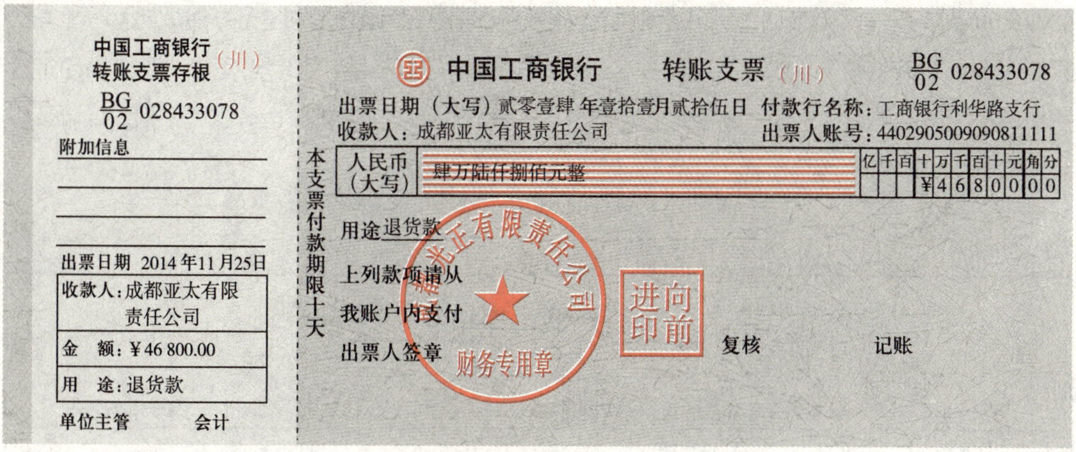
中国工商银行
转账支票存根（川）
BG 02 028433078
附加信息
出票日期 2014年11月25日
收款人：成都亚太有限责任公司
金　额：¥46 800.00
用　途：退货款
单位主管　　会计

中国工商银行　转账支票（川）　BG 02 028433078
出票日期（大写）贰零壹肆 年壹拾壹月贰拾伍日　付款行名称：工商银行利华路支行
收款人：成都亚太有限责任公司　出票人账号：4402905009090811111
本支票付款期限十天

人民币（大写）	亿	千	百	十	万	千	百	十	元	角	分
肆万陆仟捌佰元整				¥	4	6	8	0	0	0	0

用途 退货款
上列款项请从
我账户内支付
出票人签章　　光正有限责任公司 财务专用章　　进向印前
复核　　记账

【业务 5-13】11 月 27 日，公司收到成都建安有限责任公司本月 18 日购买产品应支付的货款。假定计算现金折扣时考虑增值税。（相关凭证见表 5-29）

表 5-29

ICBC 中国工商银行　　进 账 单 (收账通知)　　3

2014 年 11 月 27 日

收款单位	全　称	成都光正有限责任公司	付款单位	全　称	成都建安有限责任公司
	账　号	440290500909081111		账　号	4430928700832119986
	开户银行	工商银行利华路支行		开户银行	工商银行上清路支行
金额	人民币（大写）	壹拾万零叁仟壹佰玖拾肆元整		千百十万千百十元角分	¥10319400
票据种类	转账支票	票据张数	1		
票据号码					
复核		记账		工商银行利华路支行 2014.11.27 转讫　2014 年 11 月 27 日（收款人开户银行盖章）	

【业务 5-14】11 月 30 日，成都天利有限责任公司原购买的 P1 产品 40 台因已使用一年，破损严重，现要求以旧换新补差价，成都光正有限责任公司同意旧机床每台折价 250 元回收，新机床每台对外售价 1 000 元，现以 750 元差价销售给成都天利有限责任公司，双方按约定价格均开具了增值税专用发票。新机床已发出，旧机床已验收入库，差价已收到。（相关凭证见表 5-30～表 5-34）

表 5-30

产成品出库单

第二联　财务联

购货单位：成都天利有限责任公司　　2014 年 11 月 30 日　　编号：20141109

商品名称	规格型号	计量单位	出库数量	单位成本	总成本	备注
P1 产品		台	40			单价 1 000 元 / 台
合计						

仓库部门主管：王　娟　　仓库保管：张　利　　经手人：李　亚　　质检人：恒　生

备注：天利公司有 40 台 P1 旧产品换取光正公司的 40 台新产品，旧产品以 250 元 / 台计算折价，而新产品的售价为 1 000 元 / 台。天利公司补差价。

表 5-31

四川增值税专用发票

此联不作报销、扣税凭证使用

No. 23053308

开票日期：2014年11月30日

<table>
<tr><td rowspan="4">购买方</td><td colspan="4">名　　称：成都天利有限责任公司</td><td rowspan="4">密码区</td><td colspan="3" rowspan="4">（略）</td></tr>
<tr><td colspan="4">纳税人识别号：510302908120312</td></tr>
<tr><td colspan="4">地 址 、电 话：成都市光华路33号028-87268908</td></tr>
<tr><td colspan="4">开户行及账号：工商银行光华路支行 4402905009784829087</td></tr>
<tr><td colspan="2">货物或应税劳务、服务名称</td><td>规格型号</td><td>单位</td><td>数量</td><td>单价</td><td>金额</td><td>税率</td><td>税额</td></tr>
<tr><td colspan="2">P1产品</td><td></td><td>台</td><td>40</td><td>1 000.00</td><td>40 000.00</td><td>17%</td><td>6 800.00</td></tr>
<tr><td colspan="2">合计</td><td></td><td></td><td></td><td></td><td>¥ 40 000.00</td><td></td><td>¥ 6 800.00</td></tr>
<tr><td colspan="2">价税合计（大写）</td><td colspan="4">⊗肆万陆仟捌佰元整</td><td colspan="3">（小写）　¥ 46 800.00</td></tr>
<tr><td rowspan="4">销售方</td><td colspan="4">名　　称：成都光正有限责任公司</td><td rowspan="4">备注</td><td colspan="3" rowspan="4">成都光正有限责任公司 510302758188888 发票专用章</td></tr>
<tr><td colspan="4">纳税人识别号：510302758188888</td></tr>
<tr><td colspan="4">地 址 、电 话：成都市高新西区利华路22号028-88886666</td></tr>
<tr><td colspan="4">开户行及账号：工商银行利华路支行4402905009090811111</td></tr>
</table>

收款人：高　新　　复核：张　丽　　开票人：杨　册　　销售方：（公章）

第一联　记账联　销售方记账凭证

表 5-32

四川增值税专用发票

此联不作报销、扣税凭证使用

No. 23052103

开票日期：2014年11月30日

<table>
<tr><td rowspan="4">购买方</td><td colspan="4">名　　称：成都光正有限责任公司</td><td rowspan="4">密码区</td><td colspan="3" rowspan="4">（略）</td></tr>
<tr><td colspan="4">纳税人识别号：510302758188888</td></tr>
<tr><td colspan="4">地 址 、电 话：成都市高新西区利华路22号028-88886666</td></tr>
<tr><td colspan="4">开户行及账号：工商银行利华路支行4402905009090811111</td></tr>
<tr><td colspan="2">货物或应税劳务、服务名称</td><td>规格型号</td><td>单位</td><td>数量</td><td>单价</td><td>金额</td><td>税率</td><td>税额</td></tr>
<tr><td colspan="2">P1产品（旧）</td><td></td><td>台</td><td>40</td><td>250.00</td><td>10 000.00</td><td>17%</td><td>1 700.00</td></tr>
<tr><td colspan="2">合计</td><td></td><td></td><td></td><td></td><td>¥10 000.00</td><td></td><td>¥1 700.00</td></tr>
<tr><td colspan="2">价税合计（大写）</td><td colspan="4">⊗壹万壹仟柒佰元整</td><td colspan="3">（小写）　¥ 11 700.00</td></tr>
<tr><td rowspan="4">销售方</td><td colspan="4">名　　称：成都天利有限责任公司</td><td rowspan="4">备注</td><td colspan="3" rowspan="4">成都天利有限责任公司 510302908120312 发票专用章</td></tr>
<tr><td colspan="4">纳税人识别号：510302908120312</td></tr>
<tr><td colspan="4">地 址 、电 话：成都市光华路33号028-87268908</td></tr>
<tr><td colspan="4">开户行及账号：工商银行光华路支行4402905009784829087</td></tr>
</table>

收款人：李　伟　　复核：常　渝　　开票人：张　正　　销售方：（公章）

第三联　发票联　购买方记账凭证

抵扣联略

表 5-33

ICBC 中国工商银行　　进账单（收账通知）　3

2014年11月30日

收款单位	全称	成都光正有限责任公司	付款单位	全称	成都天利有限责任公司
	账号	440290500909081111		账号	4402905009784829087
	开户银行	工商银行利华路支行		开户银行	工商银行光华路支行
金额	人民币（大写）	叁万伍仟壹佰元整		千百十万千百十元角分	¥3510000
票据种类	转账支票	票据张数	1		
票据号码					
复核		记账		2014年11月30日（收款人开户银行盖章）	

工商银行利华路支行 2014.11.30 转讫

表 5-34

产成品出库单

第二联　财务联

购货单位：成都天利有限责任公司　　2014年11月30日　　编号：20141110

商品名称	规格型号	计量单位	出库数量	单位成本	总成本	备注
P1旧产品		台	-40			旧产品250元/台
合计			-40			

仓库部门主管：王娟　　仓库保管：张利　　经手人：李亚　　质检人：恒生

【业务 5-15】11 月 30 日，收到四川美诚有限责任公司的代销清单，当月实际对外销售 30 台。（相关凭证见表 5-35～表 5-38）

表 5-35

代销商品销售清单

代销单位（盖章）四川美诚有限责任公司　2014 年 11 月 30 日　　编号：12

产品名称	计量单位	销售数量	单价	金额	备注
P1产品	台	30	1 000	30 000	
合计		30		30 000	

四川美诚有限责任公司 财务专用章

经办人：张三丰

表 5-36

四川增值税专用发票

此联不作报销、扣税凭证使用

（印章：全国统一发票监制章 四川 国家税务总局监制）

No. 23053310

开票日期：2014年11月30日

购买方	名　　称：四川美诚有限责任公司 纳税人识别号：567509805095643 地址、电话：成都市建设路120号028-86093245 开户行及账号：工商银行建设路支行4402908032910904921				密码区	（略）		
货物或应税劳务、服务名称	规格型号	单位	数量	单价	金额	税率	税额	
P1产品		台	30	1 000.00	30 000.00	17%	5 100.00	
合计					¥ 30 000.00		¥ 5 100.00	
价税合计（大写）	⊗叁万伍仟壹佰元整				（小写）	¥ 35 100.00		
销售方	名　　称：成都光正有限责任公司 纳税人识别号：510302758188888 地址、电话：成都市高新西区利华路22号028-88886666 开户行及账号：工商银行利华路支行4402905009090811111				备注	（印章：成都光正有限责任公司 510302758188888 发票专用章）		

第一联 记账联 销售方记账凭证

收款人：高　新　　复核：张　丽　　开票人：杨　册　　销售方：（公章）

表 5-37

ICBC 中国工商银行　　**进账单**（收账通知）　3

2014 年 11 月 30日

收款单位	全　称	成都光正有限责任公司	付款单位	全　称	四川美诚有限责任公司
	账　号	4402905009090811111		账　号	4402908032910904921
	开户银行	工商银行利华路支行		开户银行	工商银行建设路支行

金额	人民币（大写）	叁万贰仟壹佰元整	千	百	十	万	千	百	十	元	角	分
					¥	3	2	1	0	0	0	0

票据种类	转账支票	票据张数	1
票据号码			

复核　　记账

（印章：工商银行利华路支行 2014.11.30 转讫）

2014 年 11 月 30日

（收款人开户银行盖章）

表 5-38

四川省国家税务局通用机打发票

发票联

发票代码：129128978931
发票号码：23030951

开票日期：2014 年 11 月 30 日　　行业分类：商业

付款单位名称：成都光正有限责任公司　　付款单位识别号：510302758188888

货物及劳务名称	规格	单位	单价	数量	金额
代销商品手续费			3 000.00		3 000.00

合计人民币（大写）叁仟元整　　合计：¥ 3 000.00

收款单位名称（盖章）　　收款单位开户银行及账号：工商银行建设路支行 4402908032910904921

收款单位识别号：567509805095643　　开票人：张三丰　　备注

第二联：发票联（购货单位付款凭证）（手开无效）

（本发票开具合计金额超过佰万元无效）

【业务 5-16】11 月 30 日，成都光正有限责任公司出售多余原材料钢材一批给成都光明有限责任公司，实际成本 6 000 元，售价 7 000 元，增值税 1 190 元，货款暂未收到。（相关凭证见表 5-39、表 5-40）

表 5-39

领 料 单

第二联　财务记账联

领料单位：销售部　　2014 年 11 月 30 日　　编号：123006　　发料库：1 号库

材料编号	材料名称及规格	计量单位	数量		单价	金额	用途
			请领	实发			
	角钢	吨	2	2	3 000.00	6 000.00	对外销售 3 500 元/吨
合计						6 000.00	

部门主管：李　志　　仓库主管：张任一　　领料人：沈　亚　　仓库保管：屈占有

表 5-40

四川省增值税专用发票

此联不作报销、扣税凭证使用

（印章：全国统一发票监制章 四川 国家税务总局监制）

No. 23053311

开票日期：2014年11月30日

购买方	名　　称：成都光明有限责任公司 纳税人识别号：510302909684093 地 址 、电 话：成都市抚琴路10号028-87268201 开户行及账号：工商银行抚琴路支行 4402905009709382012				密码区	（略）	
货物或应税劳务、服务名称	规格型号	单位	数量	单价	金额	税率	税额
角钢		台	2	3 500.00	7 000.00	17%	1 190.00
合计					¥ 7 000.00		¥ 1 190.00
价税合计（大写）	⊗捌仟壹佰玖拾元整				（小写）	¥ 8 190.00	
销售方	名　　称：成都光正有限责任公司 纳税人识别号：510302758188888 地 址 、电 话：成都市高新西区利华路22号028-88886666 开户行及账号：工商银行利华路支行4402905009090811111				备注	（印章：成都光正有限责任公司 510302758188888 发票专用章）	

第一联　记账联　销售方记账凭证

收款人：高　新　　复核：张　丽　　开票人：杨　册　　销售方：（公章）

【业务 5-17】11 月 30 日，成都光正有限责任公司接到法院通知，其客户光华公司资不抵债，已经宣布破产，其前欠 20 000 元货款确认为坏账损失。（相关凭证见表 5-41）

表 5-41

坏账损失确认通知

2014年11月30日

因光华公司破产，其债务20 000元无法偿还，经报总经理批准该单位应收款准予确认为坏账，予以注销。

总经理：方进财　　财务主管：张丽

2014年11月30日　　2014年11月30日

（印章：成都光正有限责任公司 财务专用章）

【业务 5-18】11 月 30 日，编制成都光正有限责任公司产品出库明细表并计算结转本月已销产品成本。（相关凭证见表 5-42～表 5-44）

表 5-42

产品出库明细表

编制时间：2014 年 11 月 30 日　　产品计量单位：台　　附出库单　张

出库日期	产品名称	出库数量	购货单位	销售方式	出库单编号	备注

审核：王　娟　张　丽　　制表人：孙　文

表 5-43

产品出库汇总表

2014 年 11 月 30 日　　编号：201411

产品名称	规格型号	计量单位	出库数量	备注
P1		台		
P2		台		

审核：张　丽　　制表人：孙　文

表 5-44

产品成本计算表

2014 年 11 月 30 日

产品名称	销售数量（台）	单位生产成本（元）	销售成本（元）
P1		600	
P2		500	
合计			

审核：张　丽　　　　制表人：孙　文

【业务 5-19】11 月 30 日，成都光正有限责任公司财务部人员根据应交增值税明细账页编制本月应交增值税计算表并将其余额结转到未交增值税。（相关凭证见表 5-45）

表 5-45

应交增值税计算表

2014 年 11 月 01 日至 11 月 30 日　　　　单位：元

项目				计税销售额	税额	备注
销项	应税货物	货物名称	适用税率			
销项	应税货物	P1产品	17%	100 000	17 000	
销项	应税货物	P2产品	17%	180 000	30 600	
销项	应税货物					
销项	应税货物	小计		280 000	47 600	
销项	应税劳务					
进项	本期可抵扣的进项税额				41 100	
进项	1. 增值税专用发票				41 100	
进项	2. 其他抵税凭证					
进项	进项税额转出				1 020	
进项	1. 厂房维修领用外购材料				1 020	
进项	2.					
应纳税额					7 520	

财务主管：张　丽　　　　制表：杨　册

【业务 5-20】11 月 30 日，经计算成都光正有限责任公司本期兼营餐饮收入应交营业税为 1 000 元。（相关凭证见表 5-46）

表 5-46

应交营业税计算表

2014 年 11 月 30 日

经营项目	计税营业额	适用税率	应交营业税额	备注
服务业—餐饮业	20 000	5%	1 000	
合计	20 000	—	1 000	

审核：张　丽　　　　制表：杨　册

【业务 5-21】成都光正有限责任公司 2014 年 11 月实际上缴增值税 8 000 元，营业税 1 000 元。该公司适用的城市维护建设税税率为 7%，教育费附加 3%，地方教育费附加 2%。（相关凭证见表 5-47）

表 5-47

应交城市维护建设税及教育费附加计算表

2014 年 11 月 30 日

项目	计提基数				比例	金额	备注
	增值税	营业税	消费税	合计			
城市维护建设税	8 000	1 000		9 000	7%	630	
教育费附加	8 000	1 000		9 000	3%	270	
地方教育费附加	8 000	1 000		9 000	2%	180	
合计	—	—	—	—		1 080	

审核：张　丽　　　　制表：杨　册

【业务 5-22】11 月 30 日，成都光正有限责任公司计算设备安装工程工人工资 5 000 元。（相关凭证见表 5-48）

表 5-48

职工薪酬费用分配表（简表）

2014 年 11 月 30 日

部门	应借账户	应付职工薪酬			合计
		基本工资	资金	……	
设备安装项目组	劳务成本	4 300.00	700.00		5 000.00
合计		4 300.00	700.00		5 000.00

审批：方进财　　　　复核：张　丽　　　　制表：孙　文

【业务 5-23】11 月 30 日，成都光正有限责任公司对华安有限责任公司的设备安装工程完工，开出增值发票确认设备安装收入 8 000 元，并结转劳务成本，余款下月收回。（相关凭证见表 5-49、表 5-50）

表 5-49

四川增值税专用发票

此联不作报销、扣税凭证使用

（印章：全国统一发票监制章　四川　国家税务总局监制）

No. 23053312

开票日期：2014年11月30日

购买方	名　　称：华安有限责任公司 纳税人识别号：510302926704591 地 址 、电 话：成都市抚琴路11号028-87265124 开户行及账号：工商银行晋阳路分理处 440290512121803899	密码区	（略）

货物或应税劳务、服务名称	规格型号	单位	数量	单价	金额	税率	税额
设备安装费				8 000.00	8 000.00	17%	1 360.00
合计					¥ 8 000.00		¥ 1 360.00
价税合计（大写）	⊗玖仟叁佰陆拾元整				（小写）　¥9 360.00		

销售方	名　　称：成都光正有限责任公司 纳税人识别号：510302758188888 地 址 、电 话：成都市高新西区利华路22号028-88886666 开户行及账号：工商银行利华路支行440290500909081111	备注	（印章：成都光正有限责任公司　510302758188888　发票专用章）

第一联　记账联　销售方记账凭证

收款人：　　　　复核：张　丽　　　　开票人：杨　册　　　　销售方：(公章)

表 5-50

劳务成本计算表（简表）

2014 年 11 月 30 日

工程项目	借方账户	材料费	人工费	……	合计
设备安装	其他业务成本		5 000.00		5 000.00
合计			5 000.00		5 000.00

审批：方进财　　复核：张　丽　　制表：孙　文

【业务 5-24】12 月 31 日，经计算成都光正有限责任公司本年应缴的各项财产税见表 5-51。

表 5-51

应交财产税计算表

2014 年 12 月 31 日　　单位：元

<table>
<tr><td>税种</td><td colspan="9">应纳税额计算</td></tr>
<tr><td rowspan="3">房产税</td><td>征收方式</td><td colspan="4">从价计征</td><td colspan="3">从租计征</td><td rowspan="2">应纳房产税税额合计</td></tr>
<tr><td>项目</td><td>房产原值</td><td>房产余值</td><td>税率</td><td>应纳税额</td><td>租金收入</td><td>税率</td><td>应纳税额</td></tr>
<tr><td>金额</td><td>2 000 000</td><td>1 600 000</td><td>1.2%</td><td>19 200</td><td>60 000</td><td>12%</td><td>7 200</td><td>26 400</td></tr>
<tr><td rowspan="3">车船税</td><td colspan="2">税目</td><td colspan="2">计税依据</td><td>单位税额</td><td>数量</td><td colspan="2">税额</td><td>应纳车船税合计</td></tr>
<tr><td colspan="2">微型客车</td><td colspan="2">每辆</td><td>360</td><td>3</td><td colspan="2">1 080</td><td rowspan="2">2 232</td></tr>
<tr><td colspan="2">货车</td><td colspan="2">按自重每吨</td><td>96</td><td>12</td><td colspan="2">1 152</td></tr>
<tr><td rowspan="2">城镇土地使用税</td><td colspan="4">应税面积</td><td colspan="4">税率</td><td>应纳土地使用税税额</td></tr>
<tr><td colspan="4">2 000</td><td colspan="4">12</td><td>24 000</td></tr>
<tr><td colspan="9">应交财产税总额</td><td>52 632</td></tr>
</table>

审核：张　丽　　制表：杨　册

第六部分

对外投资核算
同步练习与实训

对外投资是小企业生产经营的一项重要内容。对外投资按时间长短不同，分为短期投资和长期投资；按性质不同，分为权益性投资和债权性投资。小企业对外投资的目的是使企业资产效益最大化，或是为了谋求其他方面的利益，如为了获得市场或经营战略上的优势等。本部分要学习并进行实务操作的内容包括短期投资的核算和长期投资的核算。

内容小结

一、重点与难点

本部分主要内容包括：① 短期投资取得的核算；② 短期投资持有与处置的核算；③ 长期债权投资的核算；④ 长期股权投资的核算。

学习重点：取得短期投资成本的确定；短期投资持有期间债券利息及现金股利的核算；短期投资处置的核算；取得长期债券投资成本的确定；溢价或折价购入债券的核算；债券存续期计算应收利息及溢折价摊销的核算；长期债券投资处置的核算；取得长期股权投资成本的确定；长期股权投资取得及应收现金股利的核算；长期股权投资处置的核算。

学习难点：取得短期投资的会计处理及实务操作；短期投资处置的会计处理及实务操作；长期债券投资取得的会计处理及实务操作；长期债券投资存续期计算应收利息及溢折价摊销的会计处理及实务操作；长期债券投资处置的会计处理及实务操作；长期股权投资取得、计算确认应收现金股利及处置的会计处理及实务操作。

二、业务核算图示

项目一　短期投资的核算

1. 购买债券、股票等作为短期投资

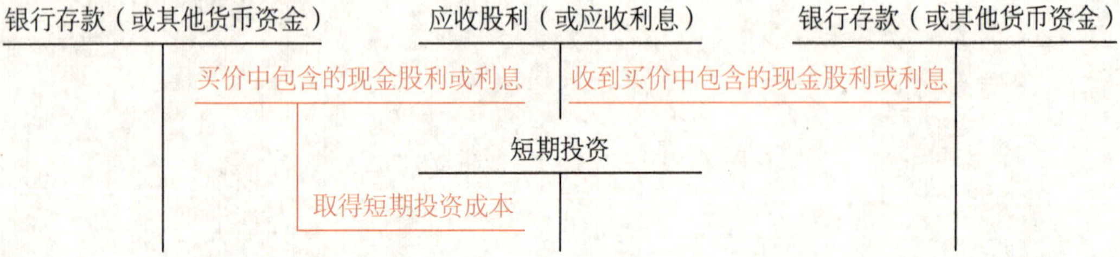

2. 短期投资持有期间发放的现金股利或债券利息

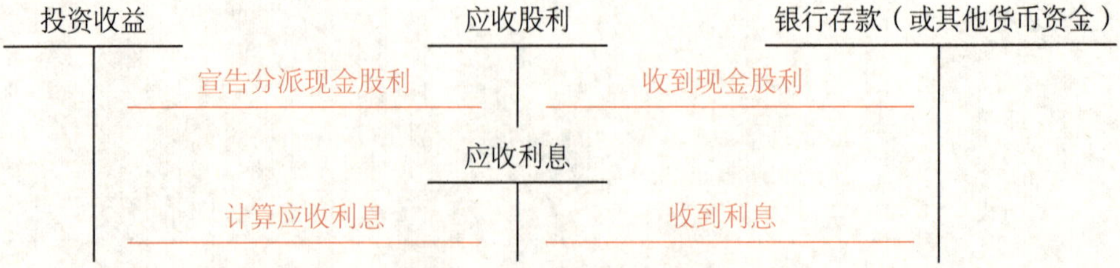

3. 出售短期投资业务核算

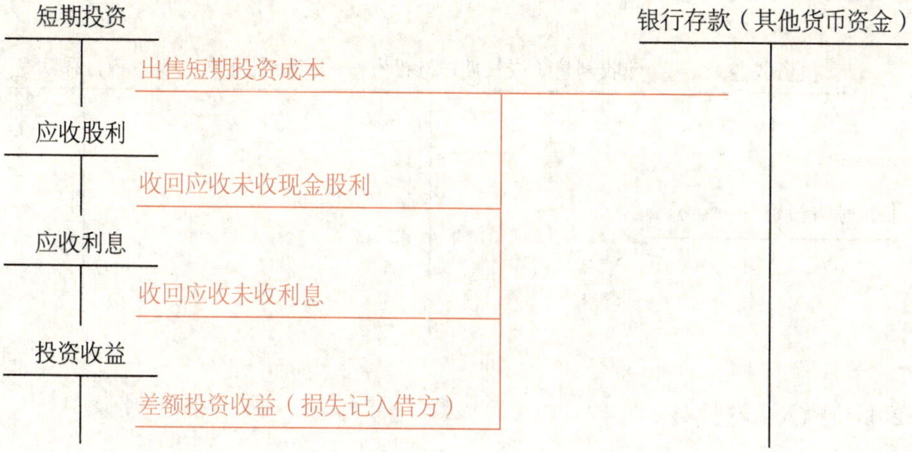

项目二　长期投资的核算

1. 长期债券投资

（1）取得长期债券投资（溢价购入）。

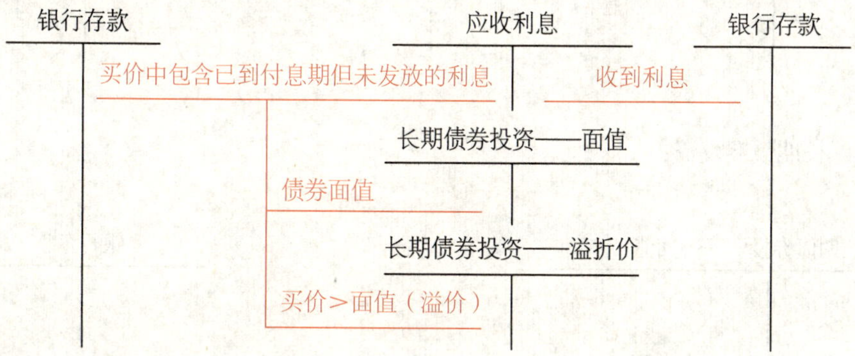

（2）取得长期债券投资（折价购入）。

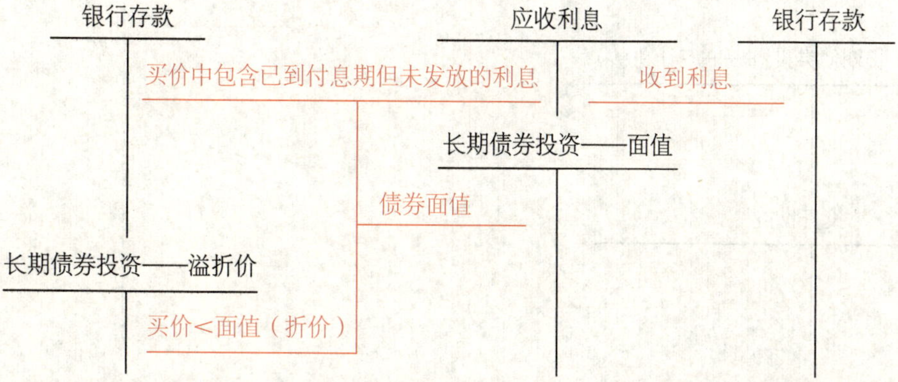

（3）债券存续期在应付利息日确认应收利息及收到利息。

① 溢价购入债券：

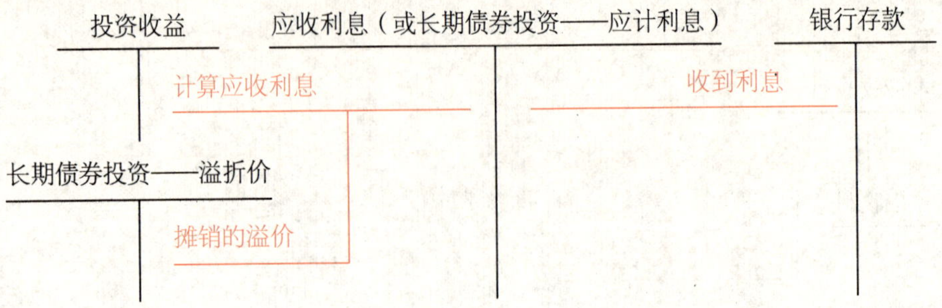

② 折价购入债券：

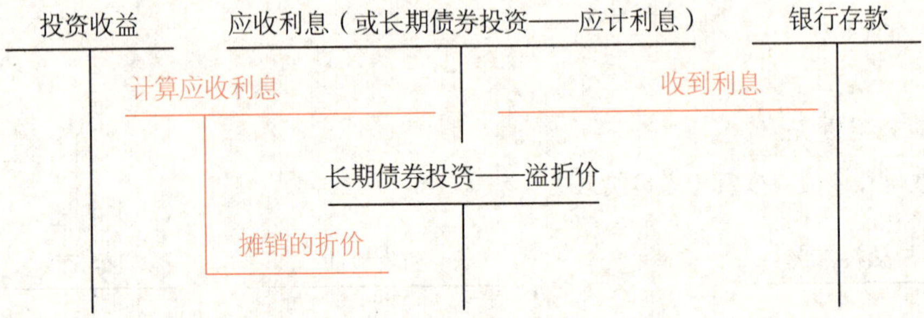

③ 处置长期债券投资：

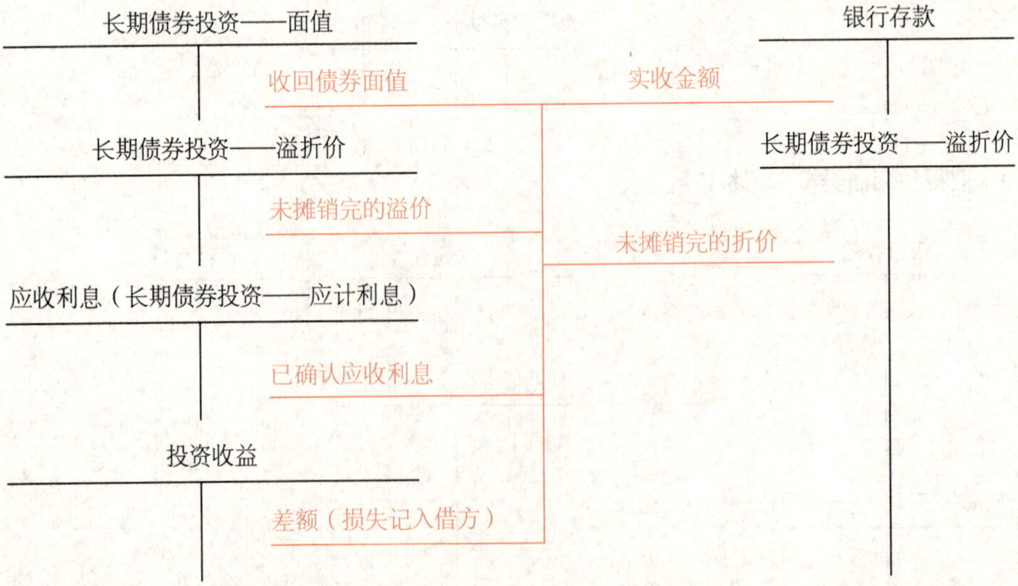

债券持有到期收回，“长期债券投资——溢折价”明细账户余额为零。

2. 长期股权投资

（1）长期股权投资的取得。

① 以货币投资或购入股票：

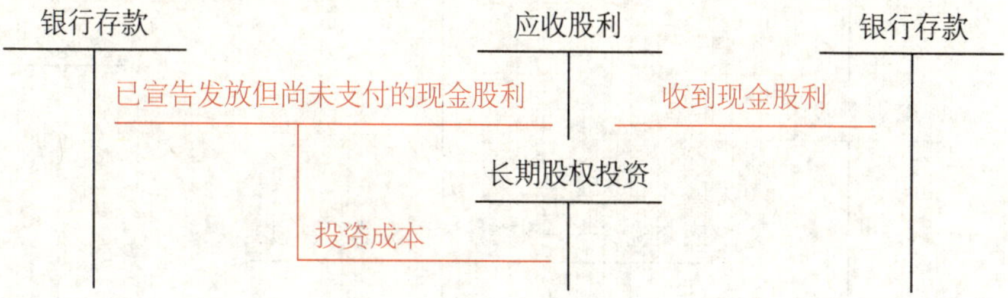

② 以原材料或商品对外投资：

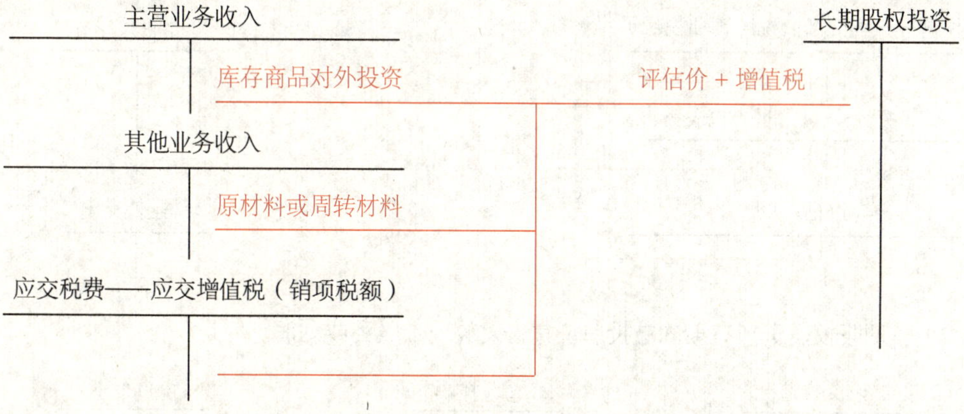

同时，结转库存商品或原材料的成本。

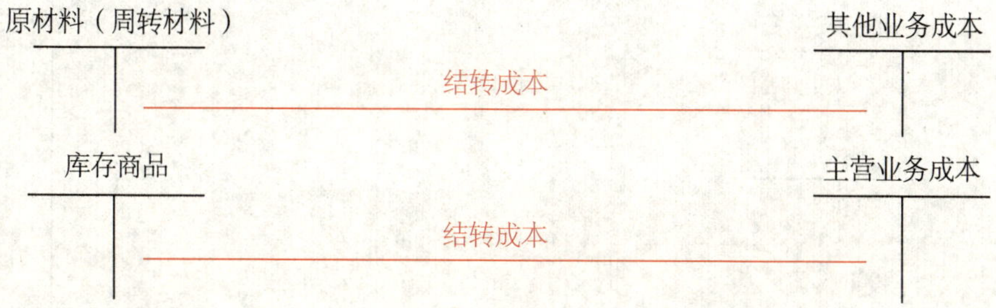

③ 以固定资产对外投资：

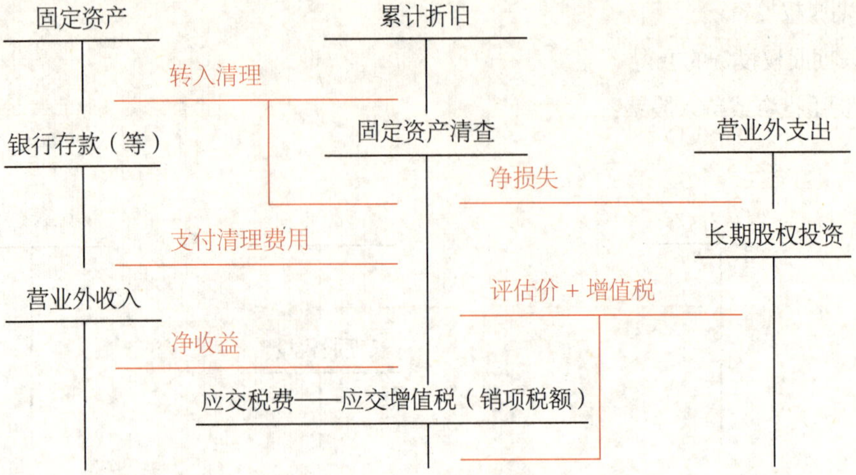

④ 以无形资产对外投资：

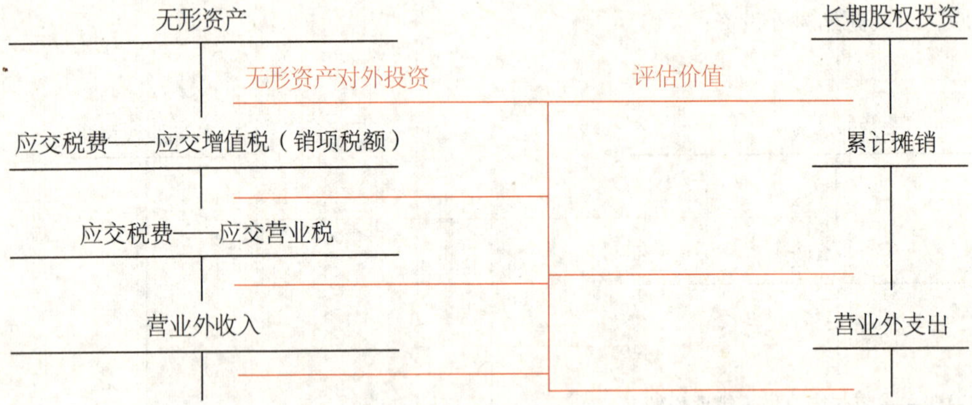

（2）长期股权投资持有期间被投单位宣告发放现金股利或利润。

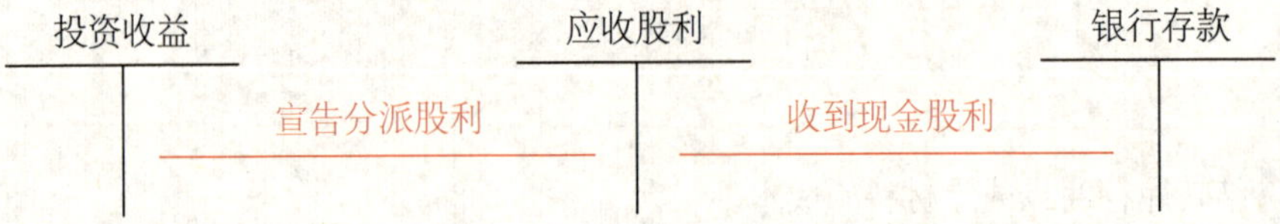

（3）出售长期股权投资业务核算。

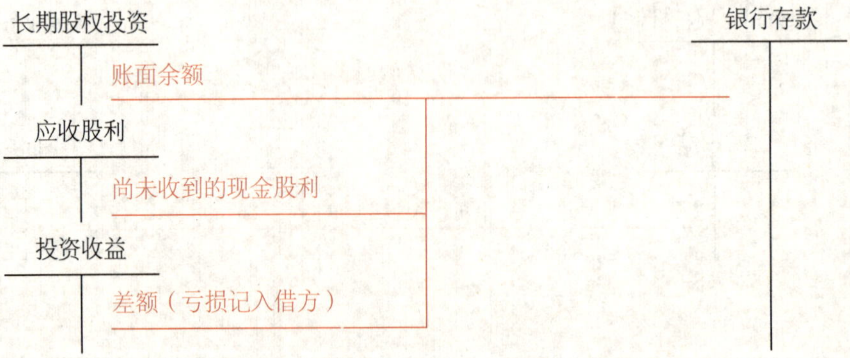

同步练习

一、单项选择题

1. 某小企业 2015 年 2 月 1 日购入海燕公司 15 万股股票作为短期投资，每股价格为 5 元。5 月 15 日收到海燕公司分派的现金股利 3 万元。收到分派的股利后，该小企业所持有的海燕公司股票每股成本为（　　）元。

A. 3.60　　B. 6.00　　C. 5.00　　D. 5.80

2. 企业取得短期投资支付的价款中包含已宣告但尚未发放的现金股利应当计入（　　）。

A. 投资成本　　B. 投资收益　　C. 应收股利　　D. 资本公积

3. 小企业购买分期付息的债券作为短期投资时，实际支付的购买价款中包含的已到付息期但尚未领取的债券利息，应记入的会计账户是（　　）。

A. 短期投资　　B. 投资收益　　C. 应收利息　　D. 财务费用

4. 下列项目中，不应计入短期投资取得成本的是（　　）。

A. 支付的购买价格　　B. 支付价款中包含的应收股利

C. 支付的手续费　　D. 支付的相关税金

5. 某小企业以 220 000 元将上月购入的短期股票予以出售，该批股票的账面余额为 200 000 元。则该企业记入“投资收益”账户的金额应为（　　）元。

A. 10 000　　B. 20 000　　C. 30 000　　D. 40 000

6. 某小企业 2014 年 1 月 6 日从二级市场购入一批蓝图公司发行的股票 100 万股作为短期投资，取得时公允价值为每股 5.2 元，含已宣告但尚未发放的现金股利为 0.2 元 / 股，另支付交易费用 5 万元，全部价款以银行存款支付。2014 年 1 月 16 日收到最初支付价款中所含现金股利。2014 年 7 月 21 日，蓝图公司宣告发放的现金股利为 0.3 元 / 股。2014 年 11 月 21 日，收到现金股利。2014 年 11 月 26 日，将该股票全部处置，每股 5.25 元，交易费用为 5 万元。该小企业处置该投资应确认的投资收益为（　　）万元。

A. 5　　B. 10　　C. 15　　D. 20

7. 在短期投资持有期间，被投资单位宣告分派的现金股利或在债务人应付利息日按照分期付息、一次还本债券投资的票面利率计算的利息收入，应当计入（　　）。

A. 主营业务收入　　B. 营业外收入　　C. 短期投资　　D. 投资收益

8. 下列各项中，在购入短期债券时不应计入其入账价值的有（　　）。

A. 债券的购买价款　　B. 支付的手续费

C. 支付的印花税　　D. 已到付息期但尚未领取的利息

9. 小企业在“长期债券投资”账户下，不需要设置的明细账户有（　　）。

A. 债券面值　　B. 债券溢折价　　C. 应计利息　　D. 应收利息

10.“长期债券投资”账户所属的“应计利息”明细账户借方登记的内容有（　　）。

A. 分期付息债券计提的利息　　B. 购入时含有的未到期的利息

C. 一次还本付息债券计提的利息　　D. 购入时含有的已到期的利息

11. 长期债券投资损失应当于实际发生时计入（　　）。

A. 投资收益　　B. 营业外支出　　C. 资本公积　　D. 其他业务成本

12. 小企业投资收益不包括（　　）。

A. 股权投资取得的现金股利　　B. 债券投资取得的利息收入

C. 股权投资取得的股票股利　　D. 处置股权投资和债券投资取得的净收入

13.《小企业会计准则》对长期股权投资的核算（　　）。

A. 只能采用权益法　　B. 只能采用成本法

C. 采用成本法和简易的权益法　　D. 采用权益法和简易的成本法

14. 小企业采用成本法核算长期股权投资时，实际收到被投资单位分派的现金股利时，应当（　　）。

A. 减少长期股权投资　　B. 计入投资收益

C. 增加实收资本　　D. 冲减应收股利

15. 小企业采用成本法核算长期股权投资时，股票持有期间被投资单位发放的现金股利，确认投资收益的时点是（　　）。

A. 实际收到现金股利时

B. 被投资单位宣告发放现金股利的股权登记日

C. 被投资单位宣告发放现金股利时

D. 被投资单位发放现金股利的除息日

16. 甲公司出资 11 万元，取得了乙公司 60% 的控股权，假如购买股权时乙公司的账面净资产价值为 15 万元，则甲公司确认的长期股权投资成本为（　　）万元。

A. 10　　B. 15　　C. 9　　D. 11

17. 某小企业 A 公司 2014 年 3 月 1 日以 20 万元购入 B 公司发行在外 1% 的股份，另支付了 0.06 万元相关税费，准备长期持有。2014 年 5 月 10 日，B 公司宣告发放 2013 年股利 10 万元。2014 年 5 月 20 日 A 公司收到上述股利。2015 年 1 月，该小企业 A 公司以 23 万元将该股权转让。该小企业 A 公司转让股权应确认（　　）。

A. 投资收益 7.94 万元　　B. 营业外支出 7.94 万元

C. 投资收益 2.94 万元　　D. 营业外收入 2.94 万元

18. 以支付现金取得的长期股权投资，应当按照（　　）作为初始投资成本。

A. 被投资企业所有者权益账面价值的份额

B. 实际支付的购买价款和相关税费

C. 被投资企业所有者权益公允价值的份额

D. 被投资企业所有者权益

19. A公司长期持有B公司1%的股权，采用成本法核算。2014年3月17日，该项投资账面价值为13万元。2014年度B公司实现净利润200万元，宣告发放现金股利60万元。假设不考虑其他因素，2014年12月31日该项投资账面价值为（　　）万元。

A. 15　　B. 13.8　　C. 13　　D. 16.2

20. 通过非货币性资产交换取得的长期股权投资，应当按照（　　）作为成本进行计量。

A. 公允价值

B. 账面价值

C. 换出非货币性资产的评估价值和相关税费

D. 市场价值

21. 小企业购买上市交易的股票，若支付的价款中含有已宣告但尚未发放的现金股利，应将这部分股利记入（　　）账户。

A. 短期投资　　B. 应收股利　　C. 投资收益　　D. 长期股权投资

22. 以非现金资产取得的长期股权投资，其成本应当包括相关税费和所换出的非现金资产的（　　）。

A. 历史成本　　B. 可变现净值　　C. 重置成本　　D. 评估价值

23. 在成本法下“长期股权投资”账户的余额表示的是（　　）。

A. 以市价反映的投资金额　　B. 以面值反映的投资金额

C. 以成本反映的投资金额　　D. 在被投资企业净资产中拥有的份额

二、多项选择题

1. 下列项目中，应计入短期投资取得成本的是（　　　）。

A. 实际支付的价款中含有的已到付息期但尚未领取的债券利息

B. 支付的购买价格

C. 支付的手续费

D. 支付的相关税费

2. 小企业核算实际收到短期投资的现金股利时，可能涉及的会计账户有（　　　）。

A. 投资收益　　B. 短期投资　　C. 应收股利　　D. 银行存款

3. 下列各项中，不应计入短期投资入账价值的有（　　　）。

A. 购买股票支付的买价

B. 支付的税金、手续费等

C. 支付的买价中包含的已到付息期但尚未领取的利息

D. 支付的买价中包含的已宣告但尚未发放的现金股利

4. 下列各项中，有关长期债券投资表述正确的是（　　）。

A. 长期债券投资应当按照购买价款和相关税费作为成本进行计量

B. 实际支付价款中包含的已到付息期但尚未领取的债券利息，应当单独确认为应收利息

C. 分期付息方式的债券应收利息应作为流动资产项目

D. 分期付息方式的债券应计利息计入长期债券投资的账面价值

5. 按小企业会计准则规定，下列各项可以记入“长期债券投资”账户借方的有（　　）。

A. 购买长期债券的买价　　B. 每期摊销的债券折价

C. 购买长期债券的税金、手续费　　D. 债券持有期间每期计提的应计利息

6. 有关长期债券投资表述不正确的是（　　）。

A. 长期债券投资应当按照购买价款和相关税费作为成本进行计量

B. 实际支付价款中包含的已到付息期但尚未领取的债券利息，应当单独确认为应收利息

C. 分期付息方式的债券应计利息计入长期债券投资的账面价值

D. 一次还本付息的债券应计利息不计入长期债券投资的账面价值，单独确认为应收利息

7. 根据《小企业会计准则》规定，属于小企业投资活动产生的现金流量的有（　　）。

A. 收回短期投资、长期债券投资和长期股权投资收到的现金

B. 取得投资收益收到的现金

C. 分配利润支付的现金

D. 短期投资、长期债券投资和长期股权投资支付的现金

8.《小企业会计准则》对长期股权投资的核算，错误的是（　　）。

A. 只能采用权益法核算　　B. 只能采用成本法核算

C. 采用成本法和简易的权益法核算　　D. 采用权益法和简易的成本法核算

9. 在下列项目中，可以构成长期股权投资成本的有（　　）。

A. 购买股票的价款

B. 购买股票时支付的相关税费

C. 实际支付的价款中包含已宣告但尚未发放的现金股利

D. 咨询费

10. 下列交易或事项中，会引起现金流量表“投资活动产生的现金流量净额”发生变化的有（　　）。

A. 购买股票支付的现金　　B. 向投资者派发的股票股利

C. 购建固定资产支付的现金　　D. 收到被投资单位分配的现金股利

11. 采用成本法核算长期股权投资，被投资单位宣告分派的现金股利，投资单位可能涉及的账户有（　　）。

A. 投资收益　　B. 利润分配　　C. 长期股权投资　　D. 应收股利

三、判断题

1. 小企业取得的短期投资采用历史成本计量，交易费用计入投资成本。（　　）

2. 短期股票投资持有期间，被投资单位宣告发放的现金股利，应当在实际收到时确认为投资收益。（　　）

3. 短期投资的成本是指取得投资时实际支付的全部价款。（　　）

4. 小企业“短期投资”应按照历史成本计量，对持有过程中发生的公允价值变动不做任何会计处理。（　　）

5. 短期投资持有期间获得的现金股利或利息收入，除已计入应收款项的现金股利和债券利息外，应在实际收到时作为投资成本的收回，冲减短期投资的账面价值。（　　）

6. 溢价购入债券时，购入企业按债券票面规定的利率所获得的利息数，加上溢价摊销部分，才等于债券投资的实际利息收入数。（　　）

7. 分期付息、一次还本的长期债券投资，在债务人应付利息日按照票面利息计算的应收未收利息收入，不增加长期债券投资的账面余额。（　　）

8. 折价购入债券时，购入企业按债券票面规定的利率所获得的利息数，减去折价的数额，才等于全部债券投资的利息收入数。（　　）

9. 债券的折价或者溢价在债券存续期间内于确认相关债券利息收入时采用直线法或实际利率法进行摊销。（　　）

10. 根据《小企业会计准则》的规定，小企业对外进行长期股权投资，可以采用成本法核算，也可以采用权益法核算。（　　）

11. 对长期股权投资采用成本法核算，投资后收到的现金股利和股票股利均应确认为投资收益。（　　）

12. 长期股权投资在成本法核算下，被投资单位宣告现金股利，投资方应确认投资收益。（　　）

13. 在成本法下，当被投资企业发生盈亏时，投资企业并不做账务处理；当被投资企业宣告分配现金股利时，投资方应将分得的现金股利确认为投资收益。（　　）

14. 小企业长期股权投资对被投资单位不具有控制权，投资期限届满或者投资期限已超过5年，且被投资单位因连续3年经营亏损导致资不抵债的，无法收回的长期股权投资，作为长期股权投资损失。（　　）

15. 通过非货币性资产交换取得的长期股权投资，应当按照换出非货币性资产的公允价值和相关税费作为成本进行计量。（　　）

16. 对长期股权投资的核算，尽管小企业会计准则与企业会计准则核算方法不同，但是整个投资环节对损益的累计影响是一致的，只不过对各会计期间当期损益的影响不同。（　　）

四、综合练习

1. 某小企业2014年1月12日购买绿叶公司发行的股票1 000股作为短期投资，实际支付价款和相关税费为15万元；2014年6月17日绿叶公司宣告每股发放现金股利11元；7月20日收到已宣告发放的现金股利1.1万元；9月16日出售全部股票，实际收到款项为170 000元。

要求：根据以上经济业务，编制会计分录。

2. 方吕有限责任公司2014年1月2日购入向阳公司当日发行的二年期债券。债券面值1 000元，债券的票面利率为10%，企业按1 050元的价格购入100张。该债券每年年末付息一次，最后一年还本并付最后一次利息。假定企业按年计算利息。

要求：根据以上经济业务，编制会计分录。

3. 新正有限责任公司，于2014年1月1日购入华丽公司当日发行的三年期债券作为长期投资，面值200 000元，票面利率3%，按年计息，到期一次还本付息。新正有限责任公司购买债券实际支付的购买价款和相关税费191 000元。采用直线法摊销债券溢折价。

要求：根据以上经济业务，编制会计分录。

4. 高华有限责任公司于2013年1月11日以银行存款7万元以及一项生产用闲置的固定资产，取得欢乐公司3%的股权。该闲置的固定资产账面原值为9.5万元，已提折旧4万元，评估值6万元，支付0.2万元的清理费用。此外另发生相关税费0.1万元。2013—2015年发生的有关业务内容如下：

（1）2013年，欢乐公司实现利润115万元。

（2）2014年3月13日，欢乐公司董事会提出2013年分配方案，按照2013年实现净利润的10%提取盈余公积，并发放现金股利50万元。

（3）2014年5月17日，欢乐公司股东会批准董事会提出的2013年分配方案。2014年7月6日，欢乐公司向各股东支付现金股利。

（4）2014年10—12月，欢乐公司连续出现了重大的运营错误，导致当年最终亏损370万元。

（5）2015年8月，高华有限责任公司决定转让持有的欢乐公司的股权，最终转让价款为9.63万元，转让款已经收到并存入银行。

公司从2013年1月1日起执行《小企业会计准则》。

要求：依据上述经济业务，编制相关会计分录。

实务操作

【实训目的】

通过本实训，巩固学生所学的投资业务知识，掌握投资业务的账务处理方法，提升学生投资业务的实务操作能力。

【实训要求】

1. 设置“短期投资”、“应收股利”、“应收利息”、“投资收益”、“长期股权投资”和“长期债券投资”明细账；

2. 审核原始凭证，依据审核无误的原始凭证编制记账凭证；

3. 根据记账凭证登记相关明细分类账。

【实训资料】

成都光正有限责任公司是从事 P1、P2 产品生产的小型制造企业。2014 年 12 月发生下列经济业务。

【业务 6-1】2014 年 12 月 1 日，成都光正有限责任公司通过证券资金账户购入可强公司（该公司为上市公司）股票 10 000 股作为短期投资，每股成交价 13.70 元（每股含已宣告尚未发放的股利 0.2 元），另支付佣金、过户费 600 元。（相关凭证见表 6-1）

表 6-1

1/12/2014	成交过户交割凭单		买
股东编号:	A 335 011 778	成交证券：可强股份	代码：633227
资金账号:	227 557	成交数量:	10 000（股）
股东姓名:	成都光正有限责任公司	成交价格:	13.70
申请编号:	633	成交金额:	137 000.00
申报时间:	11:21:32	标准佣金:	590.00
成交时间	11:38:27	过户费用:	10.00
上次余额:	0（股）	印花税:	0.00
本次成交:	10 000（股）	应付金额:	137 600.00
本次余额:	10 000（股）	附加费用:	0.00
本次库存:	10 000（股）	实付金额:	137 600.00

② 通知联

经办单位：金星证券西南东路营业部（印章）　　客户签章 杨册

【业务 6-2】12 月 1 日，成都光正有限责任公司以一项专利技术与成都方兴机械有限责任公司长期股权投资相交换，该专利技术的账面原值为 30 000 元，累计摊销为 10 000 元。该专利技术评估价值 21 000 元。（相关凭证见表 6-2、表 6-3）

表 6-2

专利技术评估明细表（资产评估报告中部分）

2014年12月01日　　　　单位：元

名称	规格	计量单位	数量	原价	累计摊销	评估价	备注
专利		项	1	30 000.00	10 000.00	21 000.00	
合计				30 000.00	10 000.00	21 000.00	

评估单位：四川立华资产评估事务所（印章）　　中国注册评估师：李新玉印　　中国注册评估师：张华立印

表 6-3

四川增值税普通发票

（全国统一发票监制章 四川 国家税务总局监制）

No. 2247991

开票日期：2014年12月01日

购买方	名称：成都方兴机械有限责任公司 纳税人识别号：510302758176767 地址、电话：成都市光先路10号　电话028-88261012 开户行及账号：工商银行光先路分理处4402905000907081014	密码区	（略）

货物或应税劳务、服务名称	规格型号	单位	数量	单价	金额	税率	税额
专利权			1	19 811.32	19 811.32	6%	1 188.68
合计					¥19 811.32		¥1 188.68
价税合计（大写）	⊗贰万壹仟元整				（小写）	¥21 000.00	

销售方	名称：成都光正有限责任公司 纳税人识别号：510302758188888 地址、电话：高新西区利华路22号　电话028-88886666 开户行及账号：工商银行利华路支行4402905009090811111	备注	（成都光正有限责任公司 510302758188888 发票专用章）

收款人：高　新　　复核：张　丽　　开票人：杨　册　　销售方：(公章)

第一联　记账联　销售方记账凭证

【业务6-3】12月1日，成都光正有限责任公司购入大同公司当日发行的2年期债券205张作为长期投资。债券每张面值100元，票面年利率6%，每年年末计提一次利息，到期一次还本付息。公司以银行存款支付20 500元。（相关凭证见表6-4、表6-5）

表6-4

收 款 收 据

2014年12月01日 No：20140111

今 收 到 成都光正有限责任公司

交 来 购大同债券款

金额（大写） 人民币贰万零伍佰元整

¥20 500.00 □现金 ☑支票 □其他 收款单位（盖章）

（印章：成都大同方兴有限责任公司 财务专用章）

第三联 付款方财务联

复核：李向方 会计：高 友 开票：张 新 收款：张 伟

表6-5

中国工商银行 转账支票存根（川）

BG 02 36299776

附加信息

出票日期 2014年12月01日

收款人：成都大同方兴有限责任公司

金 额：¥20 500.00

用 途：支付投资款

单位主管 张丽 会计 杨册

中国工商银行 转账支票（川） BG 02 36299776

出票日期（大写）贰零壹肆 年壹拾贰月零壹日 付款行名称：中国工商银行利华路支行

收款人：成都大同方兴有限责任公司 出票人账号：4402905009090811111

本支票付款期限十天

人民币（大写）	亿	千	百	十	万	千	百	十	元	角	分
贰万零伍佰元整				¥	2	0	5	0	0	0	0

用途 支付投资款

上列款项请从

我账户内支付

出票人签章 （印章：成都光正有限责任公司 财务专用章）（印章：方进 财印）

复核 记账

【业务6-4】2014年12月12日，可强公司宣告分派现金股利，本公司持有可强公司股票10 000股，计算确认应收现金股利为2 000元。（相关凭证见表6-6）

表 6-6

短期投资应收现金股利计算表

2014 年 12 月 12 日

短期股票投资	数量（股）	每股现金股利（元）	应收现金股利（元）
可强公司	10 000	0.20	2 000.00
合计	10 000	0.20	2 000.00

审核：张丽　　复核：高为　　制单：杨册

【业务 6-5】12 月 18 日，购入水井有限责任公司股票 10 000 股，每股价格 13.46 元，另支付相关税费 500 元。成都光正有限责任公司所拥有的股权占水井有限责任公司有表决权资本的 1%，并准备长期持有。（相关凭证见表 6-7～表 6-9）

表 6-7

出资证明

股东成都光正有限责任公司于 2014 年 12 月 18 日依法缴纳认缴的出资额，占注册资本的 1%。本公司特出据证明。

水井有限责任公司
2014 年 12 月 18 日

（印章：水井有限责任公司）

表 6-8

收 款 收 据

2014 年 12 月 18 日　　No：20140056

今　收　到　成都光正有限责任公司

交　　　来　投资款

金额（大写）人民币壹拾叁万伍仟壹佰元整

¥135 100.00　　□现金　　☑支票　　□其他　　收款单位（盖章）

（印章：水井有限责任公司 财务专用章）

复核：高飞　　会计：李杨　　开票：李杨　　收款：陈有利

表 6-9

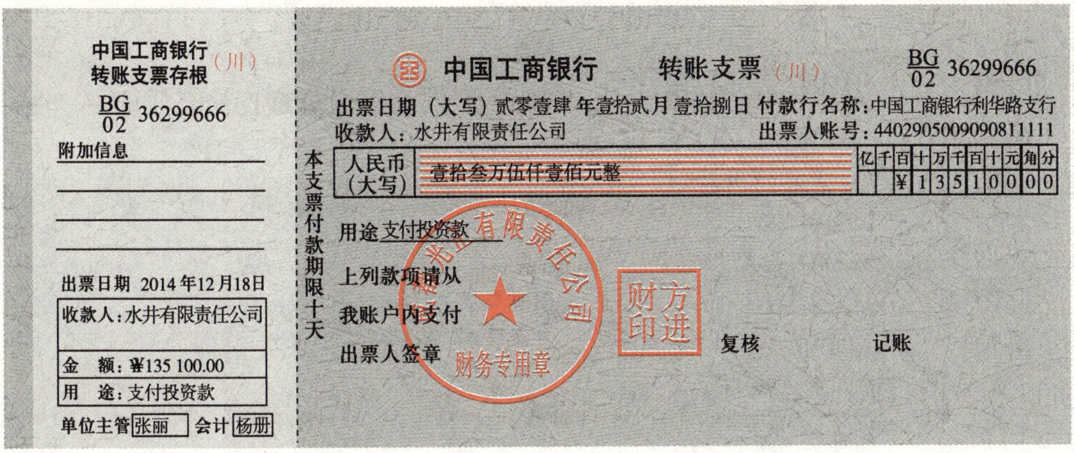

中国工商银行
转账支票存根（川）
BG 02 36299666
附加信息
出票日期 2014年12月18日
收款人：水井有限责任公司
金　额：¥135 100.00
用　途：支付投资款
单位主管 张丽　会计 杨册

本支票付款期限十天

中国工商银行　转账支票（川）　BG 02 36299666
出票日期（大写）贰零壹肆 年壹拾贰月 壹拾捌日 付款行名称：中国工商银行利华路支行
收款人：水井有限责任公司　出票人账号：4402905009090811111

人民币（大写）	壹拾叁万伍仟壹佰元整	亿	千	百	十	万	千	百	十	元	角	分
				¥	1	3	5	1	0	0	0	0

用途 支付投资款
上列款项请从
我账户内支付
出票人签章　成都光正有限责任公司 财务专用章　方进 财印　复核　记账

【业务 6-6】水井有限责任公司于 2014 年 12 月 10 日宣告分派现金股利 500 000 元。12 月 20 日，本公司确认应收现金股利 5 000 元。（相关凭证见表 6-10）

表 6-10

长期投资收益计算表

2014 年 12 月 20 日

被投资公司	投资比例	分派现金股利（元）	应收现金股利（元）
水井有限责任公司	1%	500 000.00	5 000.00
……		……	……
合计		500 000.00	5 000.00

审核：张丽　　复核：高为　　制单：杨册

【业务 6-7】12 月 24 日，成都光正有限责任公司收到现金股利 5 000 元存入银行。（相关凭证见表 6-11）

表 6-11

ICBC 中国工商银行　　资金汇划收报（贷方）补充凭证

收报行行号：102651001999
收报行行名：中国工商银行利华路支行
发报行行号：102651001666
发报行行名：中国工商银行水井支行
收报日期：2014年12月24日　　付款类型：非延时付款
流水号：021103659　　业务种类：网上银行付款指令
收款人账号：4402905009090811111
收款人户名：成都光正有限责任公司
付款人账号：4409235670606986529
付款人户名：水井有限责任公司
小写金额：¥5 000.00　　大写金额：伍仟元整
用途：支付现金股利

工商银行四川省分行营业部 电子回单专用章

打印次数：1　（打印回单，注意重复）　　打印时间：2014-12-24 10:26

【业务 6-8】2014 年 12 月 25 日，以每股 15 元的价格转让水井有限责任公司股票 5 000 股，另支付手续费 300 元，收到 747 000 元存入银行。（相关凭证见表 6-12）

表 6-12

ICBC 中国工商银行　　资金汇划收报（贷方）补充凭证

收报行行号：102651001999
收报行行名：中国工商银行利华路支行
发报行行号：10265100166
发报行行名：中国工商银行水井支行
收报日期：2014年12月25日　　付款类型：非延时付款
流水号：021103659　　业务种类：网上银行付款指令
收款人账号：4402905009090811111
收款人户名：成都光正有限责任公司
付款人账号：4409235670606986529
付款人户名：水井有限责任公司
小写金额：¥74 700.00　　大写金额：柒万肆仟柒佰元整
用途：支付收回投资款

工商银行四川省分行营业厅 电子回单专用章

打印次数：1　（打印回单，注意重复）　　打印时间：2014-12-25 10:26

【业务 6-9】2014 年 12 月 29 日，成都光正有限责任公司出售其所持有的可强公司的股票 10 000 股，每股售价 15.9 元，发生佣金及过户费 900 元，实际收到 158 100 元，款项已存入银行。（相关凭证见表 6-13）

表 6-13

成交过户交割凭单　　29/12/2014　　卖

股东编号：	A 335 011 778	成交证券：可强股份	代码：633227
资金账号：	227 556	成交数量：	10 000（股）
股东姓名：	成都光正有限责任公司	成交价格：	15.90
申请编号：	3257	成交金额：	159 000.00
申报时间：	10:15:42	标准佣金：	779.00
成交时间	11:27:20	过户费用：	11.00
上次余额：	10 000（股）	印花税：	110.00
本次成交：	10 000（股）	应收金额：	158 100.00
本次余额：	0（股）	附加费用：	0.00
本次库存：	0（股）	实收金额：	158 100.00

②通知联

经办单位：金星证券西南东路营业部　　客户签章　杨册

【业务 6-10】2014 年 12 月 31 日，计提大同债券利息（计算利息并进行会计处理）。（相关凭证见表 6-14）

表 6-14

长期债券利息计算与溢折价摊销表

2014 年 12 月 31 日

收息日期	应收利息	投资收益	摊销的溢折价
合计			

审核：　　复核：　　制单：

第七部分

生产经营成果核算
同步练习与实训

小企业的生产经营成果包括实物形态和价值形态。实物形态表现为小企业生产的商品产品等，价值形态表现为小企业的营业收入和利润等。营业收入的核算等已在前面相关部分介绍，本部分侧重介绍小企业的利润和利润分配的核算。创造并实现利润是小企业的基本经营目标，分配利润是回报企业投资人的方式，也是保持企业持续经营的重要基础。本部分学习并进行实务操作的基本内容包括非日常生产经营活动收入和支出的核算和本年利润及利润分配的核算。

内容小结

一、重点与难点

本部分主要内容包括：① 营业外收入的核算；② 营业外支出的核算；③ 本年利润的核算；④ 利润分配的核算。

学习重点：营业外收入的内容，营业外支出的内容；营业外收入的核算；营业外支出的核算；本年利润的核算；所得税费用的核算；利润的分配顺序及利润分配的核算。

学习难点：营业外收入、政府补贴的会计处理；期末各损益类账户发生额的结转及实务操作；所得税费用的计算及年度纳税调整；本年利润及利润分配的会计处理及实务操作。

二、业务核算T形账户图示

项目一　非日常生产经营活动收入与支出的核算

1. 营业外收入的核算

（1）收到与资产相关的政府补助。

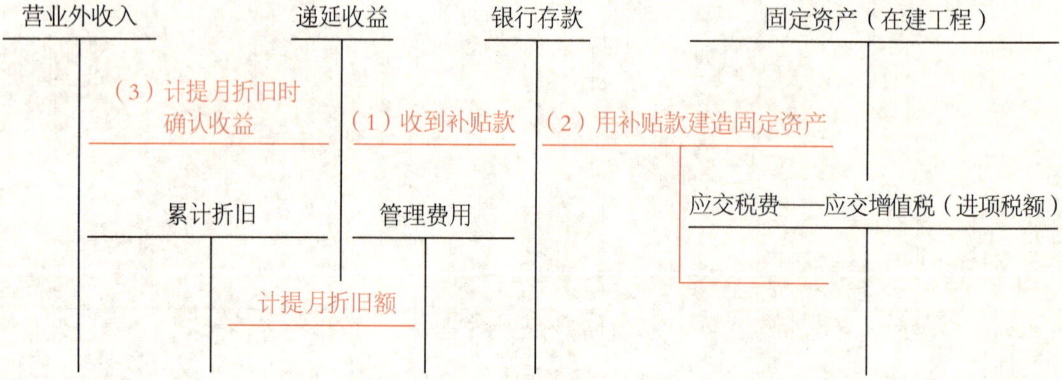

（2）收到所得税、增值税（不含出口退税）、消费税和营业税等先征后返的补助款。

（3）小企业按规定收到政府拨付的特定项目的补助款，用于弥补以后期间的相关费用和损失。

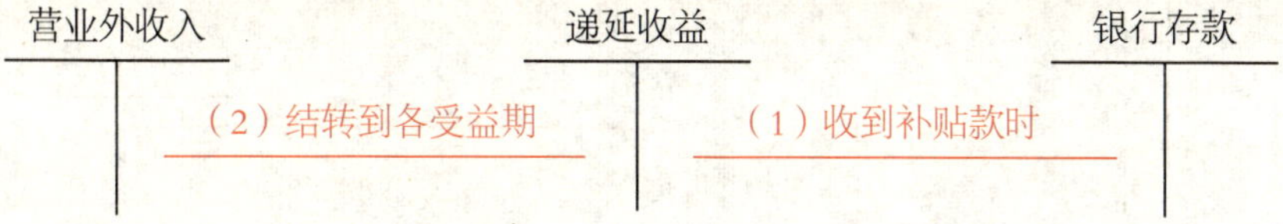

（4）接受捐赠。

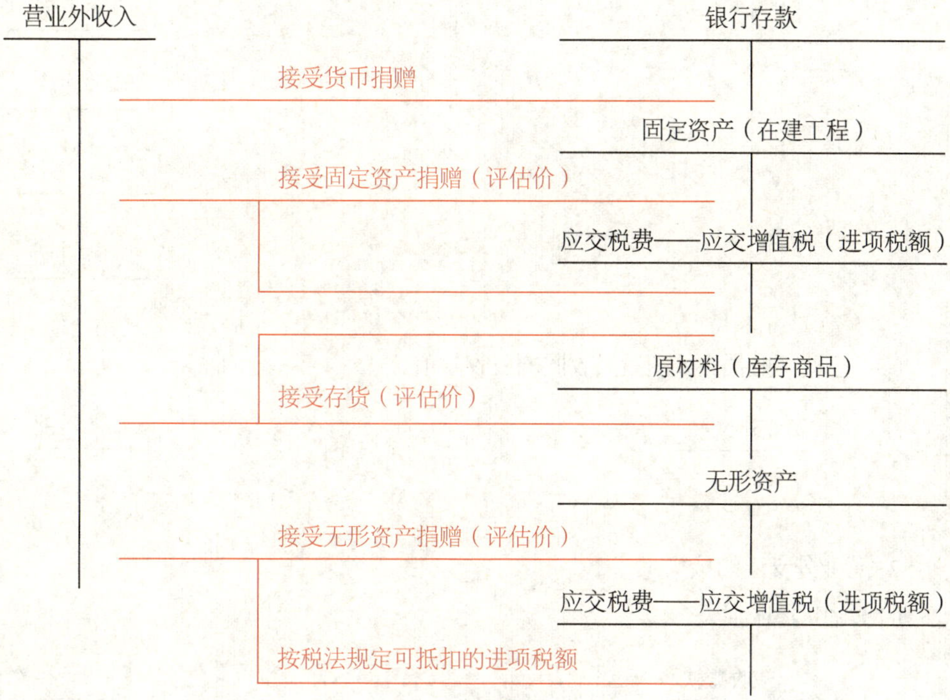

（5）出租包装物和商品的租金收入。

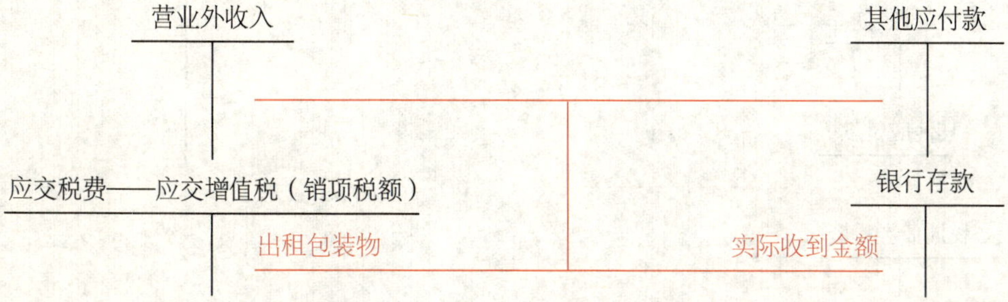

（6）违约金、罚款及赔款收益。

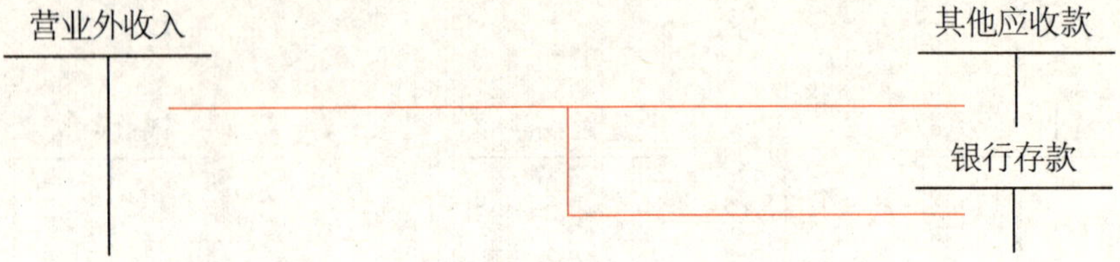

（7）确实无法偿付应付款项。

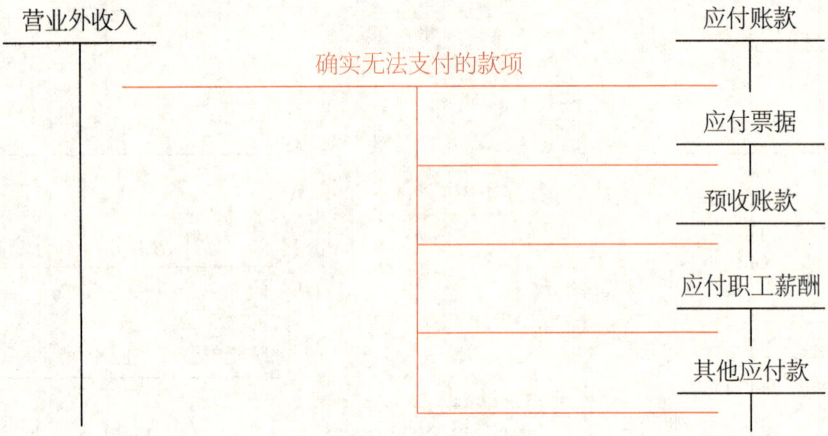

（8）已作坏账损失处理后又收回的应收款项。

2. 营业外支出的核算

（1）确认坏账损失。

（2）无法收回长期股权投资。

（3）捐赠支出。

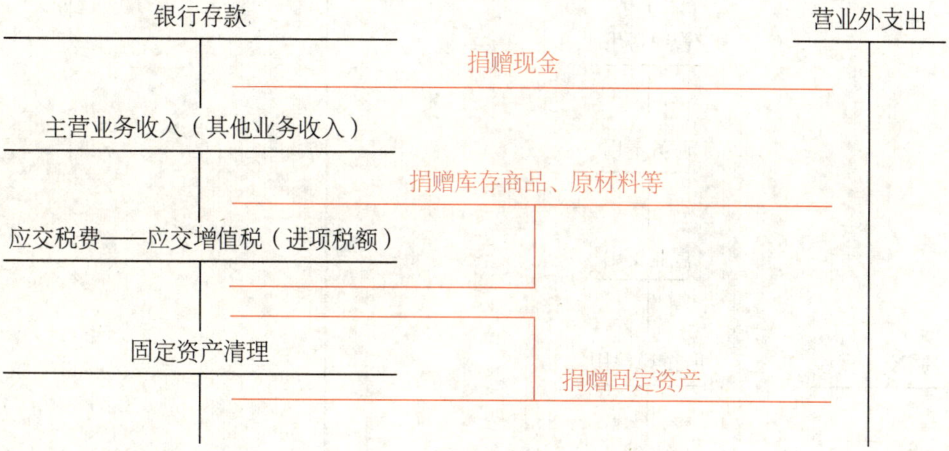

结转成本：

（4）税收滞纳金、罚金或罚款等支出。

项目二　本年利润和利润分配的核算

1. 本年利润结账

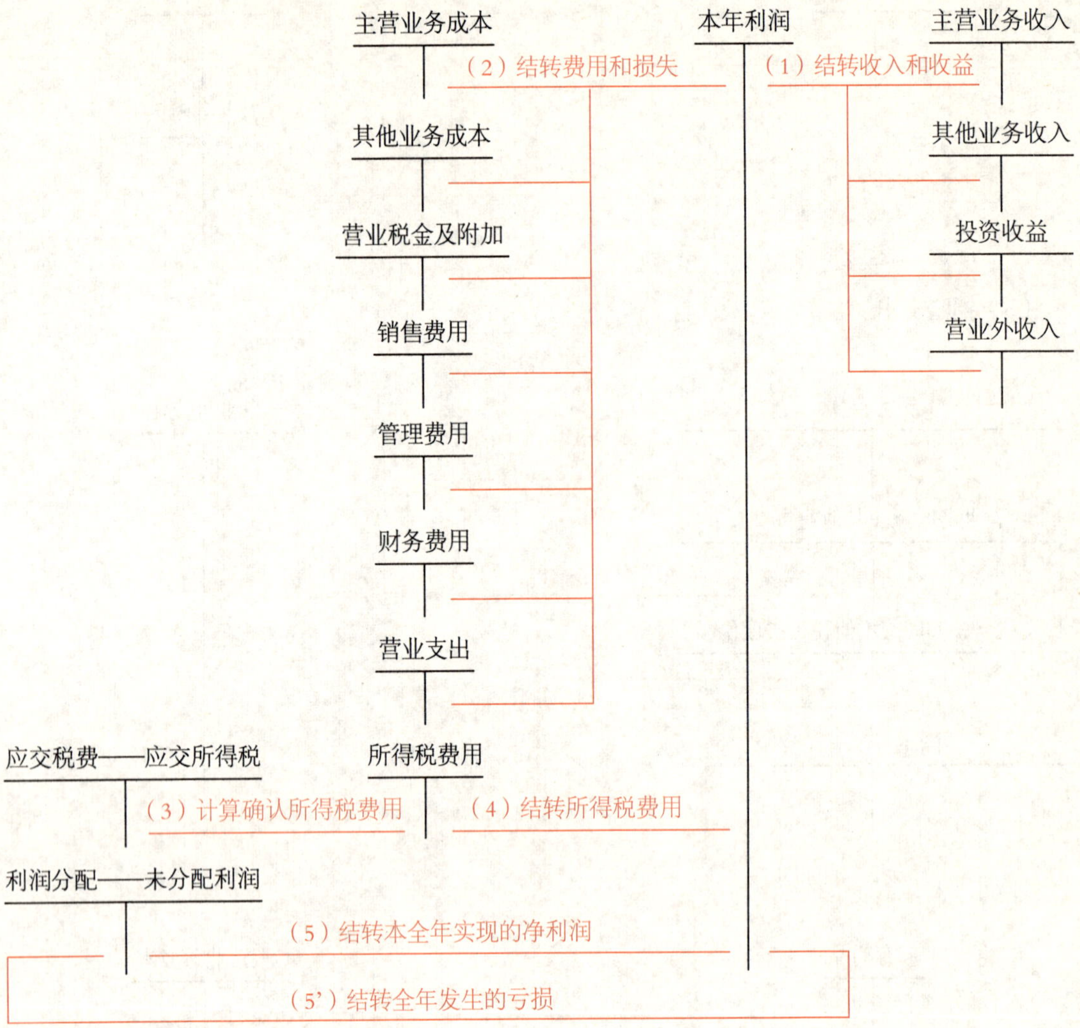

2. 利润分配及利润分配内部结转

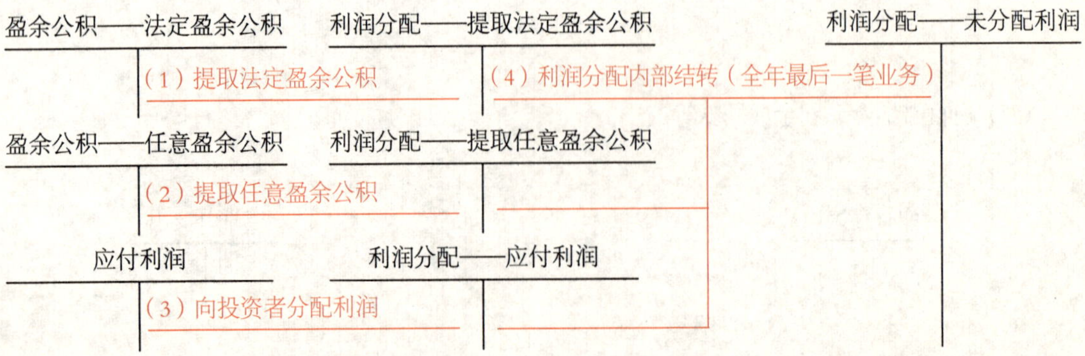

同步练习

一、单项选择题

1. 下列交易或事项，不应确认为营业外支出的是（　　）。

A. 公益性捐赠支出　　B. 无形资产出售损失

C. 固定资产盘亏损失　　D. 由责任人赔偿的损失

2. 某工业小企业 2014 年度主营业务收入为 400 万元，主营业务成本为 350 万元，其他业务收入为 2 万元，其他业务成本为 1 万元，财务费用为 1 万元，营业外收入为 2 万元，营业外支出为 1 万元，所得税税率为 25%。假定不考虑其他因素，该企业 2014 年度的净利润应为（　　）万元。

A. 34.5　　B. 34.84　　C. 34.17　　D. 38.25

3. 小企业盘盈存货实现收益，应当按照同类存货的市场价格确定，经批准后计入（　　）。

A. 主营业务收入　　B. 其他业务收入　　C. 资产清理　　D. 营业外收入

4. 应收账款及预付账款的坏账损失应当于实际发生时计入（　　）。

A. 主营业务成本　　B. 管理费用　　C. 营业外支出　　D. 其他业务成本

5. 小企业取得与收益相关的政府补助，用于补偿已发生相关费用的，直接计入补偿当期的（　　）。

A. 资本公积　　B. 营业外收入　　C. 其他业务收入　　D. 主营业务收入

6. 营业利润不包括（　　）。

A. 营业外收支净额　　B. 资产减值损失　　C. 公允价值净损益　　D. 投资净收益

7. 企业取得罚款收入 5 000 元，所得款项已存入银行。应做的正确的会计分录是（　　）。

A. 借：银行存款　　5 000
　　贷：营业外收入　　5 000

B. 借：银行存款　　5 000
　　贷：其他业务收入　　5 000

C. 借：营业外收入　　5 000
　　贷：库存现金　　5 000

D. 借：主营业务收入　　5 000
　　贷：银行存款　　5 000

8. 甲公司 2015 年 2 月以银行存款缴纳税收滞纳金 3 000 元，正确的会计处理是（　　）。

A. 借：营业外支出　　3 000
　　贷：银行存款　　3 000

B. 借：银行存款　　3 000
　　贷：营业外支出　　3 000

C. 借：财务费用　　3 000

　　贷：营业外支出　　3 000

D. 借：财务费用　　3 000

　　贷：银行存款　　3 000

9. 甲公司2015年3月通过符合条件的慈善组织向灾区捐款20 000元。正确的会计分录是（　　）。

A. 借：营业外支出　　20 000

　　贷：银行存款　　20 000

B. 借：其他业务支出　　20 000

　　贷：银行存款　　20 000

C. 借：营业外支出　　20 000

　　贷：主营业务收入　　20 000

D. 借：主营业务收入　　20 000

　　贷：营业外支出　　20 000

10. J公司在财产清查过程中，发现一台未入账的设备，重置成本为500 000元。正确的会计分录是（　　）。

A. 借：待处理财产损溢——待处理流动资产损溢　　500 000

　　贷：营业外收入　　500 000

B. 借：待处理财产损溢——待处理非流动资产损溢　　500 000

　　贷：营业外收入　　500 000

C. 借：固定资产　　500 000

　　贷：待处理财产损溢——待处理非流动资产损溢　　500 000

　借：待处理财产损溢——待处理非流动资产损溢　　500 000

　　贷：营业外收入　　500 000

D. 借：固定资产　　500 000

　　贷：营业外收入　　500 000

11. 下列各项，不影响小企业营业利润的项目是（　　）。

A. 劳务收入　　B. 财务费用

C. 出售包装物收入　　D. 出售固定资产净收益

12. 下列各项中，小企业应计入营业外收入的是（　　）。

A. 银行存款利息收入　　B. 存货盘盈

C. 销售材料收入　　D. 确实无法收回的应收账款

13. 2015年5月，某小企业销售商品实际应交增值税38万元，应交消费税20万元，提供运输劳务实际应交营业税15万元；适用的城市维护建设税税率为7%，教育费附加为3%。假定不考虑其他因素，该小企业当月“营业税金及附加”的金额为（　　）万元。

A. 7.3　　B. 38.5　　C. 42.3　　D. 80.3

14. 下列各项中，不属于小企业政府补助的是（　　）。

A. 收到的财政贴息

B. 收到先征后返的增值税

C. 收到政府作为资本性投入的财政拨款

D. 收到政府为支持企业技术创新无偿拨付的款项

15. 某小企业为增值税一般纳税人，企业因暴雨毁损库存原材料一批，其成本为 200 万元，增值税税额为 34 万元；收回残料价值 8 万元，收到保险公司赔偿款 112 万元。假定不考虑其他因素，经批准企业确认该材料毁损净损失的账务处理是（　　）。

A. 借：营业外支出　　114
　　贷：待处理财产损溢　　114

B. 借：管理费用　　114
　　贷：待处理财产损溢　　114

C. 借：营业外支出　　80
　　贷：待处理财产损溢　　80

D. 借：管理费用　　80
　　贷：待处理财产损溢　　80

16. 下列各项中，小企业应当确认为投资损益的是（　　）。

A. 长期股权投资减值损失

B. 长期股权投资处置净损益

C. 支付取得债券投资的手续费

D. 支付与取得长期股权投资直接相关的费用

17. 某工业企业 2014 年度主营业务收入为 700 万元，营业成本为 580 万元，其他业务收入为 20 万元，其他业务成本为 10 万元，财务费用为 10 万元，营业外收入为 20 万元，营业外支出为 10 万元，所得税税率为 25%。假定不考虑其他因素，该企业 2014 年度的净利润应为（　　）万元。

A. 87.5　　B. 97.5　　C. 130　　D. 32.5

18. 某工业企业 2014 年度营业利润为 252 万元，主营业务收入为 400 万元，财务费用为 10 万元，营业外收入为 6 万元，营业外支出为 5 万元，所得税税率为 25%。假定不考虑其他因素，该企业 2014 年度的净利润应为（　　）万元。

A. 149.4　　B. 189.75　　C. 253　　D. 210.25

19. 法定盈余公积提取比例是（　　）。

A. 8%　　B. 5%　　C. 10%　　D. 14%

20. 某小企业 2014 年 1 月 1 日所有者权益构成情况如下：实收资本 1 500 万元，资本公积 100 万元，盈余公积 300 万元，未分配利润 200 万元。2014 年度实现利润总额为 600 万元，企业所得税税率为 25%。假定不存在纳税调整事项及其他因素，该企业 2014 年 12 月 31 日可供分配利润为（　　）万元。

A. 600　　B. 650　　C. 605　　D. 405

21. 某小企业 2014 年度利润总额为 800 万元，其中本年度国债利息收入 20 万元，已计入营业外支出的税收滞纳金 6 万元；企业所得税税率为 25%。假定不考试其他因素，该企业 2014 年度所得税费用为（　　）万元。

A. 200　　B. 196.5　　C. 195　　D. 201.5

22. 某小企业盈余公积年初余额为 50 万元，本年利润总额为 600 万元，所得税费用为 150 万元，按净利润的 10% 提取法定盈余公积，并将盈余公积 10 万元转增资本。该企业盈余公积年末余额为（　　）万元。

A. 40　　B. 85　　C. 95　　D. 110

23. 某工业小企业本期主营业务利润为 100 万元，其他业务利润为 10 万元，管理费用为 15 万元，投资收益为 30 万元，所得税为 30 万元，假定不考虑其他因素，该企业本期营业利润为（　　）万元。

A. 65　　B. 125　　C. 100　　D. 110

24. 某小企业 2015 年 2 月主营业务收入为 100 万元，主营业务成本为 80 万元，管理费用为 5 万元，营业外收入为 2 万元，投资收益为 10 万元。假定不考虑其他因素，该企业当月的营业利润为（　　）万元。

A. 13　　B. 15　　C. 18　　D. 25

25. 小企业在会计期末将本期实现的各种收入包括主营业务收入 300 000 元、其他业务收入 90 000 元、投资净收益 3 000 元、营业外收入 5 000 元转入“本年利润”账户。正确的会计分录是（　　）。

A. 借：主营业务收入　　300 000
　　其他业务收入　　90 000
　　投资收益　　3 000
　　营业外收入　　5 000
　　贷：本年利润　　398 000

B. 借：本年利润　　398 000
　　贷：主营业务收入　　300 000
　　　　其他业务收入　　90 000
　　　　投资收益　　3 000
　　　　营业外收入　　5 000

C. 借：主营业务收入　　300 000
　　其他业务收入　　90 000
　　投资收益　　3 000
　　营业外收入　　5 000
　　贷：利润分配　　398 000

D. 借：主营业务收入　　300 000
　　其他业务收入　　90 000
　　投资收益　　3 000
　　营业外收入　　5 000
　　贷：未分配利润　　398 000

26. 某小企业 2014 年度主营业务收入为 800 万元；主营业务成本为 630 万元；其他业务收入为 40 万元；其他业务成本为 20 万元；管理费用为 10 万元；财务费用为 20 万元；营业外收入为 20 万元；营业外支出为 10 万元，其中 5 万元属于支付的税收滞纳金。所得税税率为 25%。假定不考虑其他因素，该企业 2014 年度的净利润应为（　　）万元。

A. 142.5　　B. 135　　C. 127.5　　D. 126.25

27. 下列各项中，小企业应计入管理费用的是（　　）。

A. 支付的广告费　　B. 聘请中介机构年报审计费
C. 专设售后服务网点的职工薪酬　　D. 企业负担的生产职工养老保险费

28. 下列各项中，不应计入小企业销售费用的是（　　）。

A. 支付行政管理部门办公费　　B. 为推广新产品而发生的广告费用
C. 随同商品出售且单独计价的包装物成本　　D. 随同商品出售而不单独计价的包装物成本

二、多项选择题

1. 下列项目中，可能引起企业利润增加的有（　　）。

A. 接受现金捐赠　　B. 出租包装物租金收入
C. 确认无法支付的应付账款　　D. 销售商品收入

2. 下列各项中，应确认为营业外收入的有（　　）。

A. 存货盘盈　　B. 固定资产出租收入
C. 固定资产盘盈　　D. 无法查明原因的现金溢余

3. 下列各项中，按规定应计入企业营业外收入的有（　　）。

A. 无形资产出售净收益　　B. 出售材料收入
C. 固定资产盘亏净损失　　D. 非流动资产处置利得

4. 下列各项中，应计入营业外支出的有（　　）。

A. 无形资产处置净损失　　B. 存货自然灾害损失
C. 固定资产清理净损失　　D. 长期股权投资处置损失

5. 小企业收到政府补助，可以记入下列（　　）账户。
A. 主营业务收入　B. 递延收益　C. 其他业务收入　D. 营业外收入

6. 下列各项中，小企业应计入营业外支出的有（　　）。
A. 无法支付的应付账款　　B. 出售固定资产净损失
C. 原因不明的现金盘盈　　D. 向公益部门的捐赠支出

7. 下列各项中，小企业需调整增加企业应纳税所得额的项目有（　　）。
A. 已计入投资收益的国库券利息收入
B. 已超过税法规定扣除标准，但已计入当期费用的业务招待费
C. 支付并已计入当期损失的各种税收滞纳金
D. 未超标的业务招待费支出

8. 下列各项中，年度终了小企业需要转入“利润分配——未分配利润”账户的有（　　）。
A. 本年利润　　B. 利润分配——应付利润
C. 利润分配——盈余公积补亏　　D. 利润分配——提取法定盈余公积

9. 下列各项中，影响小企业营业利润的有（　　）。
A. 管理费用　B. 营业税金及附加　C. 所得税费用　D. 投资收益

10. 下列各项中，影响当期利润表中利润总额的有（　　）。
A. 固定资产盘盈　B. 确认所得税费用　C. 对外捐赠固定资产　D. 无形资产出售利得

11. 下列各项中，影响利润表净利润项目金额的有（　　）。
A. 所得税费用　　B. 营业外收入
C. 主营业务收入　　D. 投资收益

12. 下列各账户，年末应无余额的有（　　）。
A. 管理费用　B. 所得税费用　C. 本年利润　D. 长期待摊费用

13. 小企业会计期末结转本年利润的方法主要有（　　）。
A. 表结法　B. 账结法　C. 品种法　D. 分批法

14. 下列各项中，小企业应计入财务费用的有（　　）。
A. 支付电汇手续费　　B. 企业支付的银行承兑汇票手续费
C. 银行存款利息收入　　D. 购买银行结算凭证发生的支出

15. 下列各项中，影响小企业当期营业利润的有（　　）。
A. 所得税费用　　B. 出售固定资产净收益
C. 销售商品收入　　D. 出租无形资产租金收入

16. 下列各项中，小企业应计入期间费用的有（　　）。
A. 计提的短期借款利息　　B. 销售商品发生的运输费用

C. 销售商品发生的商业折扣　　D. 行政管理部门发生的差旅费

17. 下列各项中，影响小企业利润总额的有（　　）。

A. 管理费用　　B. 财务费用　　C. 所得税费用　　D. 商品的销售成本

18. 下列项目中，小企业作为当期营业利润增加项目的有（　　）。

A. 销售方负担的运费　　B. 转让股权投资获得的收益

C. 出售材料的收入　　D. 取得的罚款收入

三、判断题

1. 企业发生毁损的固定资产净损失，应计入营业外支出。（　　）

2. 小企业出售不动产计算应交的营业税应直接记入“营业外支出”账户。（　　）

3. 小企业盘亏现金的净损失，应计入营业外支出。（　　）

4. 小企业收到与资产相关的政府补助，应当确认为递延收益，并在相关资产的使用寿命内平均分配，计入营业外收入。（　　）

5. 小企业收到与收益相关的政府补助，应在实际收到款项时确认收入。（　　）

6. 本期所得税费用等于本期应交所得税额。（　　）

7. 小企业非日常活动取得的收入为营业外收益。（　　）

8. 年度终了，除“未分配利润”明细账户外，“利润分配”账户下的其他明细账户应当无余额。（　　）

9. 企业采用“表结法”结转本年利润的，年度内每月月末损益类账户发生额合计数和月末累计余额无须转入“本年利润”账户，年末时将损益类账户全年累计余额转入“本年利润”账户。（　　）

10. 某小企业2015年年初有上年形成的亏损25万元，当年实现利润总额10万元，所得税税率为25%。则企业2015年需要缴纳企业所得税2.5万元。（　　）

11. 小企业在账结法下，每月月末均需编制转账凭证，将在账上结计出的各损益类账户的发生额结转入“本年利润”账户。（　　）

12. 小企业可以直接根据利润总额计算应交的所得税额。（　　）

13. 小企业的应纳税所得额可以在企业税前会计利润（即利润总额）的基础上按照税法口径调整后确定。（　　）

14. 小企业法定盈余公积的法定计提比例为10%。（　　）

15. 小企业年初未弥补亏损5万元，本年实现净利润25万元，该企业提取的法定盈余公积为2万元。（　　）

四、综合练习

1. 向东方公司2014年度，发生如下营业外收支业务：

（1）3月14日，应收南大公司的应收账款40 000元，有确凿的证据表明该应收账款收不回来，按照企业所得税法规定确认为损失。

（2）5月30日，年初预付华非公司的货款10 000元，由于对方单位破产，该笔款项已无法收回，按照企业所得税法规定确认为损失。

（3）6月28日，向开方公司赞助产品一批，评估价为120 000元，成本为80 000元，增值税税率为17%。开具了增值税专用发票，产品已运走。

（4）7月14日，收到全得利公司捐赠现金60 000元，存入银行。

（5）9月10日，收到高为强公司捐赠的生产用设备一台，原价为50 000元，已提取折旧为10 000元，评估价为40 000元，取得增值税专用发票，增值税税率为17%。

根据以上经济业务，编制相关会计分录。

2. 某小企业平时采用表结法计算利润，所得税税率为25%。

2014年年终结账前有关损益类账户的年末余额如下（单位：元）：

主营业务收入	475 000	主营业务成本	325 000
其他业务收入	100 000	其他业务成本	75 000
投资收益	7 500	营业税金及附加	18 000
营业外收入	20 000	销售费用	20 000
		管理费用	60 000
		财务费用	12 500
		营业外支出	35 000

其他资料：

（1）该企业营业外支出中有500元为罚款支出；

（2）本年国债利息收入2 000元已入账。

除上述事项外，无其他纳税调整因素。

要求：

（1）根据表中给定的损益类账户做出结转“本年利润”账户的会计处理。

（2）计算该小企业当年应纳所得税额并编制确认及结转“所得税费用”的会计处理。

（3）计算该小企业当年实现的净利润。

3. 某小企业为增值税一般纳税人，适用的增值税税率为17%，所得税税率为25%。该企业2014年度有关资料如下：

（1）本年度销售产品9 000件，其余为在建工程领用。每件成本为12元，销售价格每件为20元。

（2）本年度内计入投资收益的债券利息收入为 40 000 元，其中，取得国债利息收入为 3 500 元。

（3）本年度内发生管理费用 50 000 元，其中，折旧费用 30 000 元，业务招待费 20 000 元。按税法规定可在应纳税所得额前扣除业务招待费 500 元。

（4）本年度内接受现金捐赠 3 000 元（计入当期营业外收入）。假定不考虑其他因素。

要求：计算该企业 2014 年利润表中下列有关项目的金额：

（1）营业利润；

（2）利润总额；

（3）所得税费用；

（4）净利润。

4. 永发公司 2014 年 6 月份发生下列有关利润的业务：

（1）用现金 4 500 元支付职工退休金。

（2）将无法偿还的应付账款 18 000 元予以核销。

（3）用银行存款 6 000 元捐赠给某学校以资助贫困学生。

（4）报销职工差旅费 2 000 元，付给其现金。

（5）预提应由本月负担的银行借款利息 6 500 元。

（6）没收逾期未退的包装物押金 4 000 元。

（7）永发公司 6 月份的有关收支如下：主营业务收入 545 000 元，主营业务成本 394 865 元，营业税金及附加 1 600 元，管理费用 28 620 元，财务费用 10 000 元，销售费用 1 500 元，结合本题业务中所涉及的收支确定利润总额，并按 25% 税率计算所得税（假设无其他纳税调整事项）并予以结转。

请采用账结法结转本月实现的各项收入、费用，并将净利润转入利润分配账户。

要求：

（1）编制上述业务的会计分录。

（2）按净利润的 10% 提取盈余公积金，将净利润的 20% 分配给投资人，请编制相关会计分录。

5. 2014 年高生态公司 12 月份有关损益类账户的余额如下（计量单位“万元”）：

主营业务收入 100 万元，主营业务成本 50 万元，营业税金及附加 10 万元，销售费用 10 万元，管理费用 4 万元，财务费用 3 万元，其他业务收入 10 万元，其他业务成本 5 万元，营业外收入 8 万元，营业外支出 16 万元。

要求：

（1）计算本月营业利润、利润总额和净利润（所得税税率为 25%），并结转损益类各账户。

（2）12 月 31 日一次结转全年实现的净利润（公司 1—11 月份累计的净利润为 85 万元）。

（3）12 月 31 日公司确定的全年净利润分配方案为：计提 10% 的法定盈余公积金，按净利润的 50% 向股东发放现金股利。

（4）计算出年末未分配利润金额。

实务操作

【实训目的】

通过本实训，巩固学生所学的利润形成及分配的业务知识，掌握利润形成及分配账务处理方法，提升学生的实务操作能力。

【实训要求】

1. 设置“本年利润”、“利润分配”、“盈余公积”和“应付股利”明细账；

2. 审核原始凭证，依据审核无误的原始凭证编制记账凭证；

3. 根据记账凭证登记相关明细分类账。

【实训资料】

【业务 7-1】2015 年 12 月 31 日，成都光正有限责任公司采用表结法计算利润。依据损益类账户全年累计发生额，编制损益类账户发生额汇总表，结转当年损益。（相关凭证见表 7-1）

表 7-1

损益类账户发生额汇总表

2015 年 12 月 31 日　　　　单位：元

账户名称	借方余额	账户名称	贷方余额
主营业务成本	2 390 645.00	主营业务收入	3 836 000.00
其他业务成本	132 800.00	其他业务收入	154 000.00
营业税金及附加	24 600.36	投资收益（盈利时）	80 500.00
销售费用	217 100.00	营业外收入	76 800.00
管理费用	259 862.04		
财务费用	64 600.00		
营业外支出	42 584.00		

所得税费用：1—11 月份已确认所得税费用 200 066.00 元。

【业务 7-2】2015 年 12 月 31 日，计算、确认和结转所得税费用。公司计算全年应交所得税及所得税费用（1—11 月份已确认所得税及所得税费用为 200 066.00 元）；确认 12 月份应交所得税及所得税费用；将全年所得税费用转入“本年利润”账户。（相关凭证见表 7-2）

表 7-2

企业所得税计算表

2015 年 12 月 31 日　　　　单位：元

项目	金额
一、营业收入	
减：营业成本	
营业税金及附加	
销售费用	
管理费用	
财务费用	
加：投资收益	
二、营业利润	
加：营业外收入	
减；营业外支出	
三、利润总额	
加：纳税调整增加额	
减：纳税调整减少额	
四、应纳税所税额	
适用税率	
五、应缴纳所得税额	
减：已缴纳所得税额	
六、本月应缴纳所税额	

审核：张丽　　　　制表：杨册　　　　复核：高为

【业务 7-3】2015 年 12 月 31 日，结转本年利润。公司编制企业净利润计算表，将本年度实现的净利润转入“利润分配”账户。（相关凭证见表 7-3）

表 7-3

企业净利润计算表

2015 年 12 月 31 日　　　　单位：元

项目	金额
利润总额	
减：所得税费用	
净利润	

审核：张丽　　　　制表：杨册　　　　复核：高为

【业务 7-4】2015 年 12 月 31 日，公司股东会通过了按当年实现净利润的 10% 提取法定盈余公积，向投资者分配利润 200 000.00 元的分配方案。依据利润分配方案，编制企业盈余公积计提表和利润分配表，进行利润分配的会计处理。（相关凭证见表 7-4、表 7-5）

表 7-4

盈余公积计提表

2015 年 12 月 31 日　　　　单位：元

项目	计提基数	计提比例	分配金额
计提法定盈余公积			

审核：张丽　　　　制表：杨册　　　　复核：高为

表 7-5

利润分配表

2015 年 12 月 31 日　　　　单位：元

投资人	持股比例	分配金额
大地有限责任公司	40%	
新华有限责任公司	30%	
方兴有限责任公司	30%	
合计	100%	200 000.00

审核：张丽　　　　制表：杨册　　　　复核：高为

【业务 7-5】2015 年 12 月 31 日，公司进行利润分配（内转）年终结转。（相关凭证见表 7-6）

表 7-6

利润分配年终结转计算表

2015 年 12 月 31 日　　　　单位：元

项目	金额
利润分配——计提法定盈余公积	
利润分配——应付利润	
合　计	

审核：张丽　　　　制表：杨册　　　　复核：高为

第八部分

财务报表编制与分析同步练习与实训

小企业会计工作的基本任务是核算和监督其生产经营活动，向投资人、债权人、企业经营管理者以及小企业的利益相关者提供真实的有助于决策的财务信息。财务报表是小企业财务信息的基本载体，是对小企业财务状况、经营成果和现金流量的结构性表述，包括资产负债表、利润表、现金流量表和附注等。财务报表的质量是会计工作质量的具体体现。及时、正确地编制并向有关方面报送财务报表并对财务报表进行分析是小企业会计工作的基本内容。本部分学习并进行实务操作财务报表的编制与财务报表的分析。

内容小结

重点与难点

本部分的主要内容包括：① 资产负债表的编制；② 利润表的编制；③ 现金流量表的编制；④ 财务报表附注；⑤ 财务报表分析。

学习重点：资产负债表的结构内容及编制的理论依据；资产负债表的编制；利润表的结构内容及编制的理论依据；利润表的编制；现金流量表结构内容；现金流量表的编制；财务报表附注的内容及编制；财务报表分析方法。

学习难点：资产负债表应收与预收账款、应付及预付账款、未分配利润（本年利润及利润分配）项目的填列；现金流量表中的现金范围；经营活动现金流量、投资活动现金流量；筹资活动现金流量的填列方法；财务报表附注中资产负债表及利润表附表的编制方法；财务报表偿债能力分析、营运能力分析、获利能力分析及发展能力分析的方法；资产负债表、利润表、现金流量表、财务报表附注及财务报表分析的实务操作。

同步练习

一、单项选择题

1. 小企业的财务报表可以不包括的组成部分是（　　）。

A. 资产负债表　　B. 利润表　　C. 所有者权益变动表　D. 附注

2. 下列项目中，属于小企业资产负债表中的项目是（　　）。

A. 长期待摊费用　　B. 管理费用　　C. 递延所得税资产　　D. 主营业务收入

3. 下列项目中，不属于小企业资产负债表中“货币资金”项目的是（　　）。

A. 持有的拟于近期出售的债券投资　　B. 银行结算户存款

C. 信用卡存款　　D. 外埠存款

4. 小企业资产负债表的下列项目中，可以根据总账账户期末余额直接填列的是（　　）。

A. 长期债券投资　　B. 存货　　C. 应收账款　　D. 短期投资

5. 小企业资产负债表的下列项目中，应根据总账账户和明细账户期末余额分析计算填列的是（　　）。

A. “短期投资”项目　　B. “长期借款”项目

C. “应收票据”项目　　D. “短期借款”项目

6. 小企业资产负债表的下列项目中，应根据多个总账账户及明细账户余额计算填列的是（　　）。

A.“应付账款”项目　　B.“盈余公积”项目

C.“未分配利润”项目　　D.“长期借款”项目

7. 小企业“预付账款”账户明细账中若有贷方余额，应将其记入资产负债表中的“(　　)”项目。

A. 应收账款　　B. 预收款项　　C. 应付账款　　D. 其他应付款

8. 某小企业“应收账款”总账账户月末借方余额为 400 000 元，所属两个明细账户余额情况是：“应收账款——甲公司”月末借方余额 400 000 元；“应收账款——乙公司”月末贷方余额 100 000 元，则该小企业月末资产负债表的“应收账款”项目的金额是（　　）元。

A. 300 000　　B. 400 000　　C. 100 000　　D. 200 000

9. 某小企业“应付账款”账户月末贷方余额 400 000 元，其中：“应付账款——丙公司”明细账户贷方余额 350 000 元，“应付账款——丁公司”明细账户贷方余额 50 000 元；“预付账款”账户月末贷方余额 300 000 元，其中：“预付账款——A 公司”明细账户贷方余额 500 000 元，“预付账款——B 公司”明细账户借方余额 200 000 元。该小企业月末资产负债表中“应付账款”项目的金额为（　　）元。

A. 900 000　　B. 300 000　　C. 400 000　　D. 700 000

10. 下列项目中，不影响小企业营业利润的是（　　）。

A. 主营业务成本　　B. 其他业务成本　　C. 政府补助　　D. 营业税金及附加

11. 计算小企业营业利润应当考虑的项目是（　　）。

A. 营业外收入　　B. 所得税费用　　C. 投资收益　　D. 营业外支出

12. 以下未在小企业利润表中单独列示的明细项目是（　　）。

A. 业务招待费　　B. 开办费　　C. 捐赠支出　　D. 利息费用

13. 以下在小企业利润表中“销售费用”项目下单独列示的明细项目是（　　）。

A. 商品维修费　　B. 运输费

C. 销售人员的职工薪酬　　D. 展览费

14. 小企业利润表的“营业税金及附加”项目反映小企业应缴纳的税金，但不包括下列（　　）。

A. 营业税、城市维护建设税　　B. 增值税、企业所得税

C. 资源税、消费税　　D. 土地使用税、印花税

15. 小企业 2015 年发生的营业收入为 19 000 000 元，营业成本为 12 000 000 元，销售费用为 400 000 元，管理费用为 1 000 000 元，财务费用为 200 000 元，投资收益为 600 000 元，营业外支出为 1 500 000 元，营业外收入为 500 000 元。该公司 2015 年的利润总额应为（　　）元。

A. 6 000 000　　B. 5 500 000　　C. 5 000 000　　D. 6 500 000

16. 小企业 D 公司 2015 年年初未分配利润为借方余额 500 000 元（该未弥补亏损已经超过 5 年），本年度实现净利润 2 000 000 元，分别按 10% 和 5% 提取法定盈余公积和任意盈余公积。

假定不考虑其他因素，D 公司 2015 年年末未分配利润的贷方余额应为（　　）元。

A. 1 275 000　　B. 2 125 000　　C. 2 200 000　　D. 2 500 000

17. 小企业现金流量表的现金是指小企业的库存现金以及可以随时用于支付的存款和（　　）。

A. 经营活动的现金　B. 投资活动的现金　C. 筹资活动的现金　D. 其他货币资金

18. 丁公司 2015 年购买商品支付 5 000 000 元（含增值税 850 000 元），支付 2014 年接受劳务的未付款项 500 000 元，2015 年发生的购货退回 150 000 元，假设不考虑其他条件，丁公司 2015 年现金流量表“购买原材料、商品、接受劳务支付的现金”项目中应填列（　　）元。

A. 4 500 000　　B. 4 650 000　　C. 5 350 000　　D. 5 000 000

19. 下列各项中，会引起小企业现金流量表“经营活动产生的现金流量净额”发生变化的是（　　）。

A. 固定资产的购置与处置　　B. 支付生产人员工资

C. 转让股票投资取得的收入　　D. 本期出售短期权益性投资

20. 小企业销售产成品、商品、提供劳务收到的增值税销项税额，应在小企业现金流量表“（　　）”项目下反映。

A. 销售产成品、商品、提供劳务收到的现金

B. 收到其他与经营活动有关的现金

C. 支付的税费

D. 取得借款收到的现金

21. 下列各项中，不属于小企业现金流量表“筹资活动产生的现金流量”的是（　　）。

A. 取得借款收到的现金　　B. 吸收投资收到的现金

C. 处置固定资产收回的现金净额　　D. 分配股利、利润或偿付利息支付的现金

22. 某小企业本期缴纳增值税 134 000 元；本期发生的所得税 310 000 元已全部缴纳；企业期初未缴所得税 280 000 元，期末未缴所得税 120 000 元。则现金流量表的“支付的税费”为（　　）元。

A. 444 000　　B. 324 000　　C. 604 000　　D. 284 000

23. 下列项目中，小企业财务报表附注应当披露的内容不包括（　　）。

A. 未决诉讼、未决仲裁　　B. 对外担保资产名称

C. 对外担保资产金额　　D. 严重亏损金额

24. 小企业对会计政策变更、会计估计变更和会计差错更正应当采用（　　）进行会计处理。

A. 补充登记法　　B. 红字更正法　　C. 追溯调整法　　D. 未来适用法

25. 反映小企业短期偿债能力的指标有（　　）。

A. 流动比率　　B. 资产负债率　　C. 产权比率　　D. 应收账款周转率

26. 在计算速动比率时，要从流动资产中扣除存货部分，这种做法的原因在于流动资产中（　　）。

A. 存货的价值变动较大　　B. 存货的质量难以保证
C. 存货的变现能力较差　　D. 存货的数量不易确定

27. 衡量小企业偿还到期债务能力的直接标志是（　　）。
A. 有足够的资产　　B. 有足够的流动资产
C. 有足够的存货　　D. 有足够的现金

28. 存货周转率是指小企业一定时期（　　）与存货平均余额的比率，它反映了小企业存货流动程度的大小。
A. 营业收入　　B. 营业成本　　C. 赊销收入净额　　D. 营业利润

29. 某小企业2015年度的营业收入总额为6 011 100元，其年初资产总额为1 681 000元，年末资产总额为1 860 000元，该小企业总资产周转率及周转天数分别为（　　）。
A. 3.23次，111.39天　　B. 3.58次，100.67天
C. 3.40次，106.03天　　D. 1.70次，212.07天

30. 小企业在计算成本费用率时，不包含在内的成本费用项目是（　　）。
A. 制造费用　　B. 主营业务成本　　C. 营业税金及附加　　D. 管理费用

31. 小企业在计算总资产报酬率时，息税前利润总额不包括（　　）。
A. 净利润　　B. 增值税　　C. 所得税　　D. 利息支出

32. 某小企业2015年年初流动比率为2.2，速动比率为1.0，2015年年末流动比率为2.5，速动比率为0.8，下列各项中可以解释该小企业2015年年初与年末两项指标之差异的原因是（　　）。
A. 相对于现金销售，赊销增加　　B. 应收账款增加
C. 当年存货增加　　D. 应收账款的收回速度加快

33. 某小企业2015年年末流动资产为1 250 000元，非流动资产为5 800 000元，流动负债为700 000元，非流动负债为2 100 000元，则该小企业资产负债率为（　　）。
A. 65.88%　　B. 60.28%　　C. 36.21%　　D. 39.72%

二、多项选择题

1. 根据小企业会计准则规定，小企业的财务报表包括（　　　）。
A. 资产负债表　　B. 利润表　　C. 现金流量表　　D. 附注

2. 在小企业资产负债表的下列项目中，应根据总账账户余额计算填列的有（　　　）。
A. “应收票据”项目　　B. “短期借款”项目
C. “货币资金”项目　　D. “存货”项目

3. 在小企业资产负债表的下列项目中，应根据总账账户余额直接填列的有（　　　）。
A. “短期借款”项目　　B. “固定资产原价”项目

C.“未分配利润”项目　　D.“无形资产”项目

4. 下列各项中，应作为小企业资产负债表中资产列报的有（　　）。

A. 委托加工物资　　B. 库存商品

C. 融资租入固定资产　　D. 经营租入固定资产

5. 下列各项中，应在小企业资产负债表的“存货”项目下单独列示的有（　　）。

A. 库存商品　　B. 原材料　　C. 在产品　　D. 周转材料

6. 小企业资产负债表中的“其他流动负债”项目应当根据下列“（　　）”账户贷方余额分析填列。

A. 长期借款　　B. 长期应付款　　C. 应付账款　　D. 预收账款

7. 下列各项中，应在小企业资产负债表“预付账款”项目列示的有（　　）。

A.“应付账款”账户所属明细账户的借方余额

B.“应收账款”账户所属明细账户的借方余额

C.“应收账款”账户所属明细账户的贷方余额

D.“预付账款”账户所属明细账户的借方余额

8. 小企业资产负债表中的“应收账款”项目包括下列项目内容（　　）。

A.“应收账款”所属明细账户借方余额

B.“预收账款”所属明细账户借方余额

C.“预收账款”所属明细账户贷方余额

D.“应收账款”总分类账户借方余额

9. 下列各项中，其增加将导致小企业利润表的营业利润增加的有（　　）。

A. 营业税金及附加　B. 营业外收入　　C. 投资收益　　D. 营业收入

10. 下列各项中，会导致工业类小企业当期营业利润减少的有（　　）。

A. 出售无形资产发生的净损失

B. 计提行政管理部门固定资产折旧

C. 办理银行承兑汇票支付的手续费

D. 出售短期投资发生的净损失

11. 下列应在小企业利润表的“管理费用”项目下单独列示的项目包括（　　）。

A. 房产税　　B. 开办费　　C. 业务招待费　　D. 研究费用

12. 下列各项中，应列入小企业利润表“营业税金及附加”项目的有（　　）。

A. 增值税　　B. 城市维护建设税　　C. 排污费　　D. 印花税

13. 下列应在小企业利润表的“营业外支出”项目下单独列示的项目包括（　　）。

A. 坏账损失

B. 无法收回的长期债券投资和长期股权投资损失

C. 自然灾害等不可抗力因素造成的损失

D. 税收滞纳金

14. 下列各项中，应列入小企业利润表“销售费用”项目的有（　　）。

A. 商品维修费　B. 广告费　C. 业务宣传费　D. 利息费用

15. 下列各项中，属于小企业现金流量表“销售产成品、商品、提供劳务收到的现金”项目产生的现金流量的有（　　）。

A. 本期收到前期销售产成品、商品、提供劳务的现金

B. 本期预收的货款

C. 销售材料收到的现金

D. 销售产成品、商品、提供劳务收到的增值税销项税额

16. 下列各项中，属于小企业现金流量表“购买原材料、商品、接受劳务支付的现金”项目产生的现金流量的有（　　）。

A. 本期支付前期购买原材料、商品、接受劳务的未付款项

B. 本期支付的预付款项

C. 支付的已资本化在存货中的借款费用

D. 购买原材料、商品、接受劳务支付的增值税进项税额

17. 下列各项中，属于小企业现金流量表“支付的税费”项目产生的现金流量的有（　　）。

A. 本期支付以前各期发生的税费　B. 本期预交的税金

C. 支付的税收滞纳金　D. 交纳本期应缴的税费

18. 下列关于小企业现金流量表“偿还借款利息支付的现金”项目的描述中，正确的有（　　）。

A. 反映小企业以现金偿还各种短期、长期借款的利息

B. 不需要考虑借款的用途及借款利息是否予以资本化

C. 本期无论偿还的是本期到期的借款利息还是前期到期的借款利息，只要以现金进行了偿还即属于该项目的构成内容

D. 该项目包括以现金偿还的除利息费用以外的辅助费用等借款费用

19. 下列各项中，属于小企业现金流量表“收回短期投资、长期债券投资和长期股权投资收到的现金”项目产生的现金流量的有（　　）。

A. 本期出售短期权益性投资收到的现金

B. 本期出售或到期收回短期债权性投资收到的现金

C. 本期转让或到期收回长期债券投资本金收到的现金

D. 到期收回的短期债权性投资和长期债券投资的利息收入

20. 下列各项中，属于小企业现金流量表“筹资活动产生的现金流量”的有（　　）。

A. 分配利润支付的现金　B. 取得短期借款收到的现金

C. 吸收投资者投资收到的现金　　D. 偿还借款本金支付的现金

21. 下列交易和事项中，不影响小企业现金流量表“经营活动产生现金流量”的有（　　）。

A. 用产成品偿还短期借款　　B. 计提固定资产折旧

C. 支付的职工薪酬　　D. 支付各项税费

22. 在对附注信息进行编制时，需要使用相关合同或经营计划进行编制的有（　　）。

A. 对外担保合同

B. 未决诉讼文书

C. 未决仲裁文书

D. 发生严重亏损后的持续经营计划和未来经营方案

23. 根据小企业会计准则规定，前期差错包括（　　）等。

A. 计算错误　　B. 应用会计政策错误

C. 应用会计估计错误　　D. 永久性差异

24. 下面描述中，符合小企业可以变更会计政策的情形有（　　）。

A. 法律、行政法规或者本准则等要求变更

B. 会计政策变更能够提供更可靠、更相关的会计信息

C. 将发出存货的计价方法由全月一次加权平均法变更为个别计价法

D. 某项固定资产折旧年限由 30 年变更为 20 年

25. 下面描述中，属于小企业会计估计变更的情形有（　　）。

A. 固定资产预计净残值的确定

B. 无形资产摊销期的确定

C. 长期待摊费用所采用的年限平均法

D. 市场价格或评估价值的确定

26. 小企业当期发生了各种会计差错，在发生的当时可以按照小企业会计准则规定的正确会计处理进行更正。这里所指的当时可以是（　　）。

A. 当日　　B. 当月　　C. 当季　　D. 当年

27. 影响小企业速动比率的因素有（　　）。

A. 存货　　B. 预付账款　　C. 短期投资　　D. 应收票据

28. 在分析小企业营运能力的各项指标中，与小企业的营业收入相关的指标有（　　）。

A. 应收账款周转率　　B. 存货周转率　　C. 流动资产周转率　　D. 固定资产周转率

29. 在分析成本费用利润率指标时，需要考虑的相关因素有（　　）。

A. 营业税金及附加　　B. 销售费用　　C. 管理费用　　D. 生产成本

30. 在分析小企业发展能力时，主要考察的指标有（　　）。

A. 营业收入增长率　　B. 资本保值增值率　　C. 总资产增长率　　D. 营业利润增长率

三、判断题

1. 财务报表是对小企业财务状况、经营成果和现金流量的结构性表述。小企业的财务报表主要包括资产负债表、利润表和现金流量表。（　）

2. 资产负债表是反映小企业特定日期财务状况的报表。（　）

3. 如果上年末资产负债表的项目名称和内容与本年年末资产负债表不一致，应对上年末资产负债表项目的名称和数字按本年末资产负债表的规定进行调整，并填入“年初余额”栏。（　）

4. 小企业一年内到期的长期债券投资应在“其他流动资产”项目列示。（　）

5. 小企业“预付账款”账户所属各明细账户期末有贷方余额的，应在资产负债表“应收账款”项目内填列。（　）

6. 企业年末“长期待摊费用”账户的余额为200 000元，其中将于1年内摊销完的为50 000元，那么资产负债表中的“长期待摊费用”项目的金额为200 000元。（　）

7. 小企业资产负债表的“短期投资”项目，应根据“短期投资”账户的期末余额的金额直接填列。（　）

8. 资产负债表编制的理论依据为“资产 = 负债 + 所有者权益”会计基本等式。（　）

9. 小企业在某一会计期间的经营成果为收入减去费用后的余额。（　）

10. 某小企业2015年5月营业收入为1 000 000元，营业成本为600 000元，管理费用为200 000元，投资收益为100 000元，营业外收入为500 000元。则该企业当月的营业利润为300 000元。（　）

11. 小企业利润表的“营业外支出”项目中只需单独列示：坏账损失、无法收回的长期债券投资损失的金额。（　）

12. 小企业现金流量表以现金为基础，按照权责发生制原则编制。（　）

13. 小企业购买股票和债券时，实际支付的价款中包含的已宣告但尚未领取的现金股利或已到付息期但尚未领取的债券利息，应属于“短期投资、长期债券投资和长期股权投资支付的现金”项目的构成内容。（　）

14. 小企业短期借款应在现金流量表中“取得借款收到现金”项目中反映。（　）

15. 到期收回的短期债权性投资和长期债券投资的利息收入应属于“取得投资收益收到的现金”项目的构成内容。（　）

16. 小企业财务报表附注是对在资产负债表、利润表、现金流量表和所有者权益变动表等报表中列示项目的文字描述或明细资料，以及对未能在这些报表中列示项目的说明等。（　）

17. 小企业财务报表附注应当披露短期投资、应收账款、存货、固定资产项目的相关内容。（　）

18. 小企业应按照“中华人民共和国企业所得税年度纳税申报表”的要求进行纳税调整。其常见的纳税调整事项通常包括国债利息收入、业务招待费和广告费等。（　　）

19. 如果小企业有应收票据、预付账款和其他应收款，应比照应收账款按照账龄结构进行披露。（　　）

20. 根据小企业的实际情况和成本效益原则的要求，小企业对会计政策变更、会计估计变更和会计差错更正的会计处理，一律采用未来适用法。（　　）

21. 小企业的短期投资、存货、长期债券投资、长期股权投资、固定资产、无形资产、生产性生物资产等资产，取得时按照成本计量，这属于会计政策范畴。（　　）

22. 小企业通过改变折旧年限、预计净残值和折旧方法对固定资产的折旧费进行调整，这属于会计政策变更。（　　）

23. 在实务中，编制会计凭证错误、登记会计账簿错误等，实际上不属于会计差错。（　　）

24. 企业总资产周转率较高，说明小企业全部资产经营的效率较差，从而影响企业获利能力。（　　）

25. 净资产收益率越高，说明小企业自有资本获取收益的能力越强，这对小企业投资人利益保证程度就越高，但对债权人利益保证程度就越低。（　　）

四、综合练习

1. 小企业成都康生有限责任公司 2015 年 12 月 31 日有关资料如下：

（1）长期借款资料，见表 8-1。

表 8-1

长期借款资料表

借款起始日期	借款期限（年）	金额（元）
2012 年 6 月 1 日	4	1 500 000.00
2013 年 1 月 1 日	5	2 000 000.00
2015 年 1 月 1 日	3	1 000 000.00

（2）长期待摊费用的期末余额为 800 000.00 元，其中，将于一年内摊销的金额为 200 000 元。

要求：根据上述资料，计算 2015 年 12 月 31 日资产负债表中下列项目的金额。

① 长期借款；

② 长期借款中应列入“其他流动负债”项目的金额；

③ 长期待摊费用；

④ 长期待摊费用中应该列入“其他流动资产”项目的金额。

2. 天地有限责任公司为增值税一般纳税人，适用的增值税税率为 17%，销售产成品和提供劳务均属于公司的主营业务。假定销售产成品、原材料和提供劳务均符合收入确认条件，产成品、原材料售价中不含增值税，且产品成本在确认收入时逐笔结转，不考虑其他因素。2015 年 5 月，公司发生如下交易事项：

（1）销售 C1 产品一批，增值税专用发票注明的售价 800 000 元，款项收到并存入银行。该批产品际成本为 560 000 元。

（2）销售乙材料一批，增值税专用发票注明售价 340 000 元，款项收到并存入银行。该批材料的实际成本为 180 000 元。

（3）向 A 公司转让一项非专利技术的使用权，一次性收取使用费 60 000 元并存入银行，且不再提供后续服务。

（4）向本公司销售人员发放自产产品作为福利，该批产品的实际成本为 60 000 元，市场售价为 10 000 元。

（5）将以前会计期间确认的政府补助在本月分配计入当月收益 160 000 元。

（6）以银行存款支付管理费用 25 000 元，财务费用 12 000 元，销售费用 9 000 元，营业外支出 13 000 元。

假定除上述业务外，天地有限责任公司本月未发生其他相关业务。

要求：

① 编制上述业务（1）~（6）的会计分录；

② 计算该公司 2015 年 5 月的营业收入、营业成本、销售费用、营业利润、营业外收入、利润总额。

（应交税费要求写出明细账户和专栏名称；小数点后保留两位）

3. 成都得意和得利有限责任公司 2015 年有关资料如下：

（1）本年销售产成品本年收到现金 12 870 000 元（其中含收到的增值税销项税额 1 870 000 元），以前年度销售产成品本年收到的现金 4 600 000 元，本年预收款项 2 300 000 元，本年销售本年退回产成品支付现金 2 600 000 元，以前年度销售本年退回产成品支付的现金 1 750 000 元。

（2）本年购买原材料支付的现金 7 020 000 元（其中含支付的增值税进项税额 1 020 000 元），本年支付以前年度购买原材料的未付款项 4 200 000 元和本年预付款项 2 700 000 元，本年发生的购货退回收到的现金 1 050 000 元。

（3）本年支付生产人员的职工薪酬为 4 000 000 元，行政管理人员的职工薪酬 1 200 000 元，“应付职工薪酬”年初余额和年末余额分别为 600 000 元和 350 000 元，假定应付职工薪酬本期减少数均为本年支付的现金。

（4）本年年末利润表中的所得税费用为 1 750 000 元（均为当期应交所得税产生的所得税费用），“应交税费——应交所得税”账户年初数为 150 000 元，年末数为 70 000 元。假定不考虑其他税费。

要求：根据上述资料，计算现金流量表下列相关项目：

① 销售产成品、商品、提供劳务收到的现金；

② 购买原材料、商品、接受劳务支付的现金；

③ 支付的职工薪酬；

④ 支付的税费。

实务操作

【实训目的】

通过本实训，使学生掌握财务报表的编制方法；能依据资产、负债和所有者权益账户期初和期末余额，编制资产负债表；能依据损益类账户发生额编制利润表；能够对小企业财务报表进行简要分析。

【实训要求】

1. 根据账户余额及发生额资料编制资产负债表和利润表；
2. 根据财务报表等相关资料，计算财务报表分析指标并作出简要说明。

【实训资料】

成都光正有限责任公司有关账户余额及发生额资料如下：

资料（一）：成都光正有限责任公司 2014 年 12 月 31 日总账及相关明细账户余额资料。（见表 8-2）

表 8-2

成都光正有限责任公司总账及相关明细科目余额表

2014 年 12 月 31 日　　单位：元

会计科目	借方余额	会计科目	贷方余额
库存现金	1 523.32	短期借款	230 000.00
银行存款	287 254.08	应付票据	155 778.32
其他货币资金	18 205.32	应付账款	173 678.92
短期投资	150 100.00	武汉钢铁有限责任公司	173 678.92
应收票据	20 800.00	预收账款	110 426.46
应收账款	212 168.98	成都天利有限责任公司	110 426.46
成都光明有限责任公司	105 168.98	应付职工薪酬	115 564.44
成都远东有限责任公司	107 000.00	应交税费	146 267.56

续表

会计科目	借方余额	会计科目	贷方余额
预付账款	10 455.32	其他应付款	2 000.00
成都亚太有限公司	10 455.32	长期借款	375 000.00
应收股利	1 500.00		
其他应收款	2 500.00	实收资本	2 000 000.00
原材料	219 632.61	资本公积	100 000.00
周转材料	112 200.60	盈余公积	16 424.02
生产成本	211 264.22	法定盈余公积	16 424.02
库存商品	225 552.18	利润分配	147 816.18
长期债券投资	62 379.70	未分配利润	147 816.18
长期股权投资	100 500.00		
固定资产	1 956 888.68		
累计折旧	−142 662.21		
在建工程	82 693.10		
无形资产	30 000.00		
累计摊销	−5 000.00		
长期待摊费用	15 000.00		
合计	3 572 955.90	合计	3 572 955.90

资料（二）：2015 年 12 月 31 日总分类账户及相关明细分类账户余额资料。（见表 8−3）

表 8−3

成都光正有限责任公司总账及相关明细科目余额表

2015 年 12 月 31 日　　　　单位：元

会计科目	借方余额	会计科目	贷方余额
库存现金	2 284.98	短期借款	200 000.00
银行存款	330 867.62	应付票据	235 778.32
其他货币资金	27 307.98	应付账款	213 678.92
短期投资	225 150.00	武汉钢铁有限责任公司	133 678.92
应收票据	31 200.00	绵阳中铁有限责任公司	80 000.00
应收账款	318 253.47	预收账款	130 426.46
成都光明有限责任公司	157 703.40	成都天利有限责任公司	130 426.46
成都远东有限责任公司	161 050.07	应付职工薪酬	161 572.52

续表

会计科目	借方余额	会计科目	贷方余额
预付账款	15 682.98	应交税费	255 830.63
成都亚太有限公司	15 682.98	其他应付款	3 000.00
应收股利	2 250.00	应付利润	200 000.00
其他应收款	3 750.00	长期借款	300 000.00
原材料	329 448.92		
周转材料	168 300.09	实收资本	2 800 000.00
生产成本	361 896.33	资本公积	116 424.02
库存商品	338 328.27	盈余公积	126 133.15
长期债券投资	93 569.55	法定盈余公积	126 133.15
长期股权投资	150 750.00	利润分配	633 014.48
固定资产	3 006 771.97	未分配利润	633 014.48
累计折旧	−213 993.31		
在建工程	124 039.65		
无形资产	45 000.00		
累计摊销	−7 500.00		
长期待摊费用	22 500.00		
合计	5 375 868.50	合计	5 375 858.50

资料（三）：2015 年全年损益类账户发生额资料。（见表 8-4）

表 8-4

2015年度损益类账户发生额

2015 年 12 月 31 日　　单位：元

会计科目	借方发生额	贷方发生额
主营业务收入		3 836 000.00
其他业务收入		154 000.00
投资收益		80 500.00
营业外收入		76 800.00
主营业务成本	2 390 645.00	
其他业务成本	132 800.00	
营业税金及附加	24 600.36	
城市维护建设税	17 220.25	

续表

会计科目	借方发生额	贷方发生额
教育费附加	7 380.11	
销售费用	217 100.00	
其中：广告费	12 000.00	
业务宣传费	20 000.00	
管理费用	259 862.04	
其中：业务招待费	14 000.00	
财务费用	64 600.00	
其中：利息收入		
营业外支出	42 584.00	
其中：坏账损失	2 000.00	
非常损失	3 000.00	
所得税费用	253 777.15	

要求：

1. 成都光正有限责任公司2015年度资产负债表项目内容与2014年度相同，依据资料（一）和资料（二）编制资产负债表。（见表8-5）

表8-5

资产负债表

会小企01表

编制单位：成都光正有限责任公司　　2015年12月31日　　单位：元

资产	行次	期末余额	年初余额	负债和所有者权益	行次	期末余额	年初余额
流动资产：				流动负债：			
货币资金	1			短期借款	31		
短期投资	2			应付票据	32		
应收票据	3			应付账款	33		
应收账款	4			预收账款	34		
预付账款	5			应付职工薪酬	35		
应收股利	6			应交税费	36		
应收利息	7			应付利息	37		
其他应收款	8			应付利润	38		

续表

资产	行次	期末余额	年初余额	负债和所有者权益	行次	期末余额	年初余额
存货	9			其他应付款	39		
其中：原材料	10			其他流动负债	40		
在产品	11			流动负债合计	41		
库存商品	12			非流动负债：			
周转材料	13			长期借款	42		
其他流动资产	14			长期应付款	43		
流动资产合计	15			递延收益	44		
非流动资产：				其他非流动负债	45		
长期债券投资	16			非流动负债合计	46		
长期股权投资	17			负债合计	47		
固定资产原价	18						
减：累计折旧	19						
固定资产账面价值	20						
在建工程	21						
工程物资	22						
固定资产清理	23						
生产性生物资产	24			所有者权益（或股东权益）：			
无形资产	25			实收资本（或股本）	48		
开发支出	26			资本公积	49		
长期待摊费用	27			盈余公积	50		
其他非流动资产	28			未分配利润	51		
非流动资产合计	29			所有者权益（或股东权益）合计	52		
资产总计	30			负债和所有者权益（或股东权益）总计	53		

2. 填列成都光正有限责任公司2015年度的利润表项目内容与2014年度相同，依据资料（三）编制年度利润表（见表8-6）。

表 8-6

利　润　表

会小企 02 表

编制单位：成都光正有限责任公司　　2015 年度　　单位：元

项目	行次	本年累计金额	上年金额
一、营业收入	1		
减：营业成本	2		
营业税金及附加	3		
其中：消费税	4		
营业税	5		
城市维护建设税	6		
资源税	7		
土地增值税	8		
城镇土地使用税、房产税、车船税、印花税	9		
教育费附加、矿产资源补偿费、排污费	10		
销售费用	11		
其中：商品维修费	12		
广告费和业务宣传费	13		
管理费用	14		
其中：开办费	15		
业务招待费	16		
研究费用	17		
财务费用	18		
其中：利息费用（收入以“–”号填列）	19		
加：投资收益（损失以“–”号填列）	20		
二、营业利润（亏损以“–”号填列）	21		
加：营业外收入	22		
其中：政府补助	23		
减：营业外支出	24		
其中：坏账损失	25		
无法收回的长期债券投资损失	26		
无法收回的长期股权投资损失	27		
自然灾害等不可抗力因素造成的损失	28		
税收滞纳金	29		
三、利润总额（亏损总额以“–”号填列）	30		
减：所得税费用	31		
四、净利润（净亏损以“–”号填列）	32		

3. 试计算并分析该小企业2015年度的常用财务报表分析指标：

（1）计算偿债能力指标（流动比率、速动比率、资产负债率和产权比率），并作出简要说明；

（2）计算营运能力指标（应收账款周转率、存货周转率、流动资产周转率、固定资产周转率和总资产周转率），并作出简要说明；

（3）计算获利能力指标（营业净利润率、成本费用利润率、总资产报酬率、净资产收益率），并作出简要说明；

（4）计算发展能力指标（营业利润收入增长率、资本保值增值率、总资产增长率、营业利润增长率），并作出简要说明。

主编简介

张瑞芳，教授，成都职业技术学院财经学院院长、党总支书记，中国会计学会高级会员，中国商业会计学会理事，中国商业会计学会高职高专部副主任，四川省商务会计统计学会副会长，四川省金融学会常务理事，四川省会计技能大赛专家组成员。主持金融与证券专业（四川省示范性建设专业、中央财政支持重点建设专业）、会计电算化专业（国家骨干院校重点建设专业）建设，主持“企业成本会计”课程（四川省精品课程、四川省精品资源共享课程）建设，主研省、市、院级精品课程7门；主编、副主编、参编教材12部；完成教育科研课题20余项，发表论文50余篇；获省、市、院级优秀教师和优秀共产党员等称号40余项。

左桂云，成都职业技术学院教授，国家职业教育先进个人，四川省高等学校教学名师，中国会计学会高级会员，教育部高职高专经济管理类专业教学资源库建设专家成员，会计电算化专业（国家骨干院校重点建设专业）负责人；“企业财务会计”课程（省级精品课程）负责人。主编、副主编、参编教材15部；主持、主研科研课题22项，公开发表学术论文50余篇；参加8门精品课程的建设工作；荣获国家、省、市和院级优秀教师、优秀共产党员等荣誉称号50余项。

增值服务使用说明

资源服务电子邮箱：songchen@ hep. com. cn 咨询电话：（010）58581854

欢迎加入高教社高职会计研讨资源服务 QQ 群：229393181